Stadtforschung 3

Die Mittelstadt

3. Teil: Grundlagen mit Entwicklungstendenzen
der städtebaulichen Struktur ausgewählter Mittelstädte

VERÖFFENTLICHUNGEN
DER AKADEMIE FÜR RAUMFORSCHUNG UND LANDESPLANUNG

Forschungs- und Sitzungsberichte
Band 70
Stadtforschung 3

Die Mittelstadt

3. Teil: Grundlagen und Entwicklungstendenzen
der städtebaulichen Struktur ausgewählter Mittelstädte

von

WOLFGANG BANGERT

Forschungsberichte des Ausschusses „Stadtforschung"
der Akademie für Raumforschung und Landesplanung

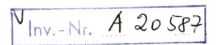

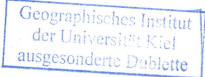

GEBRÜDER JÄNECKE VERLAG · HANNOVER · 1972

Zur Person des Autors
Wolfgang Bangert, Dr.-Ing., 71,
war bis zu seinem Übertritt in den Ruhestand
Stadtrat für das Bauwesen der Stadt Kassel.
Anschrift: 85 Kassel-Wilhelmshöhe, Am Rehsprung 6

ISBN 3 7792 5063 2
Alle Rechte vorbehalten · Gebrüder Jänecke Verlag Hannover · 1972
Gesamtherstellung: Grimmesche Hofbuchdruckerei, Bückeburg
Auslieferung durch den Verlag

INHALTSVERZEICHNIS

	Seite		Seite
Vorwort			IX
Einleitung			1

I. Innenstadtgestaltung

Vorbemerkungen	5	5. Freiburg	21
1. Kassel	9	6. Heilbronn	24
2. Oldenburg	13	7. Wanne-Eickel	26
3. Trier	16	8. Wolfsburg	27
4. Fulda	19		

II. Verkehrsplanung

Vorbemerkungen	29	5. Kassel	38
1. Heilbronn	31	6. Oldenburg	41
2. Trier	33	7. Wolfsburg	43
3. Fulda	34	8. Wanne-Eickel	45
4. Freiburg	35	9. Flugverkehrsplanung	46

III. Industrieplanung

Vorbemerkungen	48	5. Kassel	52
1. Heilbronn	49	6. Oldenburg	54
2. Trier	50	7. Fulda	55
3. Wanne-Eickel	51	8. Freiburg	56
4. Wolfsburg	52		

IV. Wohngebietsplanung

Vorbemerkung	57	5. Fulda	67
1. Freiburg	59	6. Oldenburg	69
2. Heilbronn	61	7. Wanne-Eickel	71
3. Trier	62	8. Wolfsburg	73
4. Kassel	64		

V. Grünflächenplanung

Vorbemerkungen	75	5. Fulda	84
1. Kassel	77	6. Oldenburg	85
2. Freiburg	79	7. Wolfsburg	86
3. Heilbronn	81	8. Wanne-Eickel	87
4. Trier	83		

VI. Sanierungsplanung

	Seite		Seite
Vorbemerkungen	88	5. Fulda	98
1. Kassel	89	6. Oldenburg	99
2. Heilbronn	92	7. Wanne-Eickel	100
3. Trier	94	8. Wolfsburg	101
4. Freiburg	97		

VII. Planung über die Stadtgrenze hinaus

	Seite		Seite
Vorbemerkungen	101	5. Trier	109
1. Freibung	104	6. Wolfsburg	109
2. Heilbronn	105	7. Wanne-Eickel	111
3. Kassel	106	8. Oldenburg	112
4. Fulda	108		

Schlußbetrachtungen 112
Literatur- und Quellenverzeichnis 116

VERZEICHNIS DER ABBILDUNGEN

nach Seite

Abb. 1: Kassel. Plan der Innenstadt mit Fußgängerstraßen und Anlagen für den ruhenden Verkehr 20

Abb. 2: Kassel. Die Treppenstraße. Beispiel einer reinen Fußgängerstraße 20

Abb. 3: Kassel. Luftbild des Friedrichsplatzes. Mittelpunkt der Stadt und des Fußgängerbereichs 20

Abb. 4: Oldenburg. Plan der Innenstadt mit Fußgängerstraßen und Anlagen für den ruhenden Verkehr 20

Abb. 5a und 5b: Oldenburg. Der Herbartgang. Beispiel einer Fußgängerstraße, die der privaten Initiative zu verdanken ist 20

Abb. 6: Trier. Plan der Altstadt mit Fußgängerstraßen und Anlagen für den ruhenden Verkehr 20

Abb. 7: Fulda. Plan der Einkaufsstadt mit Fußgängerbereich und Straßenführung im Stadtkern 20

Abb. 8: Freiburg. Schema der bandartigen Entwicklung der City 36

Abb. 9: Freiburg. Modell der Überbauung des Hauptbahnhofs. Punkt „A" in Abb. 8 36

Abb. 10: Heilbronn. Luftbild der Innenstadt 36

Abb. 11: Wanne-Eickel. Plan der Innenstadt mit Fußgängerstraßen und Anlagen für den ruhenden Verkehr 36

Abb. 12: Wolfsburg. Luftbild der Stadtmitte. Die Porschestraße mit Rathaus und Kulturzentrum 36

Abb. 13: Wolfsburg. Verkehrsplanung der Innenstadt 36

Abb. 14: Heilbronn. Straßenleitplan .... im Anhang

Abb. 15: Trier. Zielplanung für das Hauptverkehrsstraßennetz 44

Abb. 16: Fulda. Hauptverkehrsstraßen im Planungsraum 44

Abb. 17: Freiburg. Hauptverkehrsstraßennetz künftig 44

Abb. 18: Kassel. Schema des Hauptverkehrsstraßennetzes 44

Abb. 19: Oldenburg. Geplantes Hauptverkehrsstraßennetz 44

Abb. 20: Oldenburg. Pferdemarkt. Aufgeständerer Bahnkörper der Bundesbahn in der Innenstadt 44

Abb. 21: Wolfsburg. Geplante Hauptverkehrswege 44

		nach Seite
Abb. 22:	Wanne-Eickel. Verkehrsplanung	44
Abb. 23:	Heilbronn. Leitbild für die Entwicklung	im Anhang
Abb. 24:	Trier. Entwicklungsplan	60
Abb. 25:	Wanne-Eickel. Flächennutzungsplan in vereinfachter Darstellung	60
Abb. 26:	Wolfsburg. Entwicklungsstufen	im Anhang
Abb. 27:	Kassel. Generalisierter Bebauungsplan	60
Abb. 28:	Oldenburg. Generalisierter Flächennutzungsplan	60
Abb. 29:	Fulda. Generalisierter Bebauungsplan	60
Abb. 30:	Freiburg. Flächennutzungsplanentwurf	60
Abb. 31:	Freiburg. Siedlungsachse Hugstetten	60
Abb. 32:	Trier. Südöstliche Stadterweiterung. Wohnbebauung Heiligkreuz — Mariahof — Hill	92
Abb. 33:	Wolfsburg. Nordstadt und Erholungsbereich	92
Abb. 34:	Wolfsburg. Wohnstadt Detmerode mit dem Detmeroder Kreuz	92
Abb. 35:	Kassel. Neugestaltung des Fuldaraumes	92
Abb. 36:	Heilbronn. Ufergestaltung des Neckars und Grünanlagen	92
Abb. 37:	Heilbronn. Luftbild der Neckaraue mit der neuen Neckarufergestaltung	92
Abb. 38:	Wolfsburg. Sport- und Erholungspark Allersee	92
Abb. 39:	Kassel. Bebauungsplan der Innenstadt	92
Abb. 40:	Heilbronn. Aufbauplan der Stadtmitte	92
Abb. 41:	Freiburg. Wiederaufbauplan für die Altstadt	92
Abb. 42:	Freiburg. Entwicklungsplan der Planungsgemeinschaft Breisgau	114
Abb. 43:	Heilbronn. 200 000 Einwohner im 10-Kilometer-Umkreis des Heilbronner Marktplatzes	114
Abb. 44:	Heilbronn. Erschließung von Industrieflächen im Neckartal. Neckardurchstich bei Obereisesheim	im Anhang
Abb. 45:	Kassel. Regionalplan	114
Abb. 46:	Wolfsburg. Stadtteil Detmerode von Westen mit Regenrückhaltebecken. Im Vordergrund die Gemeinde Mörse als Beispiel mangelnder Planung im Vorfeld der Stadt	114
Abb. 47:	Raum Wolfsburg. Kommunale Neugliederung	114
Abb. 48:	Wanne-Eickel. Kreisgrenzen	114

Vorwort

Der vorliegende dritte Teil der Beiträge zur vergleichenden Stadtforschung über die Mittelstadt befaßt sich mit der städtebaulichen Struktur der im zweiten Teil in Einzelmonografien behandelten acht Städte. Er spürt ihrer Arbeit und den Bemühungen nach, die sie aufwenden, um aus der Kenntnis ihrer Grundlagen und aus den Ermittlungen über ihre Entwicklungsrichtungen ein Leitbild zu gewinnen für die städtebauliche Gestaltung ihrer Zukunft. Die Herausarbeitung dieses Leitbildes muß von einer umfassenden Gesamtschau aller zum städtischen Leben gehörigen Regungen ausgehen, sie darf nicht nur die innerstädtischen Verhältnisse und Verflechtungen in Rechnung ziehen, sie muß auch die Wirkung der Stadt über ihre Grenzen hinaus berücksichtigen. Dabei ergibt sich eine Wechselwirkung von innen nach außen und von außen nach innen. Die kleinste städtebauliche Einheit, etwa eine kleine Wohnanlage, ein Unterzentrum, ein Verkehrsknoten, müssen ausgerichtet werden auf die Verflechtung der Stadt mit dem Umland, und umgekehrt wird auch die Behandlung der überörtlichen Beziehungen wieder zurückwirken auf die kleinen Einheiten, aus denen sich der Stadtkörper zusammensetzt. Man kann sich also nicht mit einer Einzelheit dieses städtebaulichen Entwicklungsprozesses beschäftigen, ohne das Ganze in seinen allseitigen Bezügen vor Augen zu haben.

Für die Darstellung eines so vielfältigen und vielschichtigen Lebensvorganges wird man aber nicht umhinkönnen, den Stoff in einzelne Teilgebiete aufzugliedern, man wird nur vermeiden müssen, über der Eigengesetzlichkeit eines Teilgebietes die Bezogenheit auf die Nachbargebiete und auf die höhere Einheit des Stadtganzen aus dem Auge zu lassen. Unter Beobachtung dieser Notwendigkeit ist deshalb der Gesamtkomplex der städtebaulichen Arbeit in der vorliegenden Darstellung in Untergebiete aufgeteilt, die sich ihrem Wesen nach deutlich voneinander abheben und auch in der städtebaulichen Planung gewöhnlich in Sonderplänen behandelt werden. Diese Stoffgliederung, die die Darlegung erleichtern soll, folgt etwa der Flächenunterscheidung, die im Flächennutzungsplan vorgenommen wird. Sie beginnt mit der Innenstadt, die heute als das Herz der Städte vielfach unter Kreislaufstörungen und Blutarmut zu leiden hat, sei es, daß es sich um Zentren handelt, die nach dem Kriege zu rasch wieder aufgebaut worden sind, sei es, daß es darum geht, alte, nur wenig durch den Krieg veränderte Mittelpunkte für wachsende zentrale Aufgaben auszuweiten und leistungsfähig zu machen. Der Betrachtung der Innenstädte folgt die Darstellung der Verkehrsplanungen; die Planungen der Gewerbegebiete, der Wohngebiete und der Grünflächen schließen sich an. Den Bemühungen um die Behebung von Notständen durch die Sanierung und um die Gestaltung der mannigfachen Beziehungen über die Stadtgrenze hinaus sind weitere Abschnitte gewidmet. Mit dieser Unterteilung soll aber nicht einer hermetischen Abgrenzung dieser Gebiete das Wort geredet werden, man wird auch finden, daß in der Einzeldarstellung immer wieder die Beziehung zum Ganzen hergestellt ist, und so wollen alle städtebaulichen Regungen, die sich auf einem Sondergebiet kundtun, als Regungen des gesamten städtischen Wesens betrachtet und gewertet werden.

Bei der Verfolgung der in dieser Weise aufgegliederten Darstellung wird man aber ständig zurückgreifen auf die Behandlung der Voraussetzungen für die städtebauliche Arbeit, die in den im zweiten Teil dieser Forschungsarbeit enthaltenen Monografien der einzelnen Städte gegeben ist. Dort finden sich die statistischen Unterlagen und die Hinweise auf die Entwicklungsrichtungen, die sich im Leben der Stadt bekunden. Auf diesen Vorbedingungen sind die Vorstellungen der Städte für ihr städtebauliches Leitbild und ihre Planungen aufgebaut und finden in ihnen auch ihre folgerichtige Begründung. Es wird also zu empfehlen sein, den engen Zusammenhang zwischen den Darstellungen des zweiten und des dritten Teils dieser Forschungsarbeit ständig im Auge zu behalten, man wird aber auch bedenken müssen, daß der Inhalt des vorliegenden dritten Teils noch von weiteren Quellen bestimmt worden ist.

Da sind zunächst die übergeordneten Planungen, die im Flächennutzungsplan, im Generalverkehrsplan, im Grünflächenplan niedergelegt sind, ferner die Bebauungspläne für Industrie- und Gewerbeflächen, für Wohnbaugebiete, für Verkehrsanlagen und Einrichtungen zentraler Funktion in den Innenstädten und in den Außengebieten. Aus diesen Plänen ist herauszulesen, welche Gedanken sich die Städte über die Gestaltung der Zukunft gemacht haben. Viele Städte haben aber auch bereits über ihre städtebauliche Arbeit in Fachzeitschriften, in Tageszeitungen und Sonderheften berichtet, die für diese Arbeit ausgewertet werden konnten, daneben boten Verwaltungsberichte, Erläuterungsberichte zu einzelnen Planungen, Berichte zu Vorlagen der Verwaltung an die Beschlußgremien und andere Manuskripte Hinweise und Anregungen, die einen ins einzelne gehenden Einblick in die städtebauliche Arbeit der Städte vermittelten. Darüber hinaus hat der Augenschein an Ort und Stelle und der Gedankenaustausch mit den an der Planung Tätigen und für sie Verantwortlichen diese Arbeit mit dem städtischen Leben unmittelbar in Beziehung gebracht und sie im besten Sinne gefördert. Dafür gebührt allen daran Beteiligten besonderer Dank[1]).

Aus diesen Quellen und den im zweiten Band gebotenen Grundlagen ist der vorliegende dritte Band hervorgegangen. Er ist als ein Einblick in die Arbeit der Städte an der Gestaltung ihrer Gegenwart und Zukunft zu verstehen, als eine Übersicht über die praktischen Bemühungen um die Verwirklichung alles dessen, was in den Planungen als der Wille der Städte niedergelegt ist. Bei diesem Vorgang läßt sich hier und da erkennen, in welchem Maße nun auch theoretische Leitbilder auf die praktische Arbeit eingewirkt haben, die in neuester Zeit im Gespräch behandelt und im Kampf der Meinungen umstritten werden. Damit ist ein kritischer Punkt in der praktischen städtebaulichen Arbeit berührt. Denn gerade bei der vorbereitenden und vorausschauenden Planung geht es um Entscheidungen, die der Zukunft zu dienen haben, die sie also

---

[1]) Im besonderen ist der Verfasser folgenden Kollegen und ihren Mitarbeitern für die bereitwillige Unterrichtung zu Dank verpflichtet:
1. Freiburg: Bürgermeister HERMANN ZENS, Stadtbaurat TILLO SCHMIDT, Dipl.-Ing. RUDOLF MENSCH.
2. Fulda: Stadtbaurat HANS NÜCHTER, Oberbaurat JULIUS CÄSAR.
3. Heilbronn: Baudirektor WILLI ZIMMERMANN.
4. Kassel: Oberbürgermeister Dr. KARL BRANNER, Stadtrat HEINZ PETEREIT, Stadtrat Dr. HERBERT MICHAELIS.
5. Oldenburg: Stadtbaurat HORST NEIDHARDT, Baudirektor FRIEDRICH HASSKAMP.
6. Trier: Oberbaudirektor HANS PETZHOLDT, Oberbaurat KARL-HEINZ GLÄSER.
7. Wanne-Eickel: Stadtbaurat A. VON DER MÜHLEN.
8. Wolfsburg: Stadtbaurat Dr.-Ing. RÜDIGER RECKNAGEL, Stadtbaurat GERHARD KERN, Architekt WOLFGANG MUTHESIUS.

fördern, die sie aber auch verbauen können. Insofern besteht eine grundlegende Verpflichtung für alle an der Planung Beteiligten, sich ständig Informationen zu beschaffen und sich in der vordersten Front der Ideenentwicklung zu halten.

Freilich besteht in der Auseinandersetzung mit dem Willen und den Gepflogenheiten der Bürgerschaft und in dem Filter der demokratischen Einrichtungen ein Kontrollapparat, der darüber wacht, daß alle theoretischen Gedanken auf ihre Bewährung in der Wirklichkeit geprüft werden. Der Planer muß sich deswegen immer schon an die Grenze der Utopie vorwagen, um wenigstens soweit wie möglich das Vorwärtsschauende und Fortschrittliche zu erreichen. Daß trotzdem oft auch nur das im guten Sinne Mittelmäßige erreicht wird, ist sicher zu beklagen, es wird aber hingenommen werden müssen, wenn man sich darüber klar wird, mit welchen Hemmungen und Widerständen sich der gute Wille des Planers auseinandersetzen muß und von welchen mißlichen Umständen oft die maßgebenden Beschlußfassungen begleitet sind. Insofern ist auch die Frage, ob alles richtig ist, was gemacht worden ist und was gemacht wird, nicht eigentlich in den Schwerpunkt der nachfolgenden Darstellungen gestellt, es ist vielmehr dem Vorgang der städtebaulichen Tätigkeit selbst und dem Ausmaß der Verwirklichung des Erreichbaren der Vorrang gegeben. Es mag dann der Beurteilung zu einem späteren Zeitpunkt überlassen bleiben, wie man das, was in den acht untersuchten Städten auf dem Gebiete des Städtebaus geleistet worden ist, im Rahmen der allgemeinen Entwicklung bewerten will.

Einleitung

Wenn wir die städtebaulichen Leistungen der acht Städte, die hier zum Vergleich gestellt sind, betrachten wollen, so werden wir uns die Mittel vergegenwärtigen müssen, die ihnen an die Hand gegeben sind, um ihre städtebauliche Arbeit zu verrichten. Die Planung, also die Darstellung der Gedanken, die den Willen der Stadt zur Gestaltung ihrer Zukunft in der technischen Form der Zeichnung und des Planes bekunden, beruht einmal auf den theoretischen Kenntnissen, wie sie an den Hochschulen und einschlägigen Instituten gelehrt und von namhaften Fachpersönlichkeiten fortgebildet werden, zum anderen auf den Bindungen an die einschlägige Gesetzgebung, die den städtebaulichen Tatbeständen zur Rechtskraft verhilft. In den Spielraum, den die gesetzlichen Bestimmungen offen lassen, muß sich der Wille zur Gestaltung ständig einpassen, und es ist nicht immer leicht, den Schwung der Ideen im Rahmen der gesetzlichen Möglichkeiten auf dem Wege zu ihrer Verwirklichung nicht erlahmen zu lassen.

Das Bewußtsein von einer Verpflichtung zur städtebaulichen Gestaltung der eigenen Lebensvorgänge ist auch nicht etwa von jeher in unseren Städten lebendig ausgebildet gewesen. Die unbefriedigende Entwicklung des ausgehenden 19. Jahrhunderts gibt überall davon Zeugnis. Man behalf sich bis zum Ersten Weltkrieg mit Gesetzen, die, wie das Preußische Fluchtliniengesetz von 1875, sich darauf beschränkten, die Straßenfläche von der bebaubaren Fläche zu trennen. Dabei war damals noch nicht einmal die Scheidung der Baugebiete vom Außengebiet bekannt, Begriffe, die erst in den Bauordnungen um die Jahrhundertwende aufkommen.

Der Ausbau einer städtebaulichen Disziplin als Wissenschaft erhielt aber weiterhin seinen Antrieb aus dem Mißbehagen an der Planlosigkeit, die überall als unzureichend empfunden wurde. Insbesondere die Notstände, die nach dem Ersten Weltkriege zutage traten, brachten im Preußischen Wohnungsgesetz von 1918 und in der Verordnung zur Behebung der dringendsten Wohnungsnot von 1919 zum ersten Mal auch einzelne Regelungen, ohne allerdings den Gesamtbereich der städtebaulichen Planung auszumessen. Erst die vielfach auflebende Bautätigkeit der Nachkriegszeit ließ dann die Notwendigkeit einer gesetzlichen Regelung aller Erscheinungen des Städtebaus immer dringlicher erkennen, und so kam es zu dem Entwurf eines „Städtebaugesetzes" in den zwanziger Jahren, eines Gesetzes, das die Grundlage bilden konnte für alle zur Stadtentwicklung und zum Städtebau gehörigen Lebensregungen der Städte. Dieser Gesetzentwurf entfesselte einen Sturm der Auseinandersetzungen für und wider seine Absichten. Er ist dann leider in diesem Meinungsstreit zugrunde gegangen, und die städtebauliche Arbeit war weiterhin sich selbst und ihrem guten oder schlechten Schicksal überlassen.

Es sind dann erst die dreißiger Jahre, in denen die Gedanken der zwanziger Jahre ihre gesetzliche Formulierung und Verankerung erlangen. Es kommt zwar wieder nicht zu einem einheitlichen, umfassenden Städtebaugesetz, aber es werden doch nun wichtige übergeordnete und Teilgebiete aus den praktischen Ergebnissen der städtebaulichen

Arbeit in der vorangegangenen Zeit heraus gesetzlich geregelt und zugeordnet. Das Wohnsiedlungsgesetz von 1933 bringt den Begriff des „Wirtschaftsplans", der das ganze Gemeindegebiet umfaßt und in seinen zukunftsbildenden Regungen darstellt. Er ist der Vorläufer des heute geltenden Begriffs des Flächennutzungsplans. In der Verordnung über die Regelung der Bebauung von 1936 wird die Abgrenzung der einzelnen Baugebietsarten verbindlich gemacht und die grundsätzliche Unbebaubarkeit der außerhalb der Baugebiete liegenden Gemarkungsflächen festgestellt. In der Verordnung über den Anbau an Verkehrsstraßen vom gleichen Jahr wird der Begriff der „anbaufreien" Durchgangsstraße geprägt und die Differenzierung des Staßennetzes nach seiner Verkehrsbedeutung festgelegt. In der Verordnung über Baugestaltung von 1937 werden schließlich auch die Bemühungen um ein sinnvoll abgestimmtes Straßen- und Stadtbild unterstützt.

In dieser Gruppe von Gesetzen und Verordnungen war nun schon eine solche Anzahl städtebaulicher Tatbestände geregelt, daß es nach dem Zweiten Weltkriege keine Schwierigkeiten machte, alles Gute, was davon verwendbar war, zu übernehmen in die Baugesetze der Länder, die nun die Vorstellungen und Ziele der zwanziger mit den Erfahrungen der darauffolgenden Jahre verbanden und eine einheitliche Regelung aller für die Stadtentwicklung erforderlichen und maßgebenden Regungen möglich und zur Pflicht machten. Diese Ländergesetze sind dann im Jahre 1960 außer Kraft gesetzt worden durch das Bundesbaugesetz, das aber auch noch nicht allen inzwischen sichtbar gewordenen Erfordernissen Genüge tut und deshalb noch durch das Städtebauförderungsgesetz ergänzt werden soll, dessen Erlaß kürzlich ergangen ist.

Neben den gesetzlichen Hilfsmitteln haben aber immer auch einzelne namhafte Fachpersönlichkeiten auf die Gestaltung der Städte eingewirkt, sei es durch die an den Ergebnissen der Praxis anknüpfende Lehre, sei es durch eigene hervorragende Leistungen auf dem Gebiete des Städtebaus. Der Einfluß, den eine Persönlichkeit wie FRITZ SCHUMACHER auf die Entwicklung und auf die Erscheinung der Stadt Hamburg genommen hat, ist bekannt, ebenso die Handschrift ERNST MAYS, die sich in der umfangreichen Bautätigkeit der Stadt Frankfurt in den zwanziger Jahren ausgeprägt findet. In der Entwicklung und in der Gestalt der Erweiterungen der acht betrachteten Städte machen sich die Spuren solcher persönlicher Einwirkungen ebenfalls zu verschiedenen Zeiten bemerkbar. So hat Professor HENRICI, Aachen, in Trier gewirkt, Professor BAUMEISTER, Karlsruhe, in Heilbronn, Professor JANSEN, Berlin, in Trier und Kassel, Professor LEITL und Architekt KARL BERNHARD REICHOW in Trier, Professor KOLLER, Berlin, und Architekt REICHOW in Wolfsburg, um nur die sichtbarsten Beispiele solcher Einwirkungen zu nennen.

Aus dem Überblick über diese Entwicklung wird es deutlich, daß die Stadtplanung zunächst freiwillig von einsichtigen und dem Fortschritt zugänglichen Stadtverwaltungen ausgebildet wurde und daß sie erst in neuester Zeit eine gesetzliche Verpflichtung geworden ist, der sich keine Stadt entziehen kann. Die Arbeit an der Stadtentwicklung und an der Stadtgestaltung ist mit der Zeit auch mehr und mehr als ein lebensnotwendiger Verwaltungszweig in das Bewußtsein der Bürgerschaft gedrungen. Sie wird immer umfangreicher, sie muß sich teilen einerseits in die praktische Tagesarbeit am Bebauungsplan und an der Baupflege — der Zusammenarbeit mit Bauberatung und Bauaufsicht — und andererseits in die Studienarbeit, die erforderlich ist, um die Grundlagen und die Hinweise für die generelle Planung zu erarbeiten.

Der erste Teil der Arbeit ist durch den Verkehr mit der Bürgerschaft und die Abstimmung mit den städtischen Beschlußgremien sehr lebhaft und anspruchsvoll. Bei der

Beschränkung der Zahl der Arbeitskräfte in den Planungsämtern muß deshalb der zweite Teil notgedrungen zur kurz kommen. Das hat dazu geführt, daß sich die Städte für das Gebiet der generellen Planungen und insbesondere für das der Grundlagenforschung und der Zukunftsberechnungen entschließen müssen, die Hilfe außerhalb der Verwaltung stehender Einrichtungen in Anspruch zu nehmen. So hat man in Heilbronn, in Freiburg und in Wolfsburg freischaffende Planer mit der Aufstellung von Flächennutzungsplänen und Generalbebauungsplänen beauftragt. Die meisten Städte haben ihren Generalverkehrsplan durch Hochschulprofessoren oder Ingenieurbüros ausarbeiten lassen, und für die Grundlagenforschung und die Ermittlung von Prognosewerten sind verschiedentlich Aufträge an die entsprechenden Institute ergangen.

Die praktische Arbeit der Planungsstellen der Verwaltung und der Hilfskräfte, die ihre Wirksamkeit ergänzen und abrunden, erschöpft sich nicht in der Aufstellung von Plänen, denn der Städtebau ist kein Zustand, der durch einen Plan ein für alle Mal festgelegt wird, sondern er ist ein Vorgang, der ständig der Überwachung und Betreuung bedarf. Es handelt sich also um einen fortlaufenden Arbeitsprozeß, der hier in Gang gehalten werden muß, um die städtebauliche Struktur der Stadt zu beobachten, an ihrer erwünschten Wandlung mitzuwirken und auf eine immer wieder geforderte Verbesserung hinzudringen.

Diese Kontinuität der städtebaulichen Arbeit wird nicht immer erkannt. Man kann noch häufig genug bei verantwortlichen Persönlichkeiten der Meinung begegnen, „man habe die erforderlichen Pläne aufgestellt, und damit habe man die gesetzliche Verpflichtung erfüllt; nun brauche man ja wohl nichts weiter zu tun". Es mag dabei auch der Gedanke im Hintergrund lauern, man wolle sich durch rechtskräftige Pläne die Hände nicht binden lassen, damit man sie frei behalte für Augenblicksentscheidungen, je nachdem sie die Gelegenheit als günstig erscheinen lasse. Eine solche Haltung wird aber dazu führen, daß wichtige, in der Planung niedergelegte Entwicklungslinien durchkreuzt und zerstört werden durch Entschlüsse, die nicht auf das Ganze ausgerichtet und in das als richtig und erstrebenswert erkannte Gefüge eingepaßt sind. Es entstehen dann städtebauliche Fehler, die in Jahrzehnten nicht wieder gut zu machen sind und den Fortschritt einer folgerichtigen Entwicklung mit den beträchtlichen Aufwendungen belasten, die nach Jahr und Tag für kostspielige revidierende Maßnahmen zu erbringen sind.

Eine andere vorbehaltliche Auffassung, die sich gegen die Planung wendet, ist das Mißtrauen, das dem allseitigen Gestaltungsanspruch der Planung begegnet. Man fürchtet die „Manipulation" allen städtischen Lebens durch die Planung und möchte ihm ein freieres und weniger gebundenes Dasein eröffnen; man scheut sich im besonderen vor der Gleichmäßigkeit und Eintönigkeit der „gestalteten" Stadt. Angesichts der nach dem Kriege aufgebauten Städte wird die Klage laut, „eine solche erneuerte und wiedererrichtete Stadt sähe aus wie die andere", und man vermißt die individuelle Unterschiedlichkeit und die anheimelnde und beschützende Stimmung, wie sie in den alten Städten zu finden ist. Insbesondere will der Vorwurf mangelnder Urbanität gegenüber den neuen städtebaulichen Gebilden nicht verstummen.

Was die verwechselbare Gleichartigkeit und den Mangel an Individualität anbetrifft, so wird ein solcher Vorbehalt viel an Schwere verlieren, wenn man sich die Mühe macht, die wiedererstandenen Städte und ihre neuen Viertel genauer zu betrachten und sie möglichst in einem längeren Aufenthalt näher kennen zu lernen. Man wird dann sicher wohl ihre individuellen Vorzüge und Eigenarten erkennen, und man wird feststellen müssen, daß auch heute noch im neuen oder auch nur erneuerten Gewande zum mindesten die acht hier zum Vergleich stehenden Mittelstädte ihre individuelle Eigenart und ihre Verschiedenheit untereinander voll bewahrt und städtebaulich wirkungsvoll herausgearbeitet haben.

Diese individuelle Einmaligkeit liegt nun nicht in der architektonischen Formensprache ihrer einzelnen Bauwerke und der Masse ihrer Häuser. Diese sind allerdings als die Schöpfungen der gegenwärtig in der Baukunst herrschenden Richtungen und Formvorstellungen und als Zeugnisse einer auf wenige Jahre zusammengedrängten lebhaften Bautätigkeit untereinander sehr ähnlich und zeigen auch kaum Abwandlungen, je nachdem, ob es sich um süd- oder norddeutsche Baumeister handelt, die am Werke waren. Die wichtigen, unverwechselbaren Eigenheiten der Städte liegen nicht in der architektonischen Haltung ihrer Einzelbauwerke, sie liegen in der städtebaulichen Komposition, in der diese Einzelbauwerke und Bauwerksgruppen zueinander und zu vorhandenen Zeugen des baulichen Ausdrucks älterer Zeiten zugeordnet und miteinander vereinigt sind. Die Platzfolgen in den Innenstädten, die erlebnisreiche Führung der Straßen in den Außengebieten, die Herausarbeitung neuer städtebaulicher Horizonte und Stadtsilhouetten, die im Flachland oder im Mittelgebirge von erhobenen Standorten zu sehen sind und ihre ansprechende Wirkung auf den Beschauer ausüben, sind die Mittel, in denen sich die Individualität der Stadt ausdrückt. Man muß nur das Interesse aufbringen, diesen Merkmalen nachzuspüren, und man wird nicht vergebens auf die Offenbarung des Unverwechselbaren zu warten haben.

Der andere Vorwurf der mangelnden Urbanität sollte auch mit größerer Vorsicht erhoben werden. Urbanität kann zwar durch umsichtige Planung förderliche Voraussetzungen erhalten, sie ist aber nach ihrem Wesen eine Folgeerscheinung von Entwicklungen und Zuständen, die sich über längere Zeiträume hinziehen. Unsere neuen Wohnanlagen und Vorstädte sind überfordert, wenn man von ihnen Urbanität verlangt im Jahre ihrer Entstehung und ihre Unwirtlichkeit beklagt, während noch die Gärtner und Pflasterer an der Herrichtung der Umgebung der eben erst fertiggestellten Häuser arbeiten und die Bauunternehmer gerade ihre Bauhütten und Geräte abtransportieren. Man muß sich einmal vor Augen halten, wie unsere alten Städte ausgesehen und auf die Bewohner gewirkt haben, als sie im Entstehen begriffen waren. Die umfangreiche Erweiterung der Stadt Kassel durch die „Freiheit" im 14. Jahrhundert bot während einer langen Reihe von Jahren den Anblick einer dauernden Baustelle. Die Neustädte, die auf fürstlichen Befehl in Mannheim, in Berlin, in Potsdam im 18. Jahrhundert entstanden, boten ebenfalls in den Jahrzehnten ihres Aufbaus keinen gemütlichen Aufenthalt. Wie soll es da anders sein bei unsern neuen Wohnquartieren, die in einem Bruchteil der Bauzeit früherer Jahrhunderte buchstäblich aus der Erde gestampft werden.

Es ist also eine Frage der Geduld, daß man der Zeit Zeit läßt, das ihre zu tun und die Urbanität hervorzurufen. Wir brauchen um ihr Erscheinen nicht besorgt zu sein, wir brauchen nur ältere Wohn- und Siedlungsgebiete zu besuchen, um festzustellen, wie sich Urbanität herausbildet. Die Siedlung Margaretenhöhe in Essen, die Gartenstadt Staaken in Berlin-Spandau, die Siedlung Römerstadt in Frankfurt, ja selbst eine Anlage aus der jetzigen Nachkriegszeit wie die Auefeld-Siedlung in Kassel, zeigen überzeugend genug, wie das Leben selbst in gut gestalteten Wohnanlagen webt und wirkt und sie zu wohlbestellten Gliedern des Stadtganzen integriert.

Es ist sicher nicht die geringste Aufgabe der nun folgenden Darstellung der städtebaulichen Arbeit in den acht betrachteten Städten, die Ausprägung der einzelnen Individualität und die Kontinuität ihres „genius loci" sichtbar zu machen und gegeneinander abzuheben. Es erscheint fesselnd und anregend, die Städte auf dem Wege ihrer Bemühungen um die Erreichung dieses Zieles zu begleiten. Es zeigt sich dabei, daß alle acht Städte festumrissene Vorstellungen pflegen für die Gestaltung ihrer Entwicklung als Fortführung ihres bisherigen eigenständigen Lebens. Sie sind sich ihres dafür gewählten Leitbildes in aller Deutlichkeit bewußt und bestrebt, ihre Zukunft so zu gestalten, daß sie ihre unverwechselbare Eigenart erhalten und charakteristisch hervorkehren.

I. Innenstadtgestaltung

Vorbemerkungen

Unter den Aufgaben, die der Stadt- und Bauleitplanung in unserer Zeit gestellt sind, stehen die Bemühungen um die Erhaltung und Stärkung der Anziehungs- und Wirtschaftskraft der Stadtkerne obenan. Die mangelnde Aufnahmefähigkeit der vorhandenen Straßen für den fließenden Verkehr, das Fehlen ausreichender Abstellflächen für den ruhenden Verkehr, die steigende Gefährdung des Fußgängers durch die Rücksichtslosigkeit des behinderten Fahrverkehrs, das alles trägt dazu bei, die Unzulänglichkeit des vorhandenen Zustandes immer drückender empfinden zu lassen und den Aufenthalt in den Innenstädten unbehaglich, ja gefährlich zu machen. In vielen Städten ist man deshalb am Werk, um die bestehenden Zustände zu verbessern, und man stellt Überlegungen an, um eine neue, flüssiger funktionierende Ordnung herbeizuführen. Bei den Untersuchungen, die diesem Zwecke dienen sollen, gewinnt der Gedanke mehr und mehr an Raum, den Fußgänger ganz aus dem fließenden Verkehr herauszunehmen und ihm eigene Anlagen und Flächen zuzuweisen, auf denen er sich ungehindert, ungefährdet und ungestört bewegen und aufhalten kann. Kreuzungspunkte werden durch Unterführungen passierbar gemacht, und ganze Straßenzüge und -netze werden allein dem Fußgänger zugewiesen.

Damit ist der Weg aufgezeigt für eine durchgreifende Neuorganisation der Verkehrsverhältnisse in den Innenstädten. Die Vorbereitung und Durchführung der diesem Ziele dienenden Planungen und Maßnahmen wurden in Deutschland vielfach erleichtert durch die Zerstörungen, die der Zweite Weltkrieg gebracht hatte. Soviel Leid dadurch über die Bewohner der Städte hereinbrach, soviel Verluste an historischem Erbe damit verbunden waren, die Zerstörungen hatten aber das eine Vorteilhafte im Gefolge: Sie hatten Raum gerissen in die übervölkerten, überdichteten Stadtkerne, und sie öffneten Wege zur Neuordnung und Neugestaltung der Verhältnisse.

Was vor dem Kriege an Verbesserungen dringend erforderlich war, wurde mühselig in Einzelmaßnahmen ausgeführt und konnte oft nicht zu voller Wirkung kommen, da weitere Eingriffe, die an die ersten anschließen mußten, nicht zustande kamen und man nicht absehen konnte, wie man überhaupt zu konsequenten und durchgreifenden Erneuerungen kommen sollte. Das wurde nach dem Zweiten Weltkrieg anders. Der Zustand der großflächigen Zerstörungen und die Unmöglichkeit, sofort und rasch zu einem Wiederaufbau zu kommen, verwiesen die angestaute Aktivität auf die Planung und auf die Entwicklung umfassender Ideen für die Neugestaltung der zerstörten Städte und gaben Hoffnung, daß man zu wesentlich besseren Zuständen kommen würde.

In viel beachteten Wettbewerben wurden an vielen Orten neue Gedanken zur Gestaltung der Innenstädte und zur Steigerung der Funktionsfähigkeit der Verkehrsnetze zur Diskussion gestellt. Aber nicht nur in Deutschland, auch in anderen vom Kriege heimgesuchten Ländern machte man sich Gedanken, wie man das Herz der Städte neu beleben könnte, und es erschienen im besonderen die Planungen für zwei Städte wie beispielhafte Leitbilder für das, was man in dieser einmaligen historischen Situation tun sollte: die Planungen von Rotterdam und Coventry, von zwei Städten, deren Inneres „dem Erdboden gleich gemacht" war und deshalb die besten Voraussetzungen für einen Neuanfang boten.

In den Planungen für diese Städte zeigt sich der Gedanke der Trennung von Fußgänger- und Fahrverkehr und der Schaffung von Bereichen, die nur dem Fußgänger vorbehalten sein sollen, in der Behandlung ihrer Einkaufsstraßen, der „Lijnbaan" und der „Broadgate", dargestellt mit allen Konsequenzen, die sich daraus für den fließenden und den ruhenden Verkehr ergeben. Denn es entsteht eine Wechselbeziehung zum Verkehr dort, wo der ankommende Autofahrer sich in den Fußgänger verwandelt, um die Kaufstätten aufzusuchen. So ist eine solche Fußgängerstraße nicht denkbar, ohne daß nahe gelegene Parkplätze bereit gestellt werden, um den Kunden heranzuführen, und ohne daß für parallel verlaufende Straßen gesorgt wird, die der Belieferung der Geschäfte dienen.

Diese Gedanken waren zwar auch schon früher aufgetreten, z. B. in den Entwürfen HERMANN JANSENS für Ankara und Dortmund, sie waren aber infolge der Kriegsverhältnisse bisher noch nicht so recht zum Tragen gekommen und fanden erst allgemeine Beachtung, als sie mit den Planungen von Rotterdam und Coventry weithin bekannt wurden. Da diese auswärtigen Planungen früher als die deutschen verwirklicht werden konnten, waren sie imstande, als ausgeführte Vorbilder zu wirken, und so gingen von ihnen die Anregungen aus, nach denen auch in Deutschland, wo es sich irgend machen ließ, solche Fußgängerbereiche in den Stadtkernen geplant und ausgeführt wurden. In Kiel und in Essen waren dafür gute Voraussetzungen gegeben, deshalb gingen diese Städte mit dem Beispiel ihrer Anlagen zeitlich voran. Ermutigt durch den wirtschaftlichen Erfolg, der sich dabei herausstellte, übernahmen auch andere Städte diese Gedankengänge und machten den Versuch, auch ihr Herzstück neu zu gestalten unter dem Leitgedanken des Fußgängervorbehalts.

Die hiermit angestrebte wirtschaftliche Stärkung der Einkaufsviertel und die bessere und leistungsfähigere Ordnung ihres Verkehrs sind auch deshalb von so großer Wichtigkeit für das Fortleben des Stadtkerns, weil im besonderen die verkehrlichen Mißstände dazu geführt haben, daß neue Einkaufszentren am Rande der Städte entstanden, die zu fühlbaren Konkurrenten der Innenstadt zu werden drohen, da bei ihnen die leichte Anfahrt und das ausreichende Angebot von Flächen für den ruhenden Verkehr zu wachsender Beliebtheit führen.

Dem Sog dieser Neuanlagen muß im Interesse der alten Stadtkerne entgegengewirkt werden. Aber die diesem Ziele dienenden Maßnahmen einer Neuordnung des Verkehrs erschöpfen noch keineswegs die Aufgabe, die uns in den Stadtkernen gestellt ist. Zum Herzen der Stadt gehören nicht nur die Geschäfte und Einkaufsstätten, die ihren Marktwert repräsentieren, dort soll auch zugleich ihr Kopf, also ihr geistiger Mittelpunkt zu finden sein. Damt ist in erster Linie der Sitz der Obrigkeit gemeint, das Rathaus als Heim des Stadtparlaments und der Stadtverwaltung und die Gerichte und Justizbehörden. Daneben zählen die Kultstätten der Religionsgemeinschaften und alle sonst für das kulturelle Leben maßgebenden Einrichtungen, wie Theater und Konzertsäle, Stätten der Volksbildung, Museen und Sammlungen zu diesem Herzen und Kopf der Stadt. In diesem Bereich soll alles nahe beieinander zu finden sein, was den Lebensablauf des Bürgers berührt und was für ihn auch das Bewußtsein von der unverwechselbaren Individualität seiner Stadt herausbilden soll.

In den Kernen der historischen unter den acht zur Betrachtung stehenden Mittelstädte finden sich diese „Ensembles" von Einrichtungen der Gemeinschaft meist reichhaltig vorgebildet. Zwei von ihnen sind ehemalige geistliche Residenzen: Trier und Fulda; zwei weltliche Residenzen: Oldenburg und Kassel; zwei sind ehemalige Bürgerstädte: Heilbronn und Freiburg. Das historische Erbe, das uns in ihren alten Bauten erhalten ist, sollte mit besonderer Achtung gepflegt und den neuen Bemühungen angepaßt werden, die der Kräftigung des Herzens der Stadt dienen sollen. Hier finden sich auch die dankbarsten Anknüpfungspunkte, um mit den Mitteln moderner Architektur und neuer städtebaulicher Ordnung an der Kontinuität des „genius loci" verständnisvoll fortzuarbeiten. Wir haben dabei keine ängstliche Nachahmung historischer Städtebilder im Sine, die alten Städte können aber eben deshalb so gut als geistige Vorbilder für unsere Arbeit dienen, weil sie in der Gestaltung ihres Herzens eine ausdrucksvolle Repräsentation ihres politischen und kulturellen Wesens geschaffen haben.

Die Viertel, in denen sich die Einrichtungen der Obrigkeit mit denen des kulturellen Lebens und der historischen Vergangenheit vereinigen, sind als ein kostbarer Schatz für die einzelne Stadt anzusehen. Denn in ihnen läßt sich der Wert der Stadt als städtebauliches Kunstwerk ablesen. Wenn dieser Begriff auch in der heutigen Fachsprache gerne nur unter Vorbehalt und mit großer Vorsicht angewandt wird, so entbindet das nicht von der Sorge, gerade diese Seite der städtebaulichen Arbeit bedachtsam und fürsorgerisch zu pflegen und alles, was an Ansätzen vorhanden ist und was an neuen Impulsen hinzukommt, so aufeinander abzustimmen, daß die von BRUNO TAUT geprägte Vorstellung von der „Stadtkrone" wirkungsvoll herausgearbeitet wird.

Diese Bemühungen sind auch deshalb für die Stadt bedeutungsvoll, weil sie dazu dienen, die Atmosphäre der Urbanität einer Stadt zu stärken und zu verdichten. Aus diesem Grunde sollten auch gerade diese Viertel, die Geist und Herz der Stadt verkörpern, genau so wie die Einkaufsviertel, dem Fußgänger weitgehend vorbehalten werden. In der Zuordnung der öffentlichen Bauten zueinander, des Rathauses, der Kirchen, der Museen und anderer wichtiger Einrichtungen, finden sich Plätze und Platzfolgen, die den Fußgänger aufnehmen sollten, ohne daß er durch den Fahrverkehr behelligt wird. Denn der Fußgänger ist es, der sich, bewußt oder selbst auch unbewußt, an einer Umgebung freuen kann, die ihm Behaglichkeit, Verweilen oder Schlendern anbietet und ihn räumlich angenehm umschließt.

Die Sorge um den Fußgänger, die sich in diesen Bestrebungen ausdrückt, ist ein Zeichen für einen beachtlichen Wandel in der Wertung des heutigen Menschen. Man besinnt sich wieder auf die Würde des Menschen und versucht, den ihm gemäßen menschlichen Maßstab in der Gestaltung seiner Umgebung zurückzugewinnen. Man hat erkannt, daß das Auto uns um den Genuß bringt, unsere Umwelt als ein Raumerlebnis gewahr zu werden, das auf uns, auf unsere Bedürfnisse und unser Wohlbefinden abgestimmt ist. Für den Autofahrer ist es gleichgültig, ob er durch eine gut oder schlecht gestaltete Stadt hindurchfährt. Er hat auf anderes zu achten als auf die Harmonie oder die Dynamik des Straßenraums und der ihn begleitenden oder in die Tiefe gestaffelten Architektur. Dagegen ist der Fußgänger in der Lage, umherzusehen und stehen zu bleiben, um die städtebauliche Umwelt in Augenschein zu nehmen und sie wertend zu würdigen. Um dieses Vermögen ausüben zu können, muß er aber von der Sorge befreit werden, die ihm die bedrohliche Nähe und die Kreuzung mit dem Fahrverkehr als ständige Belastung auferlegen. Er muß sich selbst überlassen bleiben und sein eigenes Tempo einschlagen können. Wer an die Befriedung gewöhnt ist, die den Fußgänger auf der Holstenstraße in Kiel und auf der Treppenstraße und dem Friedrichsplatz in Kassel umfängt, spürt den Unterschied in beängstigender Weise, wenn er sich in Trier dem hektischen Getriebe der Simeonstraße oder in Heilbronn dem lebhaft brandenden Verkehrsstrom in der Kaiserstraße ausgesetzt sieht. Die Erfahrung der Stadt als „Komposition" ist also heute fast nur noch dem Fußgänger möglich, und daraufhin sollte die Neuordnung und Ausgestaltung der Innenstadt sorgfältig ausgerichtet werden.

Wenn man sich um die Herausbildung der „Stadtkrone" und um die Zuordnung aller für das Herz der Stadt maßgebenden und erforderlichen Einrichtungen bemüht, so wird man gewahr werden, daß man sich auch vor Eingriffen und lenkenden Maßnahmen nicht scheuen darf. In vieler Hinsicht zeigen sich heute die Stadtkerne nicht in der „Reinheit" der Zusammensetzung, die zu ihrer besonderen Funktion gehört. Insofern wird es auch zur Lösung der gestellten Aufgabe beitragen, wenn man dafür sorgt, daß Einrichtungen und Betriebe, die nicht in das Herz der Stadt hineingehören, ausgesiedelt werden und Platz machen für Einrichtungen, die in dem „Ensemble" des Stadtkerns noch fehlen. Insbesondere sollte dieses engere Gebiet der Stadtmitte nicht zu stark von Arbeitsstätten des privatwirtschaftlichen tertiären Sektors durchsetzt sein, weil damit eine gewisse Verödung im Straßenleben, besonders in den Abendstunden, verbunden ist. Diese Bürohäuser können ebensogut in den Nachbarvierteln rings um die Innenstadt ihren Platz finden und so dazu beitragen, den Verkehr auseinander zu ziehen und zu dezentralisieren.

Ein anderes Mittel, die Anziehungskraft und Lebendigkeit der Stadtkerngebiete zu stärken, ist die Durchsetzung der Einrichtungen des Gemeinschaftslebens, die hier konzentriert sind, mit Wohnstätten, die das alltägliche bürgerliche Leben auch in diesem Bereich aufrecht erhalten. In den acht betrachteten Mittelstädten zeigen die Kerngebiete noch nicht die Ausschließlichkeit der Citybildung, wie sie in den großen Metropolen herrscht, sie sollen auch weiterhin mit Wohnungen durchsetzt bleiben und mit neuen Wohnungen ausgestattet werden, damit in ihrem Herzen neben der abendlichen Belebung durch die Kulturstätten auch dem geläufigen bürgerlichen Leben der entsprechende Spielraum vorbehalten bleibt.

Im Bemühen um die Stärkung der Herzgebiete unserer Städte wird auch vielfach einer Steigerung der Verdichtung das Wort geredet. Man verfällt dabei leicht der Illusion, als sei die Zahl der Stockwerke, die aufeinander geschichtet werden, das eigentliche Merkmal für die Qualität der Stadt, weil man dem „imponierenden" Eindruck der großen und hohen Baukörper unterliegt. Man übersieht dabei die Gefahr, die mit einer solchen Verdichtung verbunden ist. In der Regel ist es nicht möglich, die für die Benutzer und die Besucher solcher großen Häuser erforderlichen Abstellflächen auf dem betreffenden Grundstück zu schaffen, besonders, wenn die Bauherren auch nicht bereit sind, eine Anzahl der ihnen zugestandenen, über das normale Ausnutzungsmaß hinausgehenden Geschosse als Parkgeschosse auszubilden. Aber es ist nicht allein die Frage des ruhenden Verkehrs, die dabei nicht gelöst werden kann, auch die Leistungsfähigkeit der benachbarten Zufahrtsstraßen reicht meist nicht aus, um die zusätzlichen Belastungen, die der Eigen- und der Besucherverkehr eines solchen Gebäudes erzeugt, aufzunehmen und reibungslos weiterzugeben. Man sollte sich also niemals an der Vorstellung der Verdichtung, die fälschlich als Anreiz und Steigerung für die „Urbanität" einer Stadt bewertet wird, dazu verleiten lassen, die Konsequenzen auf die Leistungsfähigkeit der Innenstadtstraßen zu übersehen, weil man damit das Gegenteil von dem erreicht, was man mit der Verdichtung gewinnen wollte: statt einer Stärkung entsteht eine Überlastung und damit wieder ein Anlaß zur Meidung der Innenstadt.

Die vorstehend angeschnittenen Fragen und Aufgaben stehen in allen acht Städten, die wir zu betrachen haben, zur Lösung an. In einigen von ihnen ist man auf dem damit vorgezeichneten Wege schon ein gutes Stück vorwärts gekommen, in anderen hat man gerade erst angefangen, und nur in wenigen ist man über vorläufige Überlegungen noch nicht hinausgekommen. Aber in allen acht Städten ist man aufgeschlossen und mit den Gedanken beschäftigt, wie man nach den Kriegszerstörungen und nach vielfältigem Strukturwandel in der jüngsten Vergangenheit die Herzstücke der Stadt an die Forderungen der Gegenwart und Zukunft anpassen und die individuelle Eigenart der Stadt noch besser hervorkehren kann. Auch die „neugegründeten" Städte, wie Wanne-Eickel und Wolfsburg, widmen sich diesen Untersuchungen und Planungsaufgaben in gleicher Weise, da auch sie, wie die historischen Städte, um die Stärkung der Wirtschaftskraft ihrer Stadtmitte und um die Herausarbeitung ihres geistigen Gewichts besorgt sein müssen.

1. Kassel

In Kassel ist die Vereinigung des wirtschaftlichen Schwerpunktes mit seinen Geschäften und Einkaufsstätten und des obrigkeitlichen und kulturellen Zentrums in einem Maße geglückt, wie es nicht so oft anzutreffen ist. Zu diesem Gelingen haben einmal die günstigen topografischen Verhältnisse beigetragen, zum anderen wesentliche und großzügige Linien aus der fürstlichen Vergangenheit der Stadt. Das Gebiet der Innenstadt liegt auf einer sanft geneigten Ebene oberhalb der Fulda und fällt in einem Steilhang von etwa 15 m Höhe zur Flußniederung ab. Damit ist eine natürliche Begrenzung des Stadtkörpers nach dieser Seite hin gegeben, die es ermöglicht, der Innenstadt eine weithin sichtbare Randfassade zu geben, die in markanten öffentlichen Gebäuden ihre akzentuierte Silhouette erhält.

Die dahinter liegenden Flächen der Innenstadt sind zusammengewachsen aus der mittelalterlichen Altstadt, aus der schachbrettartig aufgeteilten Oberneustadt aus dem 18. Jahrhundert und aus dem daran anschließenden Bahnhofsviertel aus dem 19. Jahrhundert. Diese drei aus verschiedenen Zeiten stammenden Bebauungsabschnitte waren vor der Zerstörung nur sehr unvollkommen miteinander verknüpft. Aus der fürstlichen Planung heben sich aber zwei bestimmende Linien hervor: die Randlinie der „Schönen Aussicht" auf dem Hochufer der Fulda und, parallel dazu, die durchgehende Gerade der Königsstraße, die das Rückgrat der Oberneustadt bildet und tangential den in sich abgerundeten Körper der Altstadt berührt. Zwischen diese beiden Grundlinien spannt sich als Trennung zwischen der Altstadt und der Oberneustadt der große Freiraum des Friedrichsplatzes, der in der Neuplanung nach dem Kriege zu dem eigentlichen Mittelpunkt der Stadt geworden ist. Die Verbindung zwischen der Tangente der Königsstraße und der Altstadt vermittelt der kreisrunde Königsplatz, ebenfalls ein Raumgedanke des 18. Jahrhunderts.

In der Planung des 19. Jahrhunderts ragt der bedeutende, langgestreckte Ständeplatz hervor, der aber seinerseits keine rechten Beziehungen zu den angrenzenden älteren Stadtvierteln hatte, und der Bahnhofsplatz, von dem in der Richtung auf die Stadt zwei Diagonalen ausgehen, die Kurfürstenstraße und die Werner-Hilpert-Straße.

Von ihnen ist die Kurfürstenstraße, die in gerader Linie auf den Friedrichsplatz zielt, als die wichtigere dieser Diagonalen auf die dreifache Breite gebracht. Sie hat ihre Verlängerung in der neu geschaffenen Treppenstraße gefunden, die damit ihre Bedeutung als Verknüpfung von Bahnhof und Innenstadt deutlich bekundet.

Die Zerstörung der Stadt in ihrer ausgedehnten Flächigkeit bot die Chance, der Innenstadt eine neue Ordnung des Verkehrs und der Standorte des wirtschaftlichen, obrigkeitlichen und kulturellen Lebens zu geben. In Kassel stand nicht, wie in Oldenburg, Trier oder Heilbronn, ein Alleenring auf ehemaligem Befestigungsgürtel zur Abgrenzung der Innenstadt und zur Aufnahme eines abfangenden Verkehrsringes zur Verfügung. Da man aber die Bedeutung einer solchen Ringstraße für die Befriedung der Innenstadt richtig erkannt hatte, wurde unter Einbeziehung des Ständeplatzes und anderer vorhandener Straßenteile mit einer Reihe mutiger Durchbrüche und unter Vornahme entsprechender Verbreiterungen eine neue Ringstraße geschaffen, die sich um die Innenstadt legt und auf der die aus der Ferne und aus den Außenvierteln kommenden Verkehrsströme auftreffen und sich verteilen und verflechten können, ohne daß der innerste Kern von unerwünschten Verkehrsmassen belastet wird (vgl. Abb. 1).

Auf diese Weise ist es gelungen, ein leicht faßliches und einprägsames Linienbild für diese wichtige Verkehrsanlage zu bekommen. In dem von ihr umschlossenen Kern bildet die Königsstraße die Mittel- und Schwerlinie, an der sich die beliebtesten Geschäfte der Stadt aufreihen. Diese Kaufstraße ist schon im ersten Bebauungsplan für die Innenstadt aus dem Jahre 1948 als Fußgängerstraße ausgewiesen, die zusammen mit der Wilhelmstraße und der Treppenstraße, dem Friedrichsplatz und dem Königsplatz einen zusammenhängenden Bereich ohne Fahrverkehr bilden sollte. In dem erwähnten Bebauungsplan ist das System dieses Fußgängerbereichs mit allen Folgeerscheinungen nach dem Vorbild der Lijnbaan in Rotterdam voll ausgebildet. Den Kaufstraßen sind in der Oberen und Unteren Karlsstraße im Süden und in der Wolfsschlucht und der neugeschaffenen „Neuen Fahrt" im Norden die Parallelstraßen zugeordnet, die der Belieferung dienen und die in ausgedehnter Reihung die Vorrichtungen für den ruhenden Verkehr aufnehmen, sei es als ebenerdige Parkplätze, sei es als mehrgeschossige Parkhausanlagen.

Die Schaffung dieses neuen Ordnungsprinzips für die Innenstadt nahm geraume Zeit in Anspruch. Zuerst mußte die Ringstraße gebaut werden und ihre abfangende Tätigkeit aufnehmen. Dann mußten die Belieferungsstraßen zusammen mit den Expeditionshöfen und Parkplätzen im Innern der Baublöcke ausgebaut werden, und als all das zur Verfügung stand, konnte endlich der Fahrverkehr aus der Königs- und aus der Wilhelmstraße entfernt und eine fußläufige Neupflasterung der Straßenflächen vorgenommen werden. Allerdings ist bei dieser Lösung die Straßenbahn in der Königsstraße belassen worden; die deswegen befürchtete Störung ist aber ausgeblieben, da die Straßenbahn vor allem im Dienste des Fußgängers steht.

Es bedurfte eines Zeitraums von mehr als zehn Jahren, um dieses System in der Funktionsfähigkeit, wie es jetzt vorliegt, herauszuarbeiten. Die hartnäckige Verfolgung dieses Zieles, aller Kleingläubigkeit und allen Widerständen zum Trotz, hat sich voll ausgezahlt. Es ist nicht nur eine beträchtliche Umsatzsteigerung eingetreten, die Anlage hat sich auch als Ort der Begegnung und des behaglichen Verweilens für die Bürgerschaft nachhaltig entwickelt.

Zu dieser Beliebtheit bei Bürgerschaft und Besuchern trägt es entscheidend bei, daß sich in der Ausgestaltung des neuen Ordnungssystems für die Innenstadt Raumfolgen und Raumbeziehungen herstellen ließen, die es bis dahin nicht gegeben hatte oder die städtebaulich nicht genügend herausgearbeitet waren. Die Königsstraße als die Haupteinkaufstraße ist glücklicherweise kein ungegliederter Korridor. Sie hat eine noch gerade überschaubare Länge und erhält im Westen durch den hoch gelegenen Baukörper des Landesmuseums und im Osten durch das stattliche Türmepaar der Martinskirche ihre Blickabschlüsse. Am Rathaus erweitert sie sich um den Ehrenhof mit der großen Freitreppe, am Friedrichsplatz öffnet sie sich zum weiten Blick auf Fridericianum und Staatstheater und in die freie Landschaft und erhält in der kleineren Nische des Spohrplatzes auf der gegenüberliegenden Seite eine willkommene Ausweitung an der Stelle, wo die Straßenbahnhaltestelle ihre Fahrgäste sammelt. Die Königsstraße endet dann in dem großen Rund des Königsplatzes und findet hier ihren architektonischen Abschluß. In den Zwischenabschnitten verästelt sich der Straßenraum in vielen Schaufenster- und Vitrinengängen und in den Passagen, die die Abstellflächen mit der Kaufstraße verbinden.

Von den beiden Querlinien des Fußgängerbereichs ist die Wilhelmstraße einfach gehalten, die Treppenstraße ist aber ihrer übergeordneten Funktion entsprechend reicher ausgebildet, nicht nur der Höhe nach in ihren Terrassen und Treppenläufen, auch in ihrer räumlichen Behandlung zwischen der Ringstraße und dem Friedrichsplatz. Sie ist zwar ein wichtiger Teil des Fußgänger- und Einkaufsbereichs, sie hat aber darüber hinaus die Aufgabe einer Querverbindung zu erfüllen, die, vom Bahnhof über die breite Kurfürstenstraße kommend, die Innenstadt an ihrer schmalsten Stelle durchschneidet und die kürzeste Verbindung zu den Erholungsanlagen der Karlsaue an der Fulda herstellt. Sie ist in ihrem oberen Teil breiter angelegt und mit Grünflächen versehen. Nach der Überquerung der Belieferungsstraße (der Wolfsschlucht und der Neuen Fahrt) verengt sie sich wesentlich, um dann überraschend den Ausblick auf die Weite des Friedrichsplatzes frei zu geben. Die durchgehende Verbindung zur Karlsaue wird allerdings ihre volle Auswirkung erst erhalten, wenn die geplante Überspannung der Frankfurter Straße zwischen dem Fridericianum und dem Ottoneum in der vorgesehenen Form einer leicht geschwungenen Kamelrückenbrücke geschaffen ist. Dann steht ein für den Fußgänger ohne Ermüdung zu bewältigender Erlebnisweg vom Hauptbahnhof über die ihm angebotenen Raumfolgen bis zur Orangerie in der Karlsaue lückenlos zur Verfügung (vgl. Abb. 2).

Durch diese neu geschaffene Querverbindung hat aber auch der Friedrichsplatz erst seine uneingeschränkte Zentralität gewonnen, da er in dem Winkel des Kreuzes liegt, das von der Königsstraße und der Treppenstraße gebildet wird. Diese Lage weist ihm eindeutig die Aufgabe des städtebaulichen Mittelpunktes der Innenstadt zu. Durch die Fortnahme der Ruine des alten Staatstheaters, die ihn gegen das Fuldatal abschloß, ist er wieder als Fenster in die freie Landschaft geöffnet und vermittelt, wie in alter Zeit, den Zusammenhang zwischen der Stadt und ihrer landschaftlich so schön abgestimmten Umgebung. Der weite Raum dieses Platzes erhält durch den seitwärts gestellten Neubau des Staatstheaters auf der einen und durch den schlanken Turm der neuen Elisabethkirche auf der anderen Seite einen festen Halt. Seine große Fläche harrt noch der endgültigen Gestaltung. Um ihn davor zu bewahren, als Autoabstellfläche mißbraucht zu werden, soll er in Zukunft unterkellert und unterirdisch als Parkanlage eingerichtet werden. Seiner architektonischen und gärtnerischen Ausgestaltung soll dann auch besondere Sorgfalt gewidmet werden, damit er weiterhin, wie schon heute, seine Anziehung als Stätte der Begegnung und des Ausruhens ausüben kann (vgl. Abb. 3).

Der große Freiraum des Friedrichsplatzes leitet über zur „Schönen Aussicht" auf dem Höhenrand des Fuldatales. Hier waren schon in alter Zeit bedeutende öffentliche Gebäude aufgereiht, so das Landgrafenschloß, das Prinzenpalais, das Bellevueschloß und die Gemäldegalerie. Diese Tradition setzt sich auch heute fort, allerdings mit den öffentlichen Einrichtungen, die unsere Zeit benötigt; sie gibt aber Gelegenheit, die stattlichen Gebäude, die der Verwaltung und der Kultur dienen, an der „Schönen Aussicht" anzusiedeln und eine fortlaufende Stadtfassade zu bilden.

Dieser Stadtprospekt beginnt mit dem kleinen historischen Rundtempel im Westen unterhalb des Weinberges. Es folgen dann die alten Gebäude der Gemäldegalerie und des Bellevueschlosses. Dann kommt ein starker Akzent, den das neungeschossige Hochhaus des Justizgebäudes setzt; es folgt eine ruhige Reihe gleichhoher Baukörper bis zur Ecke des Friedrichsplatzes, die durch das Gebäude der Allgemeinen Ortskrankenkasse mäßig hervorgehoben ist und von dem Turm der Elisabethkirche überragt wird. Auf der anderen Seite des Friedrichsplatzes, etwas vorgezogen, erhebt sich das Staatstheater, gefolgt von einem offenen Raum, der die neu geschaffene Fassade der Altstadt hineinwirken läßt. An der Stelle des alten Landgrafenschlosses und des ehemaligen preußischen Regierungs- und Justizgebäudes, hoch über dem alten Festungswerk des Rondells, erhebt sich dann der große neungeschossige Block des neuen Regierungsgebäudes, das den Abschluß der hochgelegenen Schauseite der Stadt bildet. Es fügt sich aber am Wasser entlang noch ein weiterer Abschnitt dieser Stadtfassade an. Der alte Renthof, der heute als Magazin für das Staatstheater ausgebaut ist, schließt sich mit den benachbarten Wohnhäusern zu einem gut gegliederten Gebäudestreifen zusammen, der bis zur Fuldabrücke reicht. Auf der anderen Seite der Brücke bildet das Polizeiverwaltungsgebäude wieder einen Höhepunkt, und im Karlshospital und dem anschließenden Grün des Finkenherdes findet diese durchgehende städtebauliche Komposition ihren Ausklang.

In der Aufzählung der an der Schönen Aussicht aufgereihten öffentlichen Gebäude zeigt es sich, daß hier in dem engsten Innenstadtbereich die wichtigsten Behörden und die bedeutendsten kulturellen Einrichtungen einander zugeordnet sind, so daß wir hier auf engem Raum und in dichter Gemeinschaft alles beieinander finden, was auf das bürgerliche Leben gestaltend und bestimmend einwirkt. Aber auch die dritte Forderung an die Funktion der Innenstadt kann in Kassel als erfüllt angesehen werden: Sowohl in den Kaufstraßen wie auch in der Nachbarschaft der so vielseitigen Zwecken dienenden öffentlichen Gebäude sind Wohnungen und Wohnhäuser vorhanden, und der westliche Teil der Altstadt mit seiner Wohnbevölkerung gehört ebenfalls zu dem von der Ringstraße umschlossenen innersten Kern der Stadt. Es ist also in diesem Bereich eine Mischung und Vollständigkeit aller in der Innenstadt erwünschten und erforderlichen Funktionsstätten erreicht, die der Anziehungskraft der Stadt die erhoffte Dauer mit Sicherheit gewährleisten kann.

Eine Bereicherung dieser günstigen Zusammenhänge wird man sich noch versprechen können, wenn es gelingen sollte, die einzelnen Bauwerke der zur Zeit in Planung befindlichen Gesamthochschule Kassel in einen engen Kontakt zu bringen mit der Innenstadt und der Reihe hervorragender öffentlicher Einrichtungen auf dem Höhenrand der „Schönen Aussicht". Unter den zur Diskussion stehenden Lösungen nimmt der Vorschlag für eine Querverbindung vom Friedrichsplatz über die „Voraue" östlich der Orangerie zum rechten Fuldaufer eine beachtliche Stellung ein. In seiner Verfolgung würde es möglich sein, am Rande des geplanten ausgedehnten Freizeitgeländes auf den Waldauer Wiesen eine Kette von Hochschulbauten zu errichten, die ein eindrucksvolles

Gegenstück zu der gegenüberliegenden Innenstadtfront auf der Schönen Aussicht bilden und so das bisher etwas unterentwickelte rechte Fuldaufer in erfreulicher Weise aufwerten würde.

Diese Gebäudekette würde bei der sogenannten „dritten" Fuldabrücke ihre Fortsetzung auf dem linken Fuldaufer zu finden haben — auf dem Gelände der Giesewiesen — und würde von dort aus in südlicher Richtung den Anschluß erhalten zu dem großen Flächenareal des „Langen Feldes" südöstlich von Niederzwehren, das diejenigen Hochschulbauten aufnehmen kann, die einen umfangreicheren Raumbedarf haben. Eine weitere, nach Westen greifende Entwicklung des Zuges der Hochschulbauten zeichnet sich ab, seit das Aufbau- und Verfügungszentrum der Hochschule in der Nähe der Wohnstadt Brückenhof im Raum von Oberzwehren errichtet ist. Von ihm aus sind auch die Geländeflächen der Dönche leicht erreichbar, wo ebenfalls sowohl Abteilungen der Hochschule wie auch ihr zuzuordnende Folgeeinrichtungen untergebracht werden können.

Auf diese Weise würde es sich vermeiden lassen, die neue Gesamthochschule völlig isoliert als geschlossenen Campus auf dem Langen Felde oder auf der Dönche allein zu errichten, man würde es vielmehr erreichen, daß man die für sie erforderlichen Einrichtungen teils in dezentralisierter, teils aber auch in stärker zusammengefaßter Anordnung über ein größeres Flächenband verteilen und sie in guten verkehrlichen Zusammenhang mit den benachbarten Stadtteilen und der Innenstadt bringen kann.

Bei einer solchen Anlehnung der Hochschulbauten an verschiedene Stadtteile würde sich eine enge Einbeziehung in das vorhandene Stadtgefüge erzielen lassen und eine dichte Verflechtung mit den Folgeeinrichtungen auf dem Gebiete des tertiären Sektors und des Wohnungsbaus. Denn man darf nicht übersehen, daß die neue Gesamthochschule über die ihr dienenden Gebäude hinaus der Stadt Kassel einen beträchtlichen Zuwachs an Bausubstanz bringen wird, und daß sie sich einer städtebaulichen Aufgabe gegenüber sieht, die ihrer Gestalt im Verlaufe des nächsten Jahrzehnts eine von Grund auf neue Prägung geben kann. Man sollte sich des Umfangs und der Bedeutung dieser einmaligen Gestaltungschance im vollen Umfange bewußt sein und sollte sich deshalb veranlaßt sehen, die besten Kräfte, die erreichbar sind, zu ihrer Bewältigung heranzuziehen.

2. Oldenburg

Unter den hier zum Vergleich stehenden Städten kommt dem in Kassel Erreichten Oldenburg am nächsten mit seiner Aktivierung der Altstadt. Hier boten sich die alten Wallstraßen zum Ausbau eines leistungsfähigen abfangenden Verkehrsringes an, während die historischen Hauptstraßen, die Lange Straße und die Achternstraße, die den Altstadtkörper in der Längsrichtung von Norden nach Süden durchziehen und ein gestrecktes Parallelogramm bilden, sowie die sie kreuzenden Straßen sich zur Umwandlung in reine Fußgängerstraßen empfehlen. Auch in Oldenburg mußte der Gedanke, die altvertraute Altstadt vom Fahrverkehr zu befreien und in einen Fußgängerbereich umzuwandeln, gegen heftige Widerstände durchgesetzt werden, aber heute, nachdem die neue Auslegung mit fußläufigem Pflaster voll in Betrieb ist, beweisen diese Straßen erhöhte Anziehungskraft und haben sich, wie andernorts, durch Umsatzsteigerungen gerechtfertigt (vgl. Abb. 4).

Die zwischen den Kaufstraßen und dem Ring liegenden Viertel, die kein so intensives Geschäftsleben aufweisen, sind befahrbar geblieben und dienen der Belieferung und dem ruhenden Verkehr. Unter dem Eindruck der wachsenden Beliebtheit der betreffenden Kaufstraßen haben sich viele Geschäftsinhaber auch schon entschlossen, ihre meist älteren, oft unansehnlichen Häuser zu modernisieren, denn hier gab es keine oder doch nur geringfügige Kriegszerstörungen, und so ist vieles vorhanden gerade aus der wenig ansprechenden Bauepoche um die Jahrhundertwende und sollte umgebaut oder auch nur aufgefrischt und von häßlicher Reklame gesäubert werden, um nun auch der äußeren Erscheinung dieser Straßenzüge ein neues und besser abgestimmtes Gepräge zu geben.

Eine beachtliche Vorleistung im Sinne einer solchen Erneuerung und einer solchen Anpassung an die neue Stimmung des Fußgängerbereichs hat ein vermögender Bürger der Stadt vom Jahre 1961 an, also schon vor der Durchführung der Umwandlung, im Rahmen seines nicht unbedeutenden Besitzes erbracht. Im guten Vertrauen auf den Wert, den eine Kaufstraße erreichen kann, wenn sie der Belästigung durch den Fahrverkehr entzogen ist und als „menschlicher" Raum angeboten wird, hat er in einem Baublock auf der Westseite der Langen Straße eine eigene Fußgängerstraße geschaffen und als Ergänzung des damals noch in der Planung befindlichen Fußgängerbereichs als „Herbart-Gang" dem öffentlichen Verkehr übergeben (vgl. Abb. 5a und b).

Der dazu verwendete Grundbesitz trug ursprünglich einen Betrieb für den Handel mit Baueisen und anderen sperrigen Gütern und war ohnehin in der dichtbebauten Altstadt beengt genug. Der Besitzer verlegte seinen Betrieb nach außen an geeignete Stelle, um nun sein großes Grundstück zu einem eigenen Fußgängerbereich auszubauen. Mit einer Gruppe von Architekten, Malern und Bildhauern, im Bunde mit anderen Kunstfreunden, schuf er diese anziehende Seitenpassage. In ihrem vorderen Teil lädt ein alter heimischer Backsteinbau als Gaststätte zum Verweilen ein. Ihm gegenüber auf der anderen Seite des Ganges zieht sich eine Reihe moderner Läden entlang, „mit fröhlichen Innentreppen zum halboffenen Obergeschoß". In der Tiefe des Ganges winkt ein Café mit gestaffelten Sitzetagen; Brunnen und Grünflecken bereichern die Gehflächen.

Mit dieser Anlage ist ein „musisch gestalteter Freiraum" entstanden, der den Bürgern den Wert und die Behaglichkeit solcher allein dem Fußgänger vorbehaltenen Kaufstraßen vor Augen führen konnte. Seine Schaffung hat sicherlich viel dazu beigetragen, dem Gedanken der Umwandlung der Hauptstraßen der Altstadt in den geplanten Fußgängerbereich Vorschub zu leisten und ihm Freunde zu gewinnen, denn er darf in seiner Art als vorbildlich bezeichnet werden. Er fügt sich heute, nachdem der allgemeine Fußgängerbereich in vollem und anerkannten Betrieb ist, bereichernd und ergänzend an die Lange Straße an und kann in seiner umsichtigen architektonischen und kunstgewerblichen Durchgestaltung als maßgebend angesehen werden für die Behandlung und Ausstattung der übrigen Kaufstraßen.

Auch in Oldenburg befinden sich noch genügend Wohnhäuser und Wohnungen in der Altstadt, so daß auch hier das geschäftliche Getriebe dem geläufigen bürgerlichen Leben noch verschwistert ist. Deshalb ist es auch in den Abendstunden in dem Fußgängerbereich nicht verödet, zumal altbekannte Gaststätten und neue, besonders für die Jugend eingerichtete, zum Aufenthalt einladen und sich auch lebhaften Zuspruchs erfreuen.

Auf der Ostseite der Altstadt haben sich die großen Warenhäuser angesiedelt. Sie sind dort errichtet, wo der schlechte Zustand kleinbürgerlicher Bebauung eine Sanierung erleichterte. Ihre großen Baukörper bilden die Wandungen des neu geschaffenen „Berliner Platzes", dessen südliche Seite von der breit gelagerten, hochgeschossigen Baumasse des Schlosses aufgefangen wird. Dazwischen erhebt sich das neu errichtete städtische Hallenbad, das seinen ansehnlichen Baukörper zu diesem „Ensemble" beisteuert und die Funktionsgebiete der Innenstadt um das der Gesundheitspflege bereichert.

Durch das Schloß, die alte klassizistische Wache und die Bauten der ehemaligen Hofhaltung ist zwar die fürstliche Vergangenheit Oldenburgs dokumentiert, diese Gebäudegruppe ist aber in den alten Wallring eingefügt, ohne daß neue, etwa großzügig ins Außengebiet vorstoßende Linien der Altstadt angefügt worden wären in der Zeit des fürstlichen Wirkens. Immerhin ergeben sich in der Stellung der historischen Gebäude zueinander Platzräume, die im Osten in den Berliner Platz und den Schloßplatz und im Westen zum Platz an der Lambertikirche und zum alten Marktplatz überleiten. Sie bieten mit ihrer reichhaltigen Ausstattung mit Grün einen angenehmen Gegensatz zu den baumlosen Altstadtstraßen. Weniger günstig ist dabei der alte Marktplatz weggekommen, der vorerst noch zur Rolle eines Parkplatzes herabgestimmt ist. Hier ist allerdings durch die neugotische Umbauung des klassizistischen Zentralbaus der Lambertikirche und die Pseudorenaissancepracht des „neuen" Rathauses eine eklektizistische Note in der Architektur angeschlagen, die es schwer macht, dem Platz seine alte Bedeutung als dem Haupt- und Marktplatz der Stadt zurückzugeben. Trotzdem sollte man versuchen, auch diesen Teil der Altstadt durch baupflegerische Maßnahmen qualitativ aufzuwerten, ihn von den parkenden Wagen zu befreien und ihn dem Berliner Platz und dem in den Hauptstraßen erreichten Niveau anzupassen.

In Oldenburg gruppieren sich auch die weiteren behördlichen und kulturellen Einrichtungen in guter Erreichbarkeit um die Altstadt. Das Staatstheater hat eine günstige Lage am Theaterwall, der Südwestseite des Wallringes. Es liegt allerdings so hart am Straßenrand, daß man Schwierigkeiten haben wird, den Baukörper anzupassen, wenn sich etwa die Notwendigkeit einstellen sollte, die Zahl der Fahrspuren auf der Wallstraße zu vermehren. In der Zone um den Wallring wird auch der Bauplatz für das neue Rathaus der Stadt zu suchen sein, dessen Errichtung schon eine Reihe von Jahren im Gespräch ist. Ein Neubau erscheint dringend erwünscht, weil das alte Rathaus auf dem Marktplatz kaum mehr der demokratischen Arbeit genügen kann und die Dienststellen der Verwaltung, die in verschiedenen, auseinanderliegenden Gebäuden untergebracht sind, im Interesse des ratsuchenden Bürgers endlich wieder unter einem Dach vereinigt werden sollten.

Der Bauplatz für das neue Rathaus sollte deshalb in der Nähe oder besser in der Altstadt gesucht werden, damit sich ein guter Kontakt herstellen läßt zwischen ihm und den Einrichtungen der Kultur und Verwaltung, die im südlichen Teil der Altstadt vereinigt sind. Das Rathaus sollte auf jeden Fall nicht so weit abliegen, wie etwa der Sitz der Regierung, die das Schloß nicht mehr zur Verfügung hat und, weiter nach Westen abgerückt, in den von BONATZ gestalteten Bauten der ehemaligen Landesregierung, dem Staatsministerium und dem Landtagsgebäude, untergebracht ist. Diese Gebäudegruppe bildet zwar mit ihren Wasserfronten zu den Dobbenteichen hin und mit der von ihnen eingefaßten Platzfläche des Theodor-Tantzen-Platzes eine eigenständige städtebauliche Einheit, ihr fehlt aber die erwünschte Beziehung zur Innenstadt.

Eine neue Entwicklung, die auch andernorts zu beobachten ist, tritt in Oldenburg in bemerkenswertem Umfang hervor: das Auftauchen von auf Zeit errichteten Supermärkten, die sich die weit auseinander gezogene Bebauung der Stadt zunutze machen. Sie erstellen in den Außengebieten mit geringstem baulichen Aufwand ihre Verkaufsstätten und versuchen die Kaufkraft der umliegenden Viertel abzuschöpfen. Infolge einer gewissen Beschränktheit ihres Angebots und der bescheidenen Ausstattung ihrer Räume werden diese Unternehmungen jedoch von der angestammten Kaufmannschaft der Innenstadt nicht als ernstliche und zu scheuende Konkurrenz betrachtet. Nachdem man den Erfolg der Umwandlung der Altstadt in den Fußgängerbereich erlebt hat und sich seiner in wachsendem Maße erfreuen kann, hat man das Zutrauen, daß sich die Anziehungskraft der Altstadt, unterstützt durch geschickte städtebauliche und baupflegerische Maßnahmen, auch weiterhin bewähren wird.

3. Trier

Die Innenstadt von Trier wird von dem ausgedehnten Viereck umfaßt, das von der Nord-, Ost- und Süd-Allee und dem Moselufer gebildet wird. Diese vier Alleestraßen sind als Verkehrsring ausgebaut und üben ihre abfangende und verteilende Tätigkeit aus wie derartige Verkehrsanlagen in anderen Städten auch. Der damit umschlossene Bereich ist nur halb so groß wie der Umfang der römischen Stadt, denn die Südallee, die ihn nach Süden abschließt und auf die alte Römerbrücke mündet, entspricht erst ihrer Mittellinie. Trotzdem gewinnt man bei einem Rundgang durch die Stadt oder bei einem Blick auf das Stadtmodell den Eindruck, daß auch die mit dem Alleenring gegebene Umgrenzung heute noch weit genug ist und wie ein reichlich geschnittener Rock um die eigentliche Kernstadt herumhängt.

Die Zone intensiven städtischen Lebens nimmt einen von Norden nach Süden verlaufenden Streifen ein, der in seiner Breite nur etwa ein reichliches Drittel des umschlossenen Vierecks ausmacht. An diesen Streifen schließt sich östlich das Domviertel mit seinen vielfältigen klerikalen Gebäuden und hochummauerten Grundstücken an und die Baugruppe des kurfürstlichen Palastes als Sitz der Bezirksregierung und der Kreisverwaltung, ferner die Basilika und der Palastgarten mit dem Rheinischen Landesmuseum und der Thermenruine. Diese der Repräsentation nichtstädtischer Einrichtungen und der kirchlichen und weltlichen Verwaltung dienenden Bereiche haben für das geschäftliche Leben der Stadt nur geringe Bedeutung, genauso wie die Zone auf der Westseite des dichteren städtischen Streifens. Dort legt sich, zur Mosel hin, zwischen den eigentlichen Stadtkörper und die Moseluferstraße ein großflächiges Band von Schuleinrichtungen und von Klosteranlagen und Krankenhäusern, die von ausgedehnten ummauerten Ländereien umgeben sind.

Der so abgeteilte, in der Mitte liegende, langgestreckte Stadtteil ist durchzogen von den alten Hauptstraßen der mittelalterlichen Stadt, der Simeonstraße und den beiden Straßenzügen, die vom Hauptmarkt aus ihre Fortsetzung bilden: der Brot- und Neustraße im Osten und der Fleischstraße im Westen. Diese geht in die Brückenstraße über und trifft etwas weiter südlich auf die Südallee. Dort, etwas abseitig und exzentrisch für die Innenstadt, entsteht das neue kommunale Herz der Stadt in der Platzfolge von Viehmarktplatz und Augustinerhof. Die weitläufige Gebäudemasse des ehemaligen Augustinerklosters, die den Platz auf der Westseite beherrscht, hat die Stadtverwaltung zu ihrem Sitz erwählt. In ihrer Nachbarschaft ist das neue Stadttheater errichtet, andere Behördenhäuser sind hinzugefügt, und ein stattlicher Schulbau rundet die Gruppe ab.

Damit ist eine Art Innenstadtforum vorgezeichnet, es wird aber noch der Anreicherung durch weitere Einrichtungen des öffentlichen und kulturellen Lebens und einer einprägsamen städtebaulichen Behandlung bedürfen, um der hier begonnenen städtebaulichen Einheit die Gestalt zu geben, die sie im besten Sinne als das Herz der Stadt in Erscheinung treten ließe. In dieser Hinsicht sind in Trier durch die Gruppen der historischen Gebäude und Plätze, die sie bilden und umschließen, sehr eindrucksvolle Vorbilder geboten. Der Domfreihof, der Innenhof des Simeonstiftes an der Porta Nigra, die Umgebung des kurfürstlichen Palastes und nicht zuletzt auch der Hauptmarkt weisen sich als eigenständige, in sich abgewogene städtebauliche Schöpfungen aus, deren Qualität auch für die neue Gebäude- und Raumfolge um Augustinerhof und Viehmarktplatz anspruchsvolle Maßstäbe setzt.

Auch in Trier hat man sich Gedanken gemacht, wie man die Anziehungskraft der Innenstadt als Kaufstätte steigern kann. Hier wurde die Entstehung eines großen Supermarktes in freier Lage im Norden der Stadt eindeutig als Warnung bewertet und als Anlaß, mit besonderem Nachdruck an die Verbesserung der Verkehrsverhältnisse im Gebiet der geschäftlichen Verdichtung heranzugehen. Ein ins einzelne gehender Plan für die Umwandlung der Haupteinkaufsstraßen in einen Fußgängerbereich wurde ausgearbeitet, denn man hatte feststellen können, daß die Voraussetzungen für seine Verwirklichung nicht ungünstig waren. Allerdings sind die Ausmaße, die hier vorliegen, beträchtlich, und so war eine besondere Untersuchung darüber anzustellen, wie weit man in der Umwandlung gehen könnte. Denn der Erfolg einer solchen Maßnahme ist abhängig von der Dichte des Kaufangebots und der Anziehungskraft der einzelnen Geschäfte.

Für die Umwandlung in Fußgängerstraßen boten sich die schon erwähnten Hauptlinien des mittelalterlichen Straßennetzes an, die Simeonstraße und die aus ihr hervorgehenden Abzweigungen, die Brot- und Neustraße und die Fleischstraße. Das geschäftlich lebhafteste Stück ist die Simeonstraße zwischen der Porta Nigra und dem Hauptmarkt. Hier fiel die gegenseitige Behinderung der einzelnen Verkehrssparten besonders störend ins Gewicht. Diese Straßenzüge waren erfüllt von einem lebhaften Fußgängertreiben, beschränkt und gefährdet durch den überaus starken Fahrverkehr, in dem auch die öffentlichen Verkehrsmittel ihre dichteste Folge hatten. Hier stellte sich die Forderung nach Schutz und Befriedung des Fußgängers am dringendsten.

Es war aber auch das Augenmerk zu richten auf das Wertniveau der Einkaufsstätten in diesem Gebiet. Es hält sich im Vergleich zu der bevorzugten Simeonstraße noch einigermaßen günstig in der Brotstraße, fällt aber in der Fleischstraße sichtlich ab. Es steht zu hoffen, daß der Vorbehalt für Fußgänger in diesen Straßenabschnitten ebenfalls zur Hebung der Anziehungskraft der Geschäfte beiträgt, man hat ihn deshalb bis zur Nagelstraße ausgedehnt, die als Querspange die Brotstraße mit der Fleischstraße verbindet und den Rundgang innerhalb des Fußgängerbereichs vollendet (vgl. Abb. 6).

Im übrigen waren die Möglichkeiten für die Schaffung der erforderlichen Ergänzungen reichlich vorhanden. Die zwischen dem Alleering und den Einkaufstraßen liegenden Viertel ließen sich leicht in sich erschließen und konnten ausreichend mit Abstellflächen durchsetzt werden. Statt der am weitesten westlich am Moselufer gelegenen Seite des Aleenvierecks ist am westlichen Rande des Streifens der städtischen Verdichtung mit relativ geringen Eingriffen eine parallele Sammelstraße geschaffen worden, nachdem für sie in den vergangenen Jahren bereits umfangreiche Aufkäufe und Abbrüche vorgenommen waren. Sie verläuft im Zuge der Hindenburgstraße, des Zuckerberges und der Walramsneustraße. Von ihr sind die Belieferungsstraßen und die Parkplätze leicht erreichbar.

Der Fußgängerbereich ist so, wie er geplant war, im Spätherbst des Jahres 1971 eingerichtet worden. Er hat sich in den gesteigerten Anforderungen des Weihnachtsverkehrs bewährt und hat die pessimistischen Prognosen, mit denen er zu Anfang in Frage gestellt worden war, völlig aus dem Felde geschlagen. In den vom allgemeinen Fahrverkehr befreiten Straßen ist allerdings der öffentliche Nahverkehr mit Omnibussen belassen worden. Ob sich daraus Unzuträglichkeiten ergeben, wird die Zukunft zeigen.

Der Vergleich mit Kassel liegt nahe, wo sich die Beibehaltung der Straßenbahn in der Königsstraße eher als Hilfsmittel für den Fußgänger, denn als Störung herausgestellt hat.

Da die Stadt Trier das Einkaufszentrum eines weiten Einzugsgebietes bildet (z. Z. ca. 450 000 Menschen), erhält die Schaffung dieses wohlorganisierten Fußgängerbereichs ihre besondere Bedeutung. Man wird erwarten dürfen, daß sich seine Straßenzüge auch weiterhin besser entwickeln, als es vorher der Fall war. In dem Bestreben um die Stärkung der Wirtschaftskraft der Innenstadt sollte aber auch überprüft werden, welche Mittel man aufwenden könnte, um der weniger intensiven Zone zwischen dem Kornmarkt und dem neuen Kern um den Augustinerhof zu einem lebhafteren Geschäftsbetrieb zu verhelfen. Die in diesem Gebiet erwünschte Verbesserung der Struktur wird sich wohl auch erreichen lassen, wenn man die Maßnahmen der Stadtsanierung, die für die gesamte Fläche innerhalb des Alleenringes vorgesehen ist, auch auf dieses Ziel ausrichtet.

In der Betrachtung der Aufgaben der Stadtgestaltung, die der Stadt Trier gestellt sind, müssen auch noch zwei weitere Probleme einbezogen werden, die Bestandteile des in den Vorbemerkungen umrissenen Grundprogramms sind: die Ausgestaltung der Stadtfassade am Moselufer und die bauliche Bekrönung der zum Stadtbild gehörigen Höhen zu beiden Seiten der Stadt. Es handelt sich dabei um zwei für die Erscheinung der Stadt höchst bedeutungsvolle Gestaltungsaufgaben. Für sie sind im Laufe des 20. Jahrhunderts immer wieder Vorschläge und Entwürfe vorgelegt worden; sie sind zu kleinen Teilen einer Lösung entgegengeführt, sie harren aber immer noch einer endgültigen und ihrer städtebaulichen Bedeutung entsprechenden Bewältigung.

Für die Bebauung des Petrisberges und der gegenüber liegenden Höhe hat der frühere Stadtbaurat der Stadt Trier, Otto Schmidt, in den zwanziger und dreißiger Jahren Vorschläge gemacht, die zwar städtebaulich beachtlich, aber im Sinne der damaligen Zeit ideologisch belastet waren. Die Entwürfe für die Ausgestaltung der im Westen gegenüber der Stadt liegenden Höhen konnten nur zum Teil verwirklicht werden und haben ihren Niederschlag im Bau des heutigen Priesterseminars Rudolfinum und in der Anlage der Pädagogischen Hochschule gefunden. Ergiebiger und eindrucksvoller waren die Planungen, die Otto Schmidt für die Bebauung des Petrisberges ausgearbeitet hat. Von der Idee einer Stadtbekrönung, in der die maßgebenden kulturellen und obrigkeitlichen Einrichtungen repräsentativ vereinigt werden könnten, ist allerdings nur der Bau der Kasernen übrig geblieben, die zur Zeit den französischen Streitkräften überlassen sind und von ihrer Bestimmung her nach der heute geltenden Auffassung von einer dieser hervorragenden Örtlichkeit entsprechenden Zielsetzung weit entfernt sind. Wenn auch die meisten zum Kompendium einer Stadtkrone gehörigen Einrichtungen unten in der Stadt vorhanden sind, so sollte man die Einmaligkeit der Lage auf dem Petrisberg, dessen Flächen noch nicht voll besetzt sind, dazu ausnutzen, um den angefangenen Gedanken einer Stadtbekrönung mit den Mitteln unserer Zeit zu vollenden. Dazu wäre eine gute Gelegenheit geboten, wenn es gelänge, trotz der gegenwärtigen militärischen Nutzung einen Teil der geplanten Universität hier zu errichten und ihr damit eine weit in die Landschaft schauende Front zu geben, die ihre Bedeutung für das Land und das Leben der Stadt wirkungsvoll zum Ausdruck bringt.

Über die andere, noch ihrer Lösung harrende Aufgabe der Stadtgestaltung, die Ausbildung der Stadtfassade am Moselufer, ist seit Jahr und Tag gesprochen und beraten worden. Daß es in Trier im Laufe der Jahrhunderte zu keiner „Moselfront" gekommen ist, liegt im Ablauf seiner Geschichte begründet. An die Fixpunkte aus christlich-römischer Zeit, den Dombereich und die Basilika, schloß sich die Entwicklung des Mittelalters zu beiden Seiten der Hauptdurchgangsstraße an. So lag die mittelalterliche Ansiedlung weit ab vom Fluß. Dazu kam, daß die zahlreichen Klosteranlagen, die zwischen der Stadt und dem Ufer entstanden, mit ihren umfriedeten Ländereien eine zusammenhängende Barriere bildeten, die nur an wenigen Stellen Zugänge zum Fluß offen ließ. So ist es gekommen, daß erst im 19. Jahrhundert die Bebauung näher an den Fluß heranrückte. Das ging im Norden und im Süden des Alleenrechtecks vor sich, im Mittelteil, der eigentlichen Front der Stadt, blieb es aber still und unbewegt. Heute jedoch, wo die Bebauung der Stadt im Norden und im Süden die gesamte Talsohle füllt, empfindet man die städtebauliche Gestaltung dieses Mittelstückes als eine tatsächlich noch offene Aufgabe. Man sollte wirklich alle Möglichkeiten aufspüren und ausnützen, um der Stadt Trier zu ihrem Reichtum an historischen Baugruppen eine diesem Inhalt gleichwertige Außenansicht zu geben, und man sollte keine Mühe scheuen, dieses Ziel durch ordnende, abwandelnde und baupflegerische Maßnahmen zu erreichen.

Auf diese Aufgabe hat schon der frühere Stadtbaumeister HENRISCH im Jahre 1901 hingewiesen, und Stadtbaurat OTTO SCHMIDT hat in seinen Entwürfen von 1927 und 1935/36 Lösungen und Vorschläge für die Gestaltung der Wasserfront der Stadt angeboten. HENRISCH hatte sich um den Irminenfreihof herum eine Gruppe von „Monumentalgebäuden" vorgestellt, SCHMIDT wollte dort ebenfalls den Hauptakzent seiner Flußfassaden setzen, indem er Stadttheater, Stadthalle und andere kulturelle Einrichtungen zu einer wirkungsvollen städtebaulichen Einheit zusammenfaßte. Er wollte dann etwas weiter aufwärts noch ein Hallenschwimmbad hinzufügen und hatte damit einen Zusammenschluß von Stätten der geistigen und gesundheitlichen Kultur im Sinne, wie er tatsächlich in jüngster Zeit in Oldenburg verwirklicht worden ist.

Heute, wo der Stadt Trier durch die Eingemeindungen und die Förderung der Landesregierung neue Wachstumskräfte zufließen, wird man sich erneut Gedanken machen, wie man die Schwierigkeiten, die einer großzügigen Gestaltung an dieser Stelle entgegenstehen, beheben und zu einer überzeugenden Gesamtgestaltung der Uferfront kommen könnte. Die Anstrengungen und Mittel, die dafür aufzuwenden wären, würden ihre Rechtfertigung darin finden, daß die alte Stadt vom Wasser her, wo man sie gut übersehen kann, einen einzigartigen und einprägsamen Anblick gewähren würde. Die Stadt Trier würde damit einen Beitrag zur individuellen Identifizierung unserer Städte liefern, der weithin Beachtung finden würde.

4. Fulda

In Fulda besitzt das barocke Dom- und Residenz-Viertel heute noch die Bedeutung einer Stadtkrone. Es ist auch aufs engste mit dem eigentlichen städtischen Leben verflochten, da die Stadtverwaltung ihren Sitz im Schlosse hat. Neben den berühmten kirchlichen Baudenkmälern des Doms und der Michaelskirche und den ihnen zugeordneten Gebäuden der kirchlichen Repräsentation und Verwaltung liegen die für die Bürgerschaft bedeutungsvollen Einrichtungen in unmittelbarer Nachbarschaft. Sie sind rings um den Schloßgarten, an der Pauluspromenade mit dem Bonifatiusplatz und an der Schloßstraße mit dem Platz „Am Heertor" in den ausgedehnten Barockbauten untergebracht. Die Orangerie übernimmt mit ihrer Ergänzung durch den Stadtsaal die Rolle einer Stadthalle, im Schloß ist neben der Stadtverwaltung auch das Landgericht eingerichtet. Das Schloßtheater, aus einer früheren Reithalle zu einem Lichtspielhaus und einer Bühne für Schauspiele umgebaut, schließt sich an den Längsflügel des Schlosses an. Auch in Fulda sind die Stätten des geistigen und obrigkeitlichen Lebens durch ein neu errichtetes Hallenbad nach der Seite der Gesundheitspflege und des Sports ergänzt worden. Es liegt hier der seltene Fall vor, daß sich der Bestand an historischen Bauwerken, einschließlich der ehemaligen Hauptwache, die ein beliebtes Restaurant und Café beherbergt, in vollem Ausmaß an die Zwecke des gegenwärtigen und zukünftigen bürgerlichen Lebens anpassen ließ und sich auf diese Weise seine volle Aktualität erhalten konnte (vgl. Abb. 7).

Dieses geschlossen erscheinende und vom bürgerlichen Leben durchpulste Barockviertel der Stadt wird in Zukunft ein bedeutendes städtebauliches Gegenstück erhalten, wenn die Baulichkeiten der geplanten Universität auf dem Gegenhang über dem linken Fuldaufer im Stadtteil Neuenberg errichtet werden sollten. In der Innenstadt in Fulda besteht zwar noch ein altes Universitätsgebäude aus dem 17. Jahrhundert, das einstmals diesem Zweck dienstbar war. Daran erinnert noch die Bezeichnung „Universitätsplatz" vor diesem Gebäude. Es wird aber wohl kaum als Anknüpfungspunkt für eine neue Universität und weitere ihrer Einrichtungen dienen können, da Baugelände in seiner Nachbarschaft nicht verfügbar gemacht werden kann. Man denkt deshalb zunächst daran, die Universität als geschlossene Anlage in Neuenberg zu entwickeln, und würde damit die Möglichkeit erhalten, den barocken Baugruppen der Altstadt die modernen Kuben der neuen Universitätseinrichtungen gegenüberzustellen. Es würde sich dadurch eine Gegensilhouette im Westen bilden, so daß in die Erholungsflächen der Fuldaniederung die alte wie die neue Umrißlinie hineinwirken würde.

Das engere Geschäftsgebiet der Stadt schließt sich im Süden unmittelbar an. Es erreicht in der Nordsüdrichtung die Längenausdehnung der alten Stadt und umfaßt die Straßenzüge der Friedrich- und der Marktstraße und des parallel verlaufenden Steinwegs mit den dazwischen liegenden Quergassen und dem Mittelpunkt der barocken Stadtpfarrkirche. Dieser Bereich der größten geschäftlichen Dichte bietet sich auch in Fulda zur Umwandlung in eine fußläufige Zone an. Allerdings stehen dieser Absicht insofern Schwierigkeiten entgegen, als das vorhandene Straßennetz die systematische Führung von Belieferungsstraßen und die Zuordnung einer genügenden Anzahl von Parkplätzen zu den für den Fußgängerverkehr geeigneten Straßen nicht ohne weiteres zuläßt. Man wird deshalb die für den Fußgänger vorzubehaltenden Straßen und Straßenabschnitte zu bestimmten Tageszeiten dem Fahrverkehr für die Belieferung der dort ansässigen Geschäfte freigeben müssen.

Fernerhin ist es kaum möglich, auch einen abfangenden Verkehrsstraßenring um die Altstadt und das Barockviertel eindeutig herauszuarbeiten, da keine alten Wallstraßen zur Verfügung stehen wie in anderen Städten. Das im 19. Jahrhundert angefügte Bahnhofsviertel schließt ohne räumliche Trennung im Nordosten an die Altstadt an, und die schmale Bemessung der damals neu angelegten Straßen zwingt zu Lösungen mit Richtungsverkehr. So tritt in den Vorschlägen zum Generalverkehrsplan wohl im Norden, Westen und Süden eine leistungsfähigere Sammel- und Abfanglinie in Erscheinung, während aber die zur Abrundung des Systems erwünschte Nordostlinie am Bahnhof vorbei fehlt und nur unvollkommen durch die Einbahnregelung innerhalb des Bahnhofsviertels ersetzt werden kann.

Trotzdem sind auch in Fulda ernsthafte Bestrebungen im Gange, die Innenstadt für den Vorbehalt des Fußgängersverkehrs vorzubereiten. Ein vielversprechender Anfang ist gemacht mit der Ausgestaltung des Borgias- und des Universitätsplatzes, wo die vom Fahrverkehr befreiten Flächen sehr anziehend als Treffpunkt der Bürgerschaft ausgestaltet und durch eine unterirdische Abstellanlage unter den Platzflächen wirkungsvoll ergänzt worden ist. In dem benachbarten Altstadtgebiet sind ferner einzelne Quer-

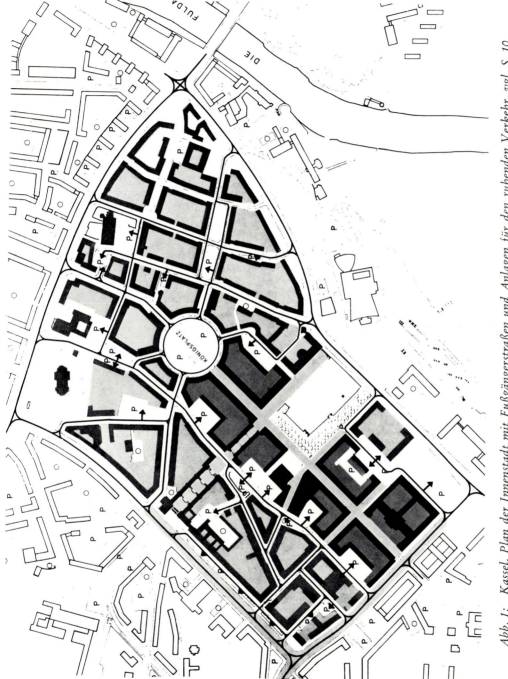

Abb. 1: Kassel. Plan der Innenstadt mit Fußgängerstraßen und Anlagen für den ruhenden Verkehr, vgl. S. 10

Abb. 2: Kassel. Die Treppenstraße. Beispiel einer reinen Fußgängerstraße, vgl. S. 10

*Abb. 3: Kassel. Luftbild des Friedrichsplatzes.
Mittelpunkt der Stadt und des Fußgängerbereichs, vgl. S. 11*
Frei Reg.-Präs. Darmstadt Nr. 1184/68

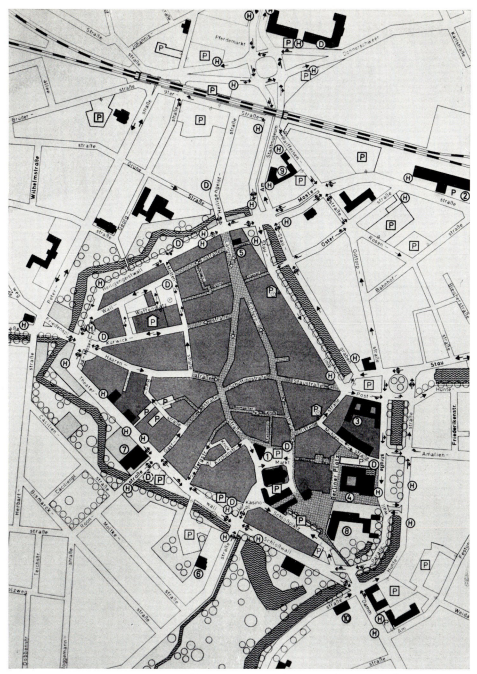

Abb. 4: Oldenburg. Plan der Innenstadt mit Fußgängerstraßen und Anlagen für den ruhenden Verkehr, vgl. S. 13 und S. 99

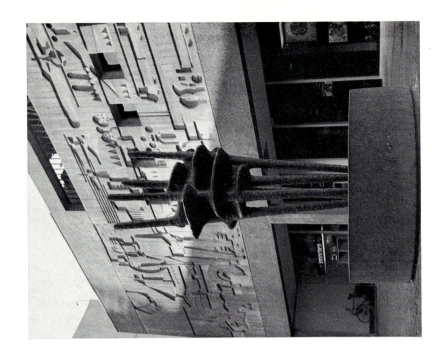

Abb. 5 a und b: Oldenburg. Der Herbartgang. Beispiel einer Fußgängerstraße, die der privaten Initiative zu verdanken ist, vgl. S. 14

Abb. 6: Trier. Plan der Altstadt mit Fußgängerstraßen und Anlagen für den ruhenden Verkehr, vgl. S. 17 und S. 94

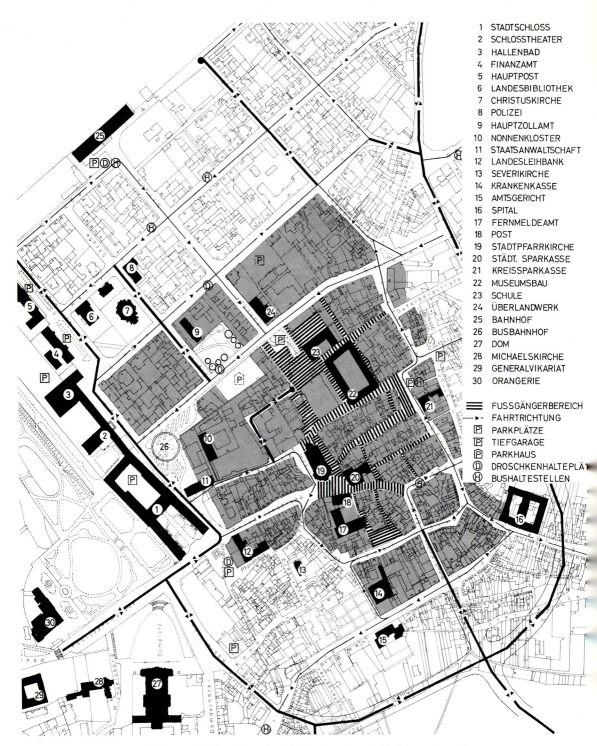

Abb. 7: Fulda. Plan der Einkaufsstadt mit Fußgängerbereich und Straßenführung im Stadtkern, vgl. S. 20 und S. 99

verbindungen ebenfalls vom Fahrverkehr ausgeschlossen worden. Sie können als Ansatzpunkte für eine weitere Ausdehnung des Fußgängerbereichs betrachtet werden.

Darüber hinaus will man sich auch bemühen, das Geschäftsgebiet von Einrichtungen zu bereinigen, die mit den Erfordernissen der Wirtschaft nichts zu tun haben. So denkt man daran, Schulen, die dort den Zusammenhang der Kaufstätten unterbrechen, an den Rand der Innenstadt zu verlegen. Man will auch versuchen, das Geschäftsgebiet nach Westen zur Fulda hin weiter auszudehnen. Man hat deshalb die Neuerrichtung eines Supermarktes an der verlängerten Robert-Kircher-Straße begünstigt insbesondere, weil der Unternehmer bereit war, auch Einzelhandelsgeschäften verschiedener Branchen in seiner Verkaufshalle Unterstand zu gewähren. Man verspricht sich davon auch ein Anwachsen der geschäftlichen Anziehungskraft der bisher recht stillen Robert-Kircher-Straße. Das neue Einkaufszentrum selbst erfreut sich lebhaften Zuspruchs, ob aber die Hoffnung auf eine Belebung dieser Zwischenzone in Erfüllung geht, wird davon abhängen, ob es gelingt, weitere Kaufleute zu veranlassen, sich auf dem Wege zwischen Supermarkt und Altstadt niederzulassen und das Warenangebot auszubauen und zu bereichern.

5. Freiburg

Die Stadt Freiburg gehört, ähnlich wie Fulda, Kassel und Trier, zu den Städten, deren Bedeutung als Vorort eines ausgedehnten Landesgebiets weit größer ist, als es die Zahl ihrer Einwohner vermuten läßt. Das hat zur Folge, daß die Innenstadt in hohem Maße mit Einrichtungen besetzt ist, die nicht dem städtischen Leben im engeren Sinne verhaftet sind. Die Stadt hat also in großem Umfang Dienste zu übernehmen, die der Bevölkerung des weiteren Umlandes zugute kommen, die Stadt selbst aber auch nicht unbeträchtlich belasten. Diese Rolle, die der Stadt aus den günstigen Bedingungen ihrer Lage erwachsen ist, zeichnet sich deutlich ab am Bestand der Innenstadt an Gebäuden der öffentlichen und privaten Verwaltungen, des Schul- und Bildungswesens, des alten und gegenwärtigen kirchlichen Lebens und der Gesundheitspflege. Die Innenstadt erweist sich damit in vollem Augenschein als das geistige und behördliche Zentrum von überörtlichem Ausmaß, das sie in der Tat auch ist.

Der Umfang dieser Konzentration öffentlicher Einrichtungen ist also im Bilde des Stadtkörpers deutlich sichtbar. Er schließt die volle Fläche der Altstadt ein mit den Ringstraßen, die die Abgrenzung ihrer Fläche markieren, und dem mittleren Teil des Bahnhofsviertels im Westen davon zwischen der Rosastraße und der Bertoldstraße. Es ist bezeichnend für die Ansprüche, die allseits an dieses Stadtzentrum gestellt werden, daß der Bereich der Innenstadt nicht mehr ausreicht, um alles unterzubringen, was sich zu diesem Mittelpunkt hingezogen fühlt und was unter dem Einfluß der günstigen Entwicklung des Ortes sich vergrößern und ausbauen muß. So hat sich das im Norden an die Innenstadt anschließende Baugebiet bis in den Stadtteil Herdern hinein schon angefüllt mit ergänzenden und erweiternden Anlagen. Das gilt für alle Sparten, die auch in der engeren Innenstadt vertreten sind: Die Finanzverwaltung hat einen eigenen umfangreichen Komplex errichtet, die Universität hat mit ihren Instituten ein großes zusammenhängendes Areal besetzt, das in der qualitätvollen Gestaltung seiner Einzelbauten (HORST LINDE) als eine Stadt in der Stadt betrachtet werden kann. Die Universitätskliniken schließen im Westen jenseits der Eisenbahn an und haben sich zu einem eigenständigen Stadtteil ausgebildet. Die vielgestaltigen Baugruppen der grundlegenden, höheren und weiterbildenden Schulen, Zeugen des vielfältig aufgestuften und verästelten

Schulwesens der Stadt, durchsetzen in dichtem Mosaik die Baugebiete, die rings an die Innenstadt anschließen.

In der Altstadt kann man zwei ostwestgerichtete parallele Gebäude- und Raumstreifen feststellen, in denen die öffentlichen und kirchlichen Einrichtungen einander zugeordnet sind. Der nördliche davon wird von den Straßenzügen Rosa- bis Engelstraße und Eisenbahn- bis Schulstraße begrenzt. Er geht von der Herrenstraße im Osten aus und umschließt den Münsterplatz mit dem Münster, der bedeutendsten baulichen Kostbarkeit der Stadt, dem Kaufhaus (1532), dem erzbischöflichen Palais — dem ehemaligen „Haus zum Ritter" (1756) — und dem Regierungspräsidium — dem ehemaligen „Basler Hof" (um 1490) —. Er setzt sich fort in der Franziskanerstraße und dem Rathausplatz mit der Martinskirche und ihrem schönen Kreuzgang und mit den beiden Bauwerken des Rathauses (16. Jhdt.). Er endet jenseits des Rotteckringes im Colombigarten mit dem neugotischen Colombi-Schlößle, das ebenfalls behördlichen Zwecken dienstbar gemacht ist.

Der südliche Streifen setzt sich an den nördlichen an und wird im Süden durch den Straßenzug Rempart- und Wallstraße begrenzt. Er beginnt am Schwabentor und führt über die Gruppe der Museen am Augustinerplatz und am Gerbersteg, die in malerischen alten Klostergebäuden untergebracht sind, nach Westen, am Landgericht — dem ehemaligen Sickingenschen Palais (1770) — in der Salzstraße und am Justizgebäude auf dem Holzmarkt vorbei, zum Universitätsviertel mit den Kollegiengebäuden, der Bibliothek, der Alten Universität und der neuen Mensa und endet am Werthmannplatz im Zuge der Ringstraße am Stadttheater.

Die Aufzählung der Gebäude zeigt, daß es in Freiburg glücklicherweise gelungen ist, den wichtigsten historischen Gebäuden ihre Wiederherstellung nach dem Kriege und ihre weitere Erhaltung zu sichern, indem man ihnen neue Bestimmungen gegeben hat, die den gegenwärtigen und zukünftigen Funktionsbedürfnissen der Innenstadt angepaßt sind. Damit ist das wertvolle baukünstlerische Erbe der Stadt, das so stark zur Ausprägung ihrer Individualität beiträgt, erhalten und aktiviert, es legt aber auch der Bautätigkeit unserer Tage, die in dieser Umgebung vor sich geht, besondere Rücksichtnahme auf, und so läßt sich in der Gestaltung des Wiederaufbaus der zerstörten Teile der Stadt eine gewisse Ängstlichkeit in dem Festhalten an traditionellen Bauformen feststellen, die erst in der letzten Zeit etwas aufgelockert zu werden scheint. Immerhin ist es aber dieser baupflegerischen Haltung zu danken, daß es gelungen ist, die in neuer Zeit errichteten hohen und Hochhäuser auf eine gewisse Distanz vom Kern der Altstadt abzudrängen, damit das Wahrzeichen der Stadt, der kostbare Münsterturm, seine beherrschende Stellung in der Stadtsilhouette gesichert erhält.

Die Zone des intensivsten geschäftlichen Lebens der Innenstadt liegt in Freiburg in den Straßenzügen, die auch die historischen Kaufstraßen gewesen sind: in der Salz- und der Schusterstraße, die ostwestgerichtet sind, und in der Kaiser-Joseph-Straße, die von Norden nach Süden verläuft. Diese Straße hat deshalb ihre auffallende Breite, weil sie ehemals als „Marktgaß" den Marktplatz der Stadt bildete, der von Stadttor zu Stadttor die ganze Länge der Stadt ausmaß. Der heutige Markt um das Münster herum hatte ursprünglich nicht diese Funktion, er war als Friedhof benutzt, und dadurch ist auch seine gewisse Abseitigkeit erklärlich, die ihn zunächst auch als Abstellplatz für Autos so günstig erscheinen ließ.

Als man an den Neuaufbau der Stadt nach dem Kriege heranging, war man auch hier, wie in Heilbronn, der Ansicht, daß es der Fahrverkehr sei, der das Leben in die Stadt bringt und es aufrecht erhält. Man hatte aber doch die Erfahrung gewonnen, daß

Fahrverkehr und Einkaufsbummel schlecht miteinander in Einklang zu bringen sind, und so hat man sich mit vieler Mühe und hartnäckiger Kleinarbeit darangemacht, die Haupteinkaufsstraße der Stadt, die Kaiser-Joseph-Straße, mit geräumigen Arkaden zu versehen. Sie bewahren den dichten Fußgängerstrom, der hier in den Geschäftsstunden zu finden ist, vor den Belästigungen des äußerst lebhaften, durch die Linien des öffentlichen Nahverkehrs noch verstärkten Fahrverkehrs und gewähren ihm bei schlechtem Wetter Schutz und Kaufbehagen.

Man hat aber inzwischen eingesehen, daß diese Maßnahme, so vorteilhaft sie ist, doch noch nicht genügt, um dem Geschäftsviertel die Vorbedingungen zu verschaffen, die ihm seine Anziehungskraft sichern und einer erwünschten Fortentwicklung Vorschub leisten. Die eigenen Erfahrungen und das Beispiel anderer Städte haben deshalb auch die Stadt Freiburg veranlaßt, Überlegungen anzustellen und Planungen auszuarbeiten, um zu Vorstellungen zu kommen, wie man das Geschäftsgebiet der Altstadt am günstigsten den wachsenden Anforderungen des Fahrverkehrs und der Befriedung des Fußgängers anpassen könnte. Die erwähnten alten Hauptstraßen des Stadtkerns, die Kaiser-Joseph-Straße und die Salzstraße, sind heute noch die Hauptträger des fließenden Stadtverkehrs. Es steht aber außerdem ein Rechteck leistungsfähig ausgebauter Ringstraßen zum Abfangen nicht erwünschten Durchgangsverkehrs zur Verfügung, dessen vierte Seite am Fuße des Schloßberges erst kürzlich durch eine starke Abgrabung und eine kühne Stützmauer auf die erforderliche Breite gebracht ist. In dem Gewirr kleiner Gassen, die zwischen diesem Rechteck von Ringstraßen und dem Kreuz der alten Kaufstraßen liegen, sind hier und da schon einzelne als Fußgängerstraßen ausgewiesen. Man will nun aber auf diesem Wege auch weiter fortschreiten und geht mit dem Gedanken um, das Kreuz der alten Kaufstraßen und die ihnen benachbarten Gebiete hoher geschäftlicher Qualität zu einem durchgehenden Bereich zusammenzuschließen und dem Fußgänger vorzubehalten. Das System der dazu notwendigen Belieferungsstraßen und die Sorge für den ruhenden Verkehr ist ebenfalls in die Überlegungen einbegriffen. Besonders hierfür sind auch schon Vorleistungen erbracht, wie der Bau mehrgeschossiger Parkhäuser am Karlsplatz und an anderen Stellen und die Planung und Vorbereitung weiterer derartiger Anlagen.

In Freiburg bekommen die im Gespräch befindlichen Planungen noch ein besonderes Gewicht dadurch, daß die neue Entwicklung im Westen der Stadt, jenseits der bisher trennend wirkenden Bahnanlagen, zu einer grundsätzlichen Abkehr zwingt von dem seit altersher in nordsüdlicher Richtung verlaufenden Ausdehnungsdrang der Stadt, der in den topografischen Verhältnissen begründet war. Da ein weiteres Anwachsen nach Norden und nach Süden nicht mehr möglich ist, will man versuchen, die Geschäftsviertel der Stadt nach Westen zu erweitern und durch Förderungsmaßnahmen zunächst bis zum Bahnhof, aber dann auch weiter über den Bahnkörper hinweg auszudehnen, um auch den neuen Stadtteilen jenseits der Bahnlinien eine Beziehungsmitte und eine Verbindung zum alten Stadtkern zu schaffen. Man stellt sich also, ausgehend vom Münsterplatz, eine bandartige Entwicklung der City von Osten nach Westen vor, in der das Hauptmittel des Nahverkehrs, die Straßenbahn, das Rückgrat bildet. Sie soll von der Hauptsammelstraße des fließenden Verkehrs und den Anlagen der Belieferung und des ruhenden Verkehrs begleitet und von der Fußgängerebene überdeckt werden (vgl. Abb. 8). Die Überschreitung der bisher so hinderlichen Barriere des Bahnhofs und der dazugehörigen Gleisanlagen soll dann in einem mehrebenigen, darüber hinweggreifenden Bauwerk überwunden werden, bei dem sich die Anziehungskraft des Bahnhofs mit der der neu eingerichteten Kaufstätten vereinigen soll (vgl. Abb. 9).

Diese bandartige City denkt man sich nicht nur mit Einkaufsstätten besetzt, man will sie auch nicht gleichmäßig nach Westen führen, sie soll vielmehr mit schwerpunktartigen Knoten versehen werden, die besonderen Funktionen des tertiären Sektors vorbehalten bleiben sollen. Man hat da etwa ein Verwaltungszentrum für Behörden und private Verwaltungen im Sinn, ein anderer solcher Knoten könnte ein Bildungszentrum werden mit Schulen verschiedenartigster Bildungsziele. An anderer Stelle könnten ergänzende Hochschuleinrichtungen und andere Gebäude für ähnliche Zwecke zusammengefaßt werden. In dieser Weise will man die vorgesehenen Knoten des Citybandes als in sich geschlossene städtebauliche Einheiten ausgestalten, die nach einmal gefaßtem Plan in langjährigen Bemühungen Zug um Zug in die Wirklichkeit umgesetzt werden sollen.

Es sind das auf den ersten Blick sehr weit ausgreifende Vorstellungen vom Ausbau der Freiburger Innenstadt und von ihrer Erweiterung nach Westen hin. Sie werden aber unterstützt durch die Prognosen, die der wirtschaftlichen Entwicklung des Raumes am Oberrhein gestellt werden und in denen der Stadt Freiburg als Hauptort des Gebietes eine führende Rolle zugewiesen wird. Die günstige Lage der Stadt an einer der wichtigsten Europastraßen soll sich darin auswirken und ihr einen fortschreitenden Zuwachs an Wirtschaftskraft und an überörtlichen Funktionen zuführen. Es zeugt von lebendiger Aufgeschlossenheit, wenn die Stadt den Mut hat, sich auf diese Ausweitung der ihr zugewiesenen Zukunftsaufgaben frühzeitig einzustellen, und wenn sie sich dafür ein weit vorausgreifendes Planungsziel steckt, das dem Skeptiker vielleicht heute noch utopisch erscheint, aber die wichtige Chance anbietet, daß man sich die Zukunft nicht mit zu eng gefaßten Maßnahmen verbaut.

6. Heilbronn

So wie Freiburg ist auch die Stadt Heilbronn aus einer mittelalterlichen Bürgerstadt hervorgegangen. Ihre Vergangenheit war sogar noch in höherem Maße selbstbewußt, da sie als Freie Reichsstadt eine reichsunmittelbare Stadtrepublik gewesen ist. Diese Herkunft ist ihr auch heute noch anzumerken an der Art, wie sie mit dem Schicksal ihrer starken Zerstörung fertig geworden ist und wie sie ihr Dasein und die Vorbereitung ihrer Zukunft in den heutigen Formen unserer städtischen Demokratien zu gestalten versucht. Heilbronn ist wie Freiburg der Mittelpunkt einer weitergreifenden Region: des württembergischen Unterlandes. Aber wenn Freiburg gewissermaßen Mühe hat, die auf die Stadt eindringenden Anforderungen im Dienste für die Region aufzufangen und mit seiner Stadtentwicklung in Einklang zu bringen, so hat Heilbronn von sich aus Anstrengungen gemacht, um die für die Region wichtigen zentralen Einrichtungen zu fördern und auszubauen und etwa noch fehlende und erwünschte Behörden und Verwaltungen an sich zu ziehen. Die Stadt hat die Chance erkannt, die für ihre eigene Entwicklung winkt, wenn sie sich in dieser Weise in den Dienst überörtlicher Funktionen stellt.

Wenn man sich die Struktur der Innenstadt betrachtet, so wird man feststellen können, daß sie nicht so eindeutig dem tertiären Sektor vorbehalten ist, wie es den verfolgten Zielen entsprechen würde, und daß dort noch Produktionsstätten des sekundären Sektors vorhanden sind, die an dieser Stelle nicht anzutreffen zu sein brauchten. Man hat sich deshalb darum bemüht, solche Betriebe auszusiedeln, damit man die auf diese Weise abgeräumten und die von der Kriegszerstörung her noch freien Grundstücke solchen Einrichtungen zuweisen kann, die auf die zentralen Funktionen der Stadt und auf das geschäftliche Leben Bezug haben. Man will damit alle Möglichkeiten ausnützen, um die Bedeutung der Stadt für die weitere Region zu stärken. Da beim Wiederaufbau der Altstadt dem Wohnen ein breiter Spielraum gewidmet worden ist, will man sogar soweit gehen, solchen Wohnraum, der in der Engigkeit der neu erstandenen Mischgebiete geringere Qualitäten aufweist, aufzugeben zugunsten eines größeren Angebots an Geschoßflächen für den tertiären Sektor (vgl. Abb. 10).

Man ist also auf vielerlei Weise bestrebt, die Innenstadt zum Sitz überörtlicher Einrichtungen auszubauen, man hat aber die ersten Ansatzmöglichkeiten in dieser Richtung, die in dem Ausmaß der Kriegszerstörungen gegeben waren, nicht in dem Umfang ausgenutzt, wie es hätte geschehen können. Das ist allerdings insofern verständlich, als es der Stadt in der ersten Phase des Wiederaufbaus vor allem daran liegen mußte, für sich selbst das städtische Leben wieder in Gang zu bringen. Die Rücksicht auf die überörtlichen Aufgaben konnte damals noch nicht so stark im Vordergrund stehen, und so ist der Neuaufbau der Altstadt zunächst unter dem engeren Ziel des bloßen Überlebens gestaltet worden.

Der Ausgangspunkt, von dem aus die Auferstehung der Innenstadt vor sich gehen mußte, war entmutigend genug. Heilbronn gehört zu den Städten, deren Inneres im Zweiten Weltkrieg bis auf wenige bauliche Reste „dem Erdboden gleichgemacht" worden ist. Hier war nun zwar die Chance gegeben, den Altstadtkörper völlig neu zu organisieren und ihn vorzubereiten für die Aufgaben, die in der Folgezeit an ihn als das Herz einer aufstrebenden, wirtschaftlich erstarkten Stadt herantreten mußten; man wagte aber noch nicht, an eine scheinbar so ferne Zukunft zu denken, und begnügte sich damit, alles zu versuchen, um die Wohn- und Arbeitsverhältnisse in der Innenstadt, gemessen an ihrem früheren Zustand, nach bestem Wissen und Können zu verbessern. Man ist dabei aber nicht über eine durchgreifende Sanierung in gutem Sinne hinausgekommen, darüber wird im Abschnitt „Sanierung" noch eingehend zu berichten sein.

Bei der Neugestaltung der Innenstadt hat man sich also an das vorhandene Strukturprinzip der durchweg befahrbaren Stadt gehalten, weil man, wie auch anderswo, nach dem Schock der Zerstörung in erster Linie darauf aus war, möglichst rasch wieder aufzubauen, und weil man gerade von dem fließenden Verkehr die Neubelebung auch des Geschäfts- und Einkaufsviertels erwartete. Erst in jüngster Zeit, als man feststellen konnte, wie sich das geschäftliche Leben in dem Gebiet um die Kaiser- und die Fleiner Straße überaus intensiv und attraktiv entwickelt hatte, hat man sich durch das Beispiel anderer Städte dazu bewogen gefühlt, sich Gedanken darüber zu machen, ob man nicht auch in Heilbronn die Qualität der Einkaufsviertel heben kann, wenn man sie von den Störungen und Gefährdungen durch den Fahrverkehr befreit.

Wie sehr eine solche Veränderung zu wünschen wäre, erlebt man bei einem Bummel durch die Kaiserstraße. Hier macht es sich äußerst störend bemerkbar, daß diese Straße, die von ausgezeichneten Einkaufsstätten begleitet ist und deshalb zum Verweilen und Schlendern einläd, zugleich auch mit dem stärksten Fahrverkehr belastet ist, so daß der Fußgänger sich nicht unbelästigt dem Studium der Einkaufsmöglichkeiten und ihrer Auslagen hingeben kann. Es sind zwar Überlegungen in Erwägung, wie man wohl die nördlichen, wirtschaftlich weniger lebhaften Teile der Altstadt um die Sülmer Straße, die Lohtorstraße und die Rathausgasse fußläufig machen könnte in der Hoffnung, sie dadurch geschäftlich aufwerten zu können. Man hat sogar auch in der Gustav-Binder-Straße einen „Vorversuch" mit einer Fußgängerstraße gemacht, der in seiner städtebaulichen Ausgestaltung sehr reizvoll geraten ist und bei der Bürgerschaft großen Anklang gefunden hat. Aber dort, wo es sich am meisten auszahlen würde, in dem eigentlichen Einkaufsviertel der Kaiserstraße, der Fleiner Straße, der Kramstraße und der Deutschherrenstraße ist vorläufig nicht an eine Änderung gedacht, die dem Fußgänger die Behaglichkeit und Befriedung verschaffen würde, die er in anderen Städten in den ihm vorbehaltenen Bereichen genießt. Es ist zuzugeben, daß die Umgestaltung dieses Gebietes intensivster geschäftlicher Betriebsamkeit und die Schaffung der dazu erforderlichen Abstellmöglichkeiten jetzt, nachdem alles so dicht wieder aufgebaut ist, nur mit großen Opfern und Schwierigkeiten verwirklicht werden könnte, man sollte sich aber vielleicht doch nicht dadurch entmutigen lassen, einen entsprechenden Plan aufzustellen und in rechtliche Geltung zu bringen, auch wenn es nur mit großer Geduld und unermüdlicher Zielstrebigkeit gelingen würde, ihn in längeren Zeiträumen und abgewogenen Teilstücken der Wirklichkeit zuzuführen.

Im besonderen wäre zu wünschen, wenn der vom Bahnhof auf die Allee zielende Verkehr, der nur wenig mit der Altstadt zu tun hat, aus der Kaiserstraße herausgenommen und entweder über die Untere Neckarstraße nach Norden, oder über die Roßkampf- und Holzstraße und die Götzenturmbrücke in die südliche Wallstraße (Götzenturmstraße und Rollwagstraße) und von da in die Allee umgeleitet würde. Damit wäre schon viel zur Befriedung der Altstadt, sowohl für die Einkaufsstätten wie auch für das eigentliche Herz der Stadt, den Rathausplatz mit dem Rathaus und der Kilianskirche, getan. Dieser Platz würde dann von den parkenden Autos befreit und dem Fußgänger vorbehalten bleiben. Er würde dadurch, ähnlich wie der Friedrichsplatz in Kassel oder der Borgias- und Universitätsplatz in Fulda, jene ungezwungene Belebt- und Beliebtheit als Treffpunkt der Bürger und der Besucher der Stadt erhalten, wie sie sich bei den Platzanlagen im Herzen der genannten Städte als besonders anziehend und erfreulich erwiesen hat.

Hier wartet also noch eine bisher ungenutzte Chance auf ihre Erfüllung, eine Chance, die dem Herzstück dieser alten Bürgerstadt seine Würde zurückgeben und seine städtebauliche Schönheit in dem Gegenüber von Rathaus und Kilianskirche zum vollen Genuß des Betrachters kommen lassen würde. Aber die Umwandlung sollte sich, wie schon dargestellt, nicht auf den Rathausplatz und die Kaiserstraße beschränken, sie sollte den gesamten, gar nicht so ausgedehnten Bereich des intensivsten geschäftlichen Getriebes im südlichen Teil der Altstadt umfassen. Die Steigerung der Anziehungskraft und des Umsatzes, die man anderenorts nach solchen Befriedungsmaßnahmen festgestellt hat, könnten auch in Heilbronn den Anlaß geben, den Gedanken der Umgestaltung des Geschäftsgebiets stärkeres Interesse entgegenzubringen und die Scheu vor den Opfern, die dafür zu leisten wären, zu überwinden.

7. Wanne-Eickel

Die bisher betrachteten Städte brachten in ihrem historischen Erbe die besten Voraussetzungen mit für die Gestaltung und den Ausbau ihrer Stadtmitte und der umgebenden Kerngebiete. Demgegenüber hat es eine Stadt wie Wanne-Eickel viel schwerer, zu einem Mittelpunkt zu kommen, der nicht nur die wichtigsten Einrichtungen von Kultur und Verwaltung und das dichteste geschäftliche Leben aufweist, sondern auch im Bewußtsein der Bürger in seiner zentralen Bedeutung anerkannt wird. Die Stadt ist aus der Zusammenlegung der beiden Ämter Wanne und Eickel entstanden, und diese Zweiheit wird noch sichtbar dadurch betont, daß die Eisenbahn mit einem Bahnkörper von erheblicher Ausdehnung das Stadtgebiet in zwei Hälften trennt. Man steht nun vor der Frage, ob man sich mit dieser Zweiheit für alle Zeit abfinden soll, wie es etwa in der benachbarten Doppelstadt Gelsenkirchen der Fall ist, wo die zwei Städte Gelsenkirchen und Buer neben- und miteinander gut auskommen, oder ob man alle erforderlichen Anstrengungen auf sich nehmen soll, um eine eigene neue, für beide Stadthälften gemeinsame Stadtmitte herauszubilden. Es ist nicht zu übersehen, daß in den Marktplätzen von Wanne und von Eickel und ihrer Umgebung Nebenzentren von einem gewissen Gewicht vorhanden sind, während die Anzeichen für die Bildung eines neuen Mittelpunktes unter dem Einfluß des Rathausstandortes und des Hauptbahnhofs noch nicht so ausgeprägt erscheinen.

Es fällt dabei auch ins Gewicht, daß die Stadt Wanne-Eickel, umgeben fast ausschließlich von Stadtkreisen, dem Sog attraktiver fußläufiger Einkaufs- und Geschäftsviertel in den Nachbarstädten — wie Gelsenkirchen, Bochum und anderen — unterliegt, neuerdings auch eines höchst lebensvollen großräumigen Supermarktes am Ruhrschnellweg. Angesichts dieser geschäftlichen Möglichkeiten, die auf verhältnismäßig kurzen Wegen nicht allzu schwer erreichbar sind, entsteht die Frage, ob nicht in dieser Weise die Bürgerschaft von Wanne-Eickel genügend versorgt ist und ob man dann noch Mühe und Opfer aufbringen soll, auch in der Mitte zwischen Wanne und Eickel noch ein neues Zentrum zu errichten.

Die enge Nachbarschaft der Städte, die sich rings um Wanne-Eickel gruppieren, zwingt jedoch auch zu einem ständigen kommunalpolitischen Wettbewerb, und so wird es von Verwaltung und Bürgerschaft als eine Lebensfrage betrachtet, ein neues repräsentatives Zentrum in der eigenen Stadt zu schaffen, um sich selbst gegenüber dem Einfluß der Nachbarstädte zu behaupten und als gleichwertiges Gemeinwesen darzustellen. Da hier die Kriegszerstörungen nicht eigentlich erheblich waren, kann diese Aufgabe nur auf dem Wege des langfristigen Umbaus und der punktweisen Verbesserung vor sich gehen. Aber man hat sich zu diesem Wege entschlossen und hat auch einen weiter weisenden Anfang gemacht, indem man den eleganten Neubau der Hauptstelle der Stadtbücherei am Rathausplatz errichtet hat.

Mat hat inzwischen auch einen detaillierten Plan für dieses neu zu gestaltende Kerngebiet aufgestellt und durch überzeugende Modelle belegt (vgl. Abb. 11). Es soll sich aus den vorhandenen Freiräumen des Rathausplatzes und des Platzes am Buschmannshof entwickeln, die Poststraße und die Kirchstraße sollen mit einem angemessenen Teil der Hauptstraße zu einem fußläufigen Achsenkreuz zusammengeschlossen werden. Ein großes Warenhaus, das hier kürzlich errichtet wurde, soll das geschäftliche Leben anreichern helfen, andere Einrichtungen der Verwaltung und der Wirtschaft sollen in das Gebiet hineingezogen werden. Eine weitere Notwendigkeit kommt hinzu: der Bau eines ausreichenden, dem heutigen Umfang der Verwaltung gerecht werdenden Rathauses, der als dringliche kommunale Bauaufgabe seit Jahren zur Diskussion steht. Man sollte jetzt, wo man zum Ausbau dieser neuen Stadtmitte entschlossen ist und schon entscheidende Schritte vorwärts getan hat, nicht länger zögern, diesem Gebiet durch den neuen Rathausbau eine besondere, auf die Stadt als Gesamtheit gerichtete Beziehung zu geben, damit sich die Stadt als dichter geschlossene Einheit in Zukunft gegen den Kranz der Nachbarstädte abheben und behaupten kann.

8. Wolfsburg

In Wolfsburg liegen die Verhältnisse völlig entgegengesetzt. Hier haben wir die „geplante Stadt", in deren Gefüge und Gestalt das städtebauliche Gedankengut der letzten 80 Jahre frei und ungebunden verwoben und verwirklicht worden ist. Hier besteht nun in der breit angelegten Porsche-Straße eine sorgfältig geplante und in achtbaren architektonischen Einzelleistungen (AALTO) gestaltete Stadtmitte. Sie findet sogar an ihrem Südende ihre Steigerung nach dem Begriff einer Stadtkrone in dem Kulturbereich, der die Stadthalle und das im Bau befindliche Stadttheater (SCHAROUN) umfaßt und durch seine erhobene Lage auf dem Klieversberg als Abschluß und Höhepunkt in den breiten Raum der Porsche-Straße hineinwirkt.

Diese Hauptstraße der Stadt ist auf ihren beiden Seiten sehr unterschiedlich bebaut. Auf ihrer Ostseite sind die wichtigsten Einrichtungen des kulturellen und kommunalen Lebens aufgereiht: das Kulturzentrum, das Rathaus, das Amtsgericht, Post und Polizei. Auf der Westseite liegt ihnen gegenüber eine ununterbrochene Reihe von Ladengeschäften, ausmündend im Norden, gegenüber dem Bahnhof, in einem kleinen Fußgängerbereich, beherrscht von einem großen Warenhaus. Wenn man die Porsche-Straße durchwandert — und man ist ja nur als Fußgänger in der Lage, der Atmosphäre einer Stadt nachzuspüren; der Autofahrer kann das nicht, da er im Verkehr auf anderes zu achten hat —, so fühlt man sich von der Reihe stattlicher Bauwerke der Allgemeinheit auf der Ostseite durchaus beeindruckt, dagegen üben die auf der Westseite aufgereihten Einzelläden nur eine schwache Wirkung aus und lassen die eigentliche Kaufstimmung vermissen, diese basarmäßige Suggestion, die so spannungsvoll ist und die man von einem modernen Einkaufszentrum erwartet (vgl. Abb. 12).

Es zeigt sich darin, daß hier in der ursprünglichen Planung ein grundsätzlicher Fehler unterlaufen ist, indem man der Straße, die das Rückgrat der Stadtmitte bildet, zugleich auch eine beherrschende Rolle im fließenden Verkehr zugewiesen hat. Einkaufsgänge und Behördenbesuch vertragen sich nun einmal nicht mit dem fließenden Verkehr und sollten, wo und wie es nur zu machen geht, voneinander getrennt werden. Die Stadt Wolfsburg hat das auch als richtig erkannt. Ihre Planer haben sich Gedanken gemacht, wie man die guten Ansätze, die hier vorliegen, für eine nicht nur leistungsfähige, sondern auch umweltmäßig sehr anziehende Stadtmitte ausnützen könnte, um aus den Gegebenheiten die beste Wirkung herauszuholen. In der von der Stadt herausgegebenen Schrift „Wolfsburg Zentrum 67" sind Planungsvorstellungen entwickelt, die man sowohl in ihren Zielen wie auch in den Mitteln und Einzelheiten für ihre Verwirklichung nur gutheißen kann.

Der Zuschnitt des vorhandenen Straßengefüges läßt es zu, den aus der Braunschweiger Straße kommenden Verkehr am Südende der Porsche-Straße abzufangen und nach rechts und links in Parallelstraßen überzuleiten, die zugleich auch der Belieferung dienen und eine dichte Reihe von Parkplätzen erschließen. Dadurch ist es möglich, den breiten Straßenraum der Porsche-Straße für den Fußgänger frei zu bekommen. Natürlich ist dieser Raum so, wie er dann daliegen würde, noch keine Einkaufsstraße. Durch Einbauten muß erst eine größere Dichte erreicht werden, sie soll „im Wechselspiel von engen und weiten Räumen, Passagen und Plätzen mit Brunnen, Wasserspielen und hochwertig gestalteten Gartenanlagen" die Anziehungskraft dieses Gebietes steigern und die Atmosphäre „eines mittelalterlichen Stadtkerns oder eines Basars" lebendig werden lassen, ganz abgesehen von der Stärkung und Intensivierung der wirtschaftlichen Kraft in diesem Gebiet (vgl. Abb. 13).

Diese Ideen sind in Plänen und Modellen niedergelegt, die überaus bestechend erscheinen. Sie sind bereits auch auf breiter Basis der Bürgerschaft zur Diskussion bekannt gegeben. Allerdings sind sie dem Vernehmen nach vorläufig zurückgestellt worden. Man scheut sich wohl noch davor, diese folgerichtige Fortentwicklung der „geplanten Stadt" auf sich zu nehmen. So bleibt es nur zu wünschen, daß diese Vorschläge nicht in Vergessenheit geraten und, wenn sie auch heute dem Rat der Stadt noch als verfrüht erscheinen, später einmal, zu gegebener Zeit den Anstoß dazu bringen, aus der jetzt vorhandenen Mitte der Stadt Wolfsburg das zu machen, was sie heute nicht ist, was sie aber werden kann, wenn man sie folgerichtig umgestaltet: das lebendig pulsierende Herz einer Stadt, die einer wirtschaftlich starken Zukunft sicher ist und den Ehrgeiz hat, es auch kulturell mit den „alten" Städten aufzunehmen.

II. Verkehrsplanung

Vorbemerkungen

Das unerwartet sprunghafte Anwachsen des motorisierten Verkehrs in der Zeit nach dem Zweiten Weltkriege hat die Städte vor neue dringende Anforderungen gestellt. Das Netz der Verkehrsstraßen, teils aus den alten Landstraßen, teils auch nur aus ehemaligen Feldwegen zusammengefügt, erwies sich als unzureichend, um die ständig anschwellenden Verkehrsmassen zu bewältigen. Es bedurfte einer völligen Neuausrichtung auf den gestiegenen Bedarf. Ergänzungen, Verdoppelungen, Verbreiterungen mußten vorgenommen, für den Anschluß an die Autobahnen meist neue Zubringer erst angelegt werden. In immer kürzer aufeinander folgenden Zeiträumen mußten Verkehrszählungen und -überprüfungen vorgenommen werden, und man mußte sich bemühen, aus dem Ergebnis der Ermittlungen die Vorausschau für die nächsten Jahre möglichst zutreffend abzuleiten. Es hing sehr viel davon ab, daß man den Planungen einen gewissen Vorsprung vor der Entwicklung zu sichern vermochte, damit die ausgeführten Anlagen, die ihre angemessene Bauzeit beanspruchten, zum Zeitpunkt, da sie fertiggestellt sein und dem Verkehr übergeben werden sollten, nicht schon von der berechneten Steigerung des Verkehrsaufkommens eingeholt oder gar schon überholt sein würden.

Hinzu kommt, daß die zunehmende Kenntnis von der Fahrweise der Motorwagen zu immer subtileren Anforderungen an die Detaillierung der Verkehrsanlagen führte, sei es in der Ermittlung der Trassen, sei es in der Ausgestaltung der Knotenpunkte in einer oder mehreren Ebenen. Damit erhielten die Planungsarbeiten für die Verkehrsentwicklung ein Gewicht und ein Ausmaß, daß es den Verkehrsabteilungen der Planungs- und Tiefbauämter der Städte kaum mehr möglich war, ihnen in dem erforderlichen Umfang und der erwünschten Qualität gerecht zu werden. Die Mehrzahl der hier zum Vergleich stehenden Städte hat sich deshalb der Mithilfe namhafter freiberuflicher Fachkräfte versichert, die in ausgedehnten Voruntersuchungen und Prognosen die Zustände überprüft und dargestellt und Vorschläge für die Umarbeitung und Ausgestaltung des Straßennetzes insgesamt, aber auch für einzelne Knotenpunkte und sonstige Sonderlösungen ausgearbeitet haben.

Die daraus erwachsenden Planungs- und Durchführungsvorstellungen gehen in der Regel aus von dem in fast allen der betrachteten Städte vorhandenen Innenstadtring und den darin verflochtenen und davon ausgehenden alten Ausfallstraßen. Dabei muß man sich allerdings frei machen von dem naheliegenden Idealbild eines Netzes, das aus einem Stern gleichmäßig nach allen Himmelsrichtungen ausstrahlender Linien besteht, untereinander verbunden durch eine Folge konzentrischer Ringlinien. Sowohl die Topografie der Stadtlandschaft als vor allem aber auch die unterschiedliche Funktion und Belastung der einzelnen Linien verbieten eine solche starre Planungsgeometrie. Die häufig durchgeführten Verkehrszählungen und die daraus abgeleiteten Prognosen vermitteln eine sehr genaue Bewertung der verschiedenen Linien und tragen dazu bei, ein Netzbild zu entwickeln, das den Anforderungen und dem Fortgang der Entwicklung sorgfältig angepaßt ist. Bei der Engigkeit der bandartigen Bebauung an den alten Ausfallstraßen werden sich Ersatzstraßen in den Zwischenräumen empfehlen, zu den sonstigen wichtigeren Linien werden sich Parallelzüge zur Entlastung anbieten, Tangentenzüge werden zur Umgehung der Innenstadt und zur besseren Verbindung der Außenviertel untereinander vorzusehen sein. Es werden sich auch bestimmte Linien als übergeordnete Hauptlinien herausbilden, die dann nach der Idee der Sammeltangente von KNELLER oder der Magistralen, wie sie HÖGG verlangt, durch besonders leistungsfähigen Ausbau aus den übrigen Linien hervorzuheben und mit ihnen zu verflechten sein werden.

Die Gestaltungsprinzipien, die sich in den dreißiger Jahren beim Bau der Autobahnen entwickelten und schon im Jahre 1936 in den Verordnungen über den Anbau an Verkehrsstraßen und über die Regelung der Bebauung für die allgemeine Stadtplanung verbindlich wurden, sind eigentlich erst nach dem Zweiten Weltkrieg weithin zum Tragen gekommen. Heute macht man sich diese Prinzipien nun auch für den Ausbau der städtischen Verkehrsnetze zunutze und bemüht sich, die Hauptlinien selbst im Bereiche der voll bebauten Gebiete den Anforderungen der Anbau- und Kreuzungsfreiheit anzupassen. Eine Reihe vorbildlicher Einzelleistungen in den betrachteten Städten gibt davon Kenntnis, wie man sich auch in der mittleren Stadt in zunehmendem Maße auf diese Anforderungen einstellt.

Auch die Straßenbahn muß, soweit man an ihr festhält, in diese Erneuerungs- und Verbesserungsarbeit einbezogen werden. Wo es irgend zu machen ist und möglichst nahe an den Stadtkern heran, sollte man ihr einen eigenen Bahnkörper schaffen, sei es als Mittelstreifen in der Verkehrsstraße, sei es als selbständig geführter Bahnkörper. Auch für den Autobus muß mit Haltebuchten und Ausfahrtserleichterungen eine gute Anbindung in den Straßenverkehr herausgearbeitet werden. Für den guten Anschluß der Städte an die Autobahn sollten, soweit wie möglich, neue anbaufreie Zubringerlinien geplant und gebaut werden.

Die Abstimmung mit den Autostraßenämtern über diese neuen Anlagen geht in der Regel ohne allzu große Schwierigkeiten vor sich, dagegen zeigt sich die Bundesbahn selten geneigt, auf die Ideen und Erfordernisse einer auf Voraussicht eingestellten Stadtplanung einzugehen. Sie selbst ist auch im Spielraum ihrer eigenen Planungen äußerst eingeengt. Neue Linien werden von ihr so gut wie gar nicht gebaut, und der Gedanke eines streckenweisen Neubaus für die Verbindung Hannover—Hameln—Kassel, die für Kassel eine beachtliche Bedeutung haben würde, stand nur deshalb bei ihr in Erwägung, weil die Überlastung der Strecke Hannover—Göttingen—Bebra nach der Schaffung einer leistungsfähigen Parallelverbindung dringend verlangte. Diese Absicht hat aber inzwischen neuen Auftrieb erhalten durch die Idee eines Schnellverkehrsnetzes, das die Bundesbahn in naher Zukunft entwickeln und ausbauen will. Darin erhält die genannte Linie großes Gewicht. Sie soll im Stadtgebiet Kassel völlig neu trassiert werden und ist bereits in Planung begriffen. Sie berührt die Stadt in einem neuen Durchgangsbahnhof in Wilhelmshöhe und wird Veranlassung dazu bieten, das Verkehrsnetz der Stadt auf diesen Übergangs- und Knotenpunkt bewußter auszurichten, als es bisher geschehen ist.

Diese Neuerung ist aber in Anbetracht des allgemeinen Verhaltens der Bundesbahn als ein Sonderfall anzusehen, demgegenüber beschränkt sich ihre Beteiligung an der Verkehrsgestaltung der Städte meist nur darauf, an der Neuordnung der Bahnhofsvorplätze und an dem Ausbau zentraler Omnibusbahnhöfe mitzuwirken und die Behinderung durch ihre Gleisanlagen in Gemeinschaft mit den Städten durch die Beseitigung schienengleicher Übergänge und durch Verbreiterung unzulänglicher Über- und Unterführungen zu beheben.

Bei der weiteren Verzweigung des Verkehrsnetzes in die einzelnen Stadtteile hinein ist aus der Funktion und der Belastung eine entsprechende Abstufung der Straßen herauszuarbeiten, um sie als Zubringer- und Sammelstraßen in ihrer Bedeutung sichtbar werden zu lassen. Darüber hinaus ist dem ruhenden Verkehr besondere Aufmerksamkeit und Fürsorge zu widmen, da er bei den Planungen der Nachkriegszeit meist zu kurz gekommen ist, sei es, daß man ihm nicht genügend Flächen in den Gebieten des Wieder- und Neuaufbaus vorbehalten hat, sei es, daß bei der Errichtung von Einzelbauvorhaben die Möglichkeiten der Anwendung der Reichsgaragenordnung und des Bundesbaugesetzes nicht in dem Maße ausgeschöpft worden sind, als es das dringende Bedürfnis verlangt hätte. Schließlich sei auch hier auf die Sorge für den Fußgänger hingewiesen, die sich in der Schaffung von Vorbehaltsflächen für ihn nicht erschöpfen darf. An den Kreuzungs- und Knotenpunkten erscheint es immer dringlicher, den Fußgänger aus der allgemeinen Verkehrsregelung herauszunehmen und ihm in Unter- und Überführungen besondere gesicherte Wege zuzuweisen, und das nicht nur in der Innenstadt, auch im Außengebiet und überhaupt überall dort, wo Unübersichtlichkeit und Dichte des fließenden Verkehrs es verlangen.

Der Vergleich der acht in Betracht gezogenen Städte zeigt, daß sie alle mit intensiven Planungen, allerdings mit unterschiedlichen finanziellen Kräften, an der Verbesserung und am Ausbau des Verkehrsnetzes arbeiten. Unter den acht Städten sind es vier, denen ihre Lage in Flußniederungen und im Schutze begleitender Höhenzüge die Führung der Hauptverkehrslinien zwingend vorschreibt. Heilbronn erhält seine nordsüdgerichtete Ausdehnung durch den Neckarlauf, und ähnlich lagert sich Trier langhingestreckt mit seinen neu eingemeindeten Stadtteilen im Moseltal. In Fulda ist es mehr das rechte Ufer der Fulda und die angrenzende Höhe, auf denen sich die Stadt ausbreitet, und in Freiburg liegt schließlich der Rheinstrom, in dessen Ebene sich die Stadt, angeschmiegt an die begleitende Gebirgsmasse des Schwarzwaldes, nordsüdgerichtet entwickelt hat, ein gutes Stück westwärts, er übt aber auch in dieser Entfernung seinen Einfluß aus auf die Gestaltung des Verkehrsnetzes, dessen Hauptrichtung dem Lauf des Stromes folgt. Dagegen bestimmt in Kassel die Lage an der Fulda infolge der bewegten topographischen Gestalt des Stadtgebietes nicht so eindeutig die Führung der Verkehrsstraßen, und in den übrigen Städten sind die Untergrundverhältnisse noch weniger ausschlaggebend dafür; dort haben andere Gegebenheiten und Beziehungen die Grundgestalt des Verkehrsnetzes herausgebildet.

1. Heilbronn

In Heilbronn bestimmt die Breitenausdehnung der Talsohle (im Durchschnitt 1,5 bis 2,0 km) die Form der Ansiedlung und ihre Erschließung. Das Rückgrat des Verkehrssystems bildet die Bundesstraße 27, die Heilbronn mit Stuttgart und Würzburg verbindet. Ihr entspricht in dem alten Stadtkern der Straßenzug der Fleiner und Sülmer Straße. Seine Funktion wird heute von der parallel dazu verlaufenden, sechsspurig ausgebauten „Allee" übernommen. In Zukunft soll sie aber noch weiter nach Osten hinausverlegt und in der Stuttgarter-, Ost- und Friedrich-Ebert-Straße eine neue leistungsfähig auszubauende Führung erhalten, die zwar innerhalb des Stadtkörpers nur einebenig, in ihren äußeren Teilen im Norden und im Süden aber kreuzungsfrei ausgebildet werden kann. Ihr entspricht auf dem linken Neckarufer eine neue Linie, die als anbaufreie

Straße hart am Neckarufer entlangführen soll, parallel zu der Landesstraße 1100, die die auf diesem Ufer aufgereihten Ortschaften verbindet. Die Trasse dafür ist festgelegt, ein gutes Stück zwischen Neckargartach und Böckingen ist vorläufig zweispurig ausgeführt (vgl. Abb. 14 im Kartenanhang am Schluß des Bandes).

Diese beiden Parallelzüge laufen im Stadtgebiet auf eine Länge von etwa 8 km nebeneinander her und werden dort, wo es sich als erforderlich erweist, durch „Querspangen" miteinander verbunden. Als die am weitesten nördlich gelegene kann man die Neckartalüberquerung der Autobahn Mannheim — Nürnberg betrachten, die in einem eindrucksvollen Brückenbauwerk von einer Länge von 1,2 km das Tal überspannt. Ihr folgt weiter südlich die nördlichste Spange im eigentlichen Stadtverkehrsnetz im Zuge der Landesstraße 1104. Sie dient der Erschließung des Industriegebietes im Norden der Stadt. Sie benutzt die Neckarbrücke in Neckargartach und ist innerhalb des Industriegebietes in der Karl-Wüst-Straße neu ausgebaut. Allerdings muß sie sich vorläufig noch mit einer einfachen Einführung in die B 27 begnügen, die kreuzungsfreie Einbindung besteht vorerst nur im Plan.

Die nächste Querspange legt sich tangential an die Nordseite der Altstadt. Sie ist in der Mannheimer und der Kali-Straße neu ausgebaut, überquert den alten Neckar in der neuen Bleichinsel-Brücke und den breiten Neckarkanal in der neuen Peter-Bruckmann-Brücke. Dort trifft sie auf die jenseitige Uferstraße (L 1100) und ist mit ihr durch ein kreuzungsfreies Bauwerk verbunden. Von dort führt sie dann weiter westwärts als B 39 nach Sinsheim (Speyer). Die dritte Querspange, südlich der Altstadt, ist ebenfalls einschließlich der Brücken über den alten Neckar und den Neckarkanal neu ausgebaut. Sie verbindet die beiden dicht bevölkerten Ortsteile von Böckingen und das Bahnhofsviertel auf der Insel zwischen Kanal und Neckar mit dem eigentlichen Stadtkörper und den nordsüd verlaufenden Straßenzügen. Im Zuge der südlichsten Querspange zwischen dem Erweiterungsgebiet von Sontheim auf dem rechten und dem Südteil von Böckingen auf dem linken Neckarufer ist vorerst nur eine Fußgänger- und Radfahrer-Verbindung geschaffen mit einer Brücke, die ausbaufähig ist, um später auch dem Fahrverkehr dienen zu können, wenn einmal diese Verbindung in vollem Ausbau erforderlich wird. Noch weiter südlich ist eine weitere Brücke geplant im Zuge der L 1100, die in dem Freiraum zwischen Horkheim und Sontheim den Anschluß an die B 27 erhalten soll.

Das in Heilbronn geplante und in bedeutenden Teilen bereits ausgebaute Straßensystem zeichnet sich durch hohe Einprägsamkeit aus. Es bietet auch bequeme und gut gelegene Anschlußmöglichkeiten an die beiden Autobahnen Stuttgart—Würzburg und Mannheim—Nürnberg, die sich im Norden der Stadt bei Weinsberg kreuzen. Von den beiden nordsüdgerichteten Grundlinien des Netzes aus lassen sich die Wohngebiete westlich und östlich davon leicht erschließen und mit dem zwischen ihnen liegenden Raum verbinden. Als Parallelzüge zu ihnen erschließt die Weipert- und Austraße das Industriegebiet im Norden und die Allee mit dem Einbahnstraßenpaar der Wilhelm- und Urbanstraße das Geschäftsgebiet der Innenstadt. Als ein Schönheitsfehler erscheint dabei die Querlinie der Altstadt, die Kaiserstraße, die, wie im I. Abschnitt ausgeführt, besser dem Fußgänger vorbehalten würde und durch eine Verbindung vom Hauptbahnhof zum südlichen Rand der Altstadt ersetzt werden sollte.

Wie in vielen deutschen Städten, so scheinen auch in Heilbronn die bisher aufgewendeten Bemühungen zur Schaffung von Anlagen für den ruhenden Verkehr durch das Ansteigen der Motorisierung überrundet zu sein und vermögen deshalb heute den offensichtlichen Bedarf nur unzureichend zu befriedigen. Am Südende der Altstadt steht zwar im Wollhausplatz ein großer Auffangparkplatz zur Verfügung, im engeren Altstadtbereich sind auch an vielen Stellen kleinere Abstellflächen eingerichtet; was geschaffen worden ist, reicht aber im ganzen nicht aus, so daß besonders innerhalb des dichtest bebauten Einkaufsviertels südlich der Kilianskirche das Fehlen ausreichender Parkmöglichkeiten trotz der Errichtung eines eigenen Parkhauses durch ein Warenhaus weiterhin fühlbar bleiben wird. Untersuchungen zur genauen Ermittlung des Bedarfs an Stellplätzen sind deshalb eingeleitet, und es soll daraus ein Programm entwickelt werden, um den Fehlbedarf in Zukunft abzubauen. Als erste Schritte auf dem Wege zur Verwirklichung eines solchen Programms kann der Bau der Tiefgarage mit über 600 Standplätzen angesehen werden, die unter dem Stadtgarten an der Kreuzung der Allee mit der Moltkestraße ausgebaut wird, ferner die umfangreichen Sammelanlagen, die im Zusammenhang mit dem Wiederaufbau des Theaters und mit der Errichtung eines Einkaufszentrums über dem Wollhausplatz in Aussicht genommen sind.

2. Trier

Die topografische Situation der Stadt Trier im Moseltal ist der von Heilbronn nicht unähnlich. Hier sind ebenfalls zwei Parallelstraßen auf den beiden Ufern des Flusses vorhanden, wenn sie auch noch nicht in dem Maße ausgebaut sind, wie es von ihnen als Trägern des lebhaften städtischen Verkehrs längs des Tales erwartet werden muß. Sie werden durch eine dritte Linie ergänzt, die als die eigentliche Sammeltangente von der Autobahn nach Saarbrücken abzweigt, am Fuße der das Moseltal begleitenden Höhen und angelehnt an das Band der Eisenbahnanlagen, auf halber Höhe fortläuft und bei St. Matthias über die Mosel geht, um schließlich in Zewen-Oberkirch in die B 49, die Straße nach Luxemburg, auszumünden. Sie ist in ihrem vollen Verlauf ermittelt und örtlich ausgewiesen und soll einen autobahnartigen Ausbau mit getrennten Fahrbahnen und kreuzungsfreien Einmündungen und Abzweigungen erhalten. Sie wird durch Querverbindungen ergänzt, die den Anschluß an die beiden Uferstraßen vermitteln und an die innerstädtische Verteilerlinie, die im Zuge der Franz-Georg- und der Schöndorfer Straße in der Ostallee in den Alleenring übergeht. Damit ist auch in Trier wie in Heilbronn ein leicht faßliches Grundgerippe gegeben, an das die vielgestaltigen Wohngebiete und das künftige Universitätsviertel auf den südöstlichen Höhen gut anzubinden sind, ebenso wie auch im Norden und im Süden die neu eingemeindeten Entwicklungsgebiete, die insbesondere der Industrieansiedlung dienen sollen (vgl. Abb. 15).

Dasselbe gilt auch von den beiden Autobahnlinien nach Luxemburg und nach Saarbrücken, die sich in Schweich, etwas nördlich von der neuen Nordgrenze des Stadtgebiets, voneinander trennen. Sie sind zwar erst im Bau und in der Planung, es ist aber schon jetzt für die Stadt und ihr durch die Eingemeindungen verstärktes Gewicht von Bedeutung, daß sie ihr Verkehrsnetz auf den Anschluß an die künftigen Autobahnen ausrichtet. Von den zur vollen Leistungsfähigkeit des Netzes erforderlichen Querverbindungen über den Fluß ist der Übergang der B 52 zwischen Ehrang und Pfalzel bereits fertiggestellt, und die südliche Brücke bei St. Matthias, die einmal den Verkehr der Sammeltangente (Osttangente) über den Fluß bringen soll, ist zur Zeit im Bau. Außerdem ist noch eine weitere Brücke bei Biewer geplant, die im besonderen der engeren Verbindung der rechts und links vom Flusse liegenden Industriegebiete dienen und die beiden vorhandenen innerstädtischen Brücken entlasten soll, vor allem die Römerbrücke, die später durch eine neue parallele Straßenbrücke ergänzt und zur Fußgängerbrücke umgewidmet werden soll.

Die Hauptschwerlinie der Innenstadt, die etwa der alten Römerstraße entspricht, der Straßenzug der Paulin-, Simeon-, Brot-, Neu- und Saarstraße, soll in Zukunft nicht mehr als durchgehender Straßenzug benutzt werden. Seine derzeitige Funktion soll abgegeben werden an die Straßenzüge, die im Katharinen-Ufer und in der Ostallee in den Alleenring einbezogen sind. Die außerhalb des Ringes liegenden Teile der alten Schwerlinie sollen weiterhin nur noch bis zur Südallee und zur Nordallee führen und allein als Zubringer zum Stadtkern benutzt werden. Der Ausbau der Parallelstraßen wird es dann möglich machen, die innerhalb des Alleenringes liegenden Teile des alten Hauptstraßenzuges in den im I. Abschnitt behandelten Fußgängerbereich einzubeziehen.

Der Schaffung von ausreichenden Anlagen für den ruhenden Verkehr stehen in Trier nicht so große Hindernisse im Wege wie anderswo. Das Stadtkerngebiet ist stellenweise ziemlich locker bebaut, so daß es möglich war, zahlreiche kleinere und größere Abstellplätze einzurichten. Bereits jetzt können im öffentlichen Raum etwa 3500 Pkw in der Altstadt geparkt werden, davon allein 900 in Parkbauten und Tiefgaragen. Nach der vorliegenden Planung sollen insgesamt 7000 bis 8000 Plätze geschaffen werden. Die Verhältnisse lassen sich also im Laufe der Zeit so ausgestalten, daß selbst für einen wachsenden Bedarf an Abstellflächen ausreichende Vorsorge getroffen werden kann.

3. Fulda

Die Stadt Fulda steht gegenüber den anderen in Vergleich genommenen Städten insofern günstig da, als die dem Flußtal folgende Basislinie ihres Verkehrsnetzes, die B 27, in ihrem Abschnitt zwischen Hannover (Kassel) und Würzburg (Frankfurt) im Bereich der Stadt Fulda und ihrer Nachbargemeinden anbau- und kreuzungsfrei voll ausgebaut ist. Was also in Heilbronn und in Trier des endgültigen Ausbaues harrt, steht hier schon in voller Leistungsfähigkeit zur Verfügung. Von dieser Linie ausgehend soll das Gesamtverkehrsstraßennetz auf der Grundform eines Tangentendreiecks aufgebaut werden, das der allgemeinen Entlastung des Netzes der innerstädtischen Straßen dienen soll. Das Dreieck ist aus der B 27 als Osttangente, aus einer ostwestgeführten Nordtangente und einer nordsüdgerichteten, auf der anderen Seite der Fulda gelegenen Westtangente zusammengesetzt (vgl. Abb. 16).

Der ausgebauten B 27 kommt eine besondere Aufgabe als Verteiler und Schwerlinie im Rahmen der vorhandenen Bebauung zu, da sie mitten zwischen der Baumasse der eigentlichen Stadt Fulda und den dichtbesiedelten Baugebieten der Nachbargemeinden Petersberg und Künzell hindurchführt. Die Nordtangente kann die genügend breite Leipziger Straße benutzen, muß aber über das „Eichsfeld" mit einem Durchbruch den Fuldaübergang über die Langebrückenstraße erreichen, um dann auf dem linken Ufer in der Maberzeller Straße auf die von Alsfeld (Marburg) kommende B 254 zu stoßen. Diese Linie setzt sich nach Süden als die Westtangente fort in der vorhandenen Bardo-Straße. Ihr folgt sie bis zu dem Punkt, wo sie sich nach Osten wendet, um über die neue Fuldabrücke die Frankfurter Straße zu erreichen. Die Westtangente bleibt auf der linken Fuldaseite und soll ihren Anschluß an die B 27 erst weiter südlich finden. Da dieses Tangentendreieck nach Süden hin sehr lang ausgezogen ist, soll es durch eine zusätzliche Ostwestverbindung zwischen der Westtangente und der Osttangente ergänzt werden, die im Zuge der Mainstraße verläuft und über die Kreuzbergstraße den Anschluß an die Berliner Straße erhält. Damit ist zugleich eine Parallele zur Nordtangente gebildet.

Zwischen diese beiden ostwestgerichteten Auffangstraßen ist das Rechteck des Innenstadtringes eingefügt. Es ist in seiner nördlichen Seite in dem etwas gewinkelten Zuge der Schloßstraße—Kastanienallee und Wilhelmstraße, in seinem südlichen in der Dalbergstraße vorhanden und ausgebaut. Seine östliche Seite sollte, rein nach dem Linienspiel des vorhandenen Straßennetzes, durch die Kurfürstenstraße und die Straße „Am Bahnhof" gebildet werden. Da diese Straßen aber wegen ihrer Bebauung und der Begrenzung durch den Bahnkörper nicht verbreitert werden können, muß man sich damit begnügen, die Aufgabe der Ostseite des Ringes durch ein Paar von Einbahnstraßen, der Heinrich- und der Lindenstraße, erfüllen zu lassen und die Anbindung an die Nordtangente und die südliche Querspange anderen, weiter westlich gelegenen Straßenzügen zu überlassen.

Für die Ausbildung der Westseite des Ringes sah der Generalverkehrsplan zunächst den Ausbau des Zuges Abtstor—Königstraße vor. Da diese Lösung bei dem erforderlichen Durchbruch zur Dalbergstraße den Bestand der wertvollen historischen Heiliggeistkirche gefährdet hätte, soll diese Seite des Ringes weiter westlich verlegt werden. Bei dieser Lösung rückt der erforderliche Durchbruch von der Kirche weg, bei ihr läßt sich aber außerdem im Norden auch die Verknüpfung mit der im Eichsfeld neu anzulegenden Nordtangente und mit dem Fuldaübergang im Zuge der Langenbrückenstraße besser ausgestalten. Die Westseite des Ringes wird dann am Rande der Fuldaniederung und nach ihrer Vereinigung mit der Wilhelmstraße — der Nordseite des Ringes — parallel zur Königstraße verlaufen. Es würde dann weiterhin eines größeren Durchbruches bedürfen, um diesen Zug bogenförmig in die Dalbergstraße — den Südabschnitt des Ringes — einzuleiten. Wie diese Planungen zeigen, werden also noch ziemlich beträchtliche Aufwendungen zu machen sein, um das Straßennetz der Innenstadt so leistungsfähig zu machen, wie es nach den Prognosen und Hinweisen des Generalverkehrsplans und seiner Erläuterung erforderlich ist.

Im Zusammenhang mit dem Ausbau des innerstädtischen Verkehrsnetzes ergibt sich die Notwendigkeit, eine Anzahl von Knotenpunkten neu zu gestalten. Von ihnen sei neben der Neugestaltung des Platzes am Heertor der kürzlich fertiggestellte am Peterstor besonders hervorgehoben, weil sich dabei mit der Verbesserung der Verkehrsverhältnisse auch ein gutes Beispiel der Denkmalpflege verbinden ließ, indem die Reste des alten Peterstors freigelegt und wieder ansehnlich gemacht werden konnten.

Beim Ausbau der Innenstadt wird die Sorge für den ruhenden Verkehr nicht versäumt. Außer der unterirdischen Abstellanlage unter dem Universitätsplatz ist eine weitere am Gemüsemarkt geschaffen. Alle irgend verfügbaren Flächen sind zum Parken bereitgestellt. In der Brauhausstraße im Süden der Altstadt ist ein Parkhaus fertiggestellt und im Dezember 1969 seiner Bestimmung übergeben worden. Ein weiteres Parkhaus ist in der Rhabanusstraße im Bereich des Universitätsplatzes geplant. An der Zieherser Wiese, jenseits des Bahnkörpers, ist ein größerer Auffangparkplatz hergestellt. Einschließlich der Bordsteinparkflächen ist der derzeitige Bedarf an Stellplätzen nahezu gedeckt, man wird aber weitere Bemühungen zur Schaffung von Stellplätzen nicht unterlassen dürfen, will man dem weiter ansteigenden Bedarf in Zukunft gerecht werden.

4. Freiburg

Bei den drei bisher betrachteten Städten macht sich die Richtung des Flußtals, in dem sie liegen, in der Gestalt ihres Straßen- und Verkehrsnetzes als bestimmender Faktor geltend. Auch in Freiburg, das, angelehnt an die Schwarzwaldberge, aber verhältnismäßig weit vom Strom entfernt, im Rheintal liegt, ist die Richtung des Stromes zugleich auch die Hauptrichtung des Verkehrs. Die B 3 (Hamburg—Frankfurt—Basel) biegt in langgestrecktem Bogen ostwärts in den eingezogenen Raum, den der Austritt des Dreisamtales in das Rheintal bildet und durchzieht die Stadt in dem historischen Straßenzug der Habsburger-, Kaiser-Joseph- und Basler Straße. Im Abstand begleitet von den Anlagen der Eisenbahn, hat er der Stadtentwicklung des 19. Jahrhunderts die beherrschende Nordsüdrichtung gegeben.

Durch den Bau der Autobahn, die den Durchgangsverkehr, aber auch den Quell- und Zielverkehr in gleicher Richtung übernimmt, hat sich aber im Stadtverkehr die Ostwestrichtung, die die Verbindung von Autobahn und Stadt herstellt, von Jahr zu Jahr mehr ausgeprägt. Hinzu kommt, daß der zwischen der Eisenbahn und dem Schloßberg verfügbare Raum bis hinein in das Dreisamtal im Laufe des 19. und in den ersten Jahrzehnten des 20. Jahrhunderts von der Bebauung voll ausgenutzt ist und daß man heute auf das westlich der beiden Eisenbahnlinien gelegene Gebiet bis hin zum Mooswald, zum Lehener Berg und zur weiter entfernt gelegenen Rieselfeldzone übergreifen muß, um die der neuen Stadtentwicklung entsprechenden Wohnviertel anzulegen und auszubauen. Da für einen guten Zusammenhang dieser neuen Wohnstätten mit der Innenstadt gesorgt werden muß, ergeben sich weitere ostwestlich ausgerichtete Verbindungslinien, die dieser Richtung gegenüber der ursprünglich überwiegenden steigend Gewicht verleihen. Das Gesamtverkehrsliniennetz, wie es auf den Grundlagen der Untersuchungen zum Generalverkehrsplan abgeleitet ist, stellt sich infolgedessen als ein Netz dar, in dem sich die nordsüdlich verlaufenden Linien mit den ostwestlichen die Waage halten (vgl. Abb. 17).

Der historische Linienzug der B3, der ursprünglich mitten durch die Altstadt führte, erhielt schon frühzeitig Parallelen im Rotteck- und Werderring, der Westseite des die Altstadt umschließenden Ringstraßenvierecks, und in dem eng an die Bahnanlagen angelehnten Zug der Stefan-Meiser-Straße, Bismarck-Allee (am Bahnhof) und Schnewlin-Straße. In dem Gebiet des Stadtteils Stühlinger, westlich des Bahnkörpers, entspricht diesen Sraßenzügen die in letzter Zeit großzügig ausgebaute Waldkirchener und Eschholzstraße, die auch als Verteiler dient für die Autobahnzubringer Nord und Süd. Jenseits der westlichen der beiden Bahnlinien übernimmt die neugeschaffene Berliner Allee die gleiche Aufgabe, und schließlich findet dieses System seine Abrundung in der geplanten Westrandstraße, in der die in gegenwärtiger Entwicklung begriffenen neuen Wohnbaugebiete ihre Querverbindung untereinander finden.

Unter den ostwest verlaufenden Linien des Verkehrsstraßennetzes bildet der Autobahnzubringer Mitte als geplante Schnellverkehrsstraße die eigentliche Schwerlinie. Sie verläuft, von der Autobahn kommend, zunächst im Freiraum zwischen den neuen Wohngebieten, lehnt sich dann im enger bebauten Stadtgebiet dicht an die Dreisam an, die sie als Mittelstreifen zwischen ihren getrennten Fahrbahnen aufnimmt, wendet sich unterhalb des Schloßberges beim Eintritt in das eigentliche Dreisamtal von dem Flußlauf ab und unter Benutzung der Schwarzwald- und der Schützenstraße dem Bahnkörper der Höllentalbahn zu, mit dem zusammen sie im weiteren Verlauf ein gemeinsames Verkehrsband bildet. Sie soll von Kirchzarten aus eine Fortsetzung in nordöstlicher Richtung erhalten und bei St. Märgen den Anschluß der Stadt Freiburg an die geplante Ostwestlinie der Autobahn nach Donaueschingen und dem Bodensee herstellen.

Dieser Linie, die als B 31 klassifiziert werden soll, wird in der Verkehrsprognose eine besondere Bedeutung zugemessen. Da sie in ihrem Verlauf in dem Abschnitt, in

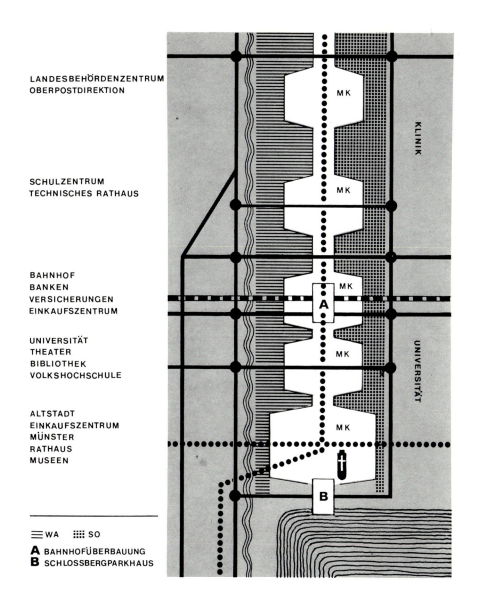

Abb. 8: Freiburg. Schema der bandartigen Entwicklung der City, vgl. S. 23

Abb. 9: Freiburg. Modell der Überbauung des Hauptbahnhofs. Punkt „A" in Abb. 8, vgl. S. 23

Abb. 10: Heilbronn. Luftbild der Innenstadt, vgl. S. 25

Frei Reg.-Präs. Nordwürttemberg Nr. 2/18438

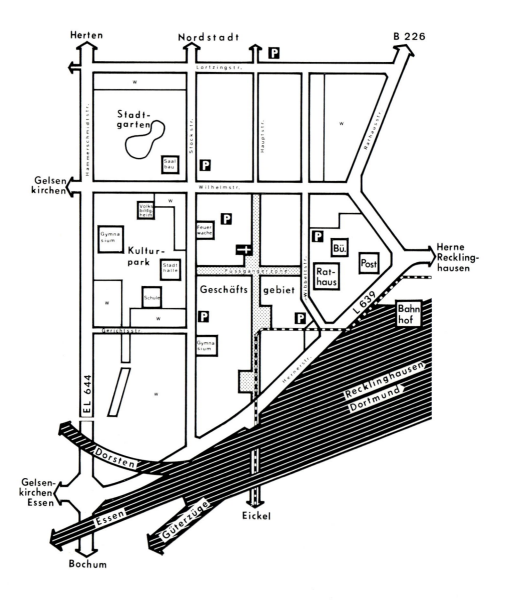

Abb. 11: Wanne-Eickel. Plan der Innenstadt mit Fußgängerstraßen und Anlagen für den ruhenden Verkehr, vgl. S. 27

Abb. 12: Wolfsburg. Luftbild der Stadtmitte. Die Porschestraße mit Rathaus und Kulturzentrum, vgl. S. 28
Frei Reg.-Präs. Darmstadt Nr. 1183/68 D

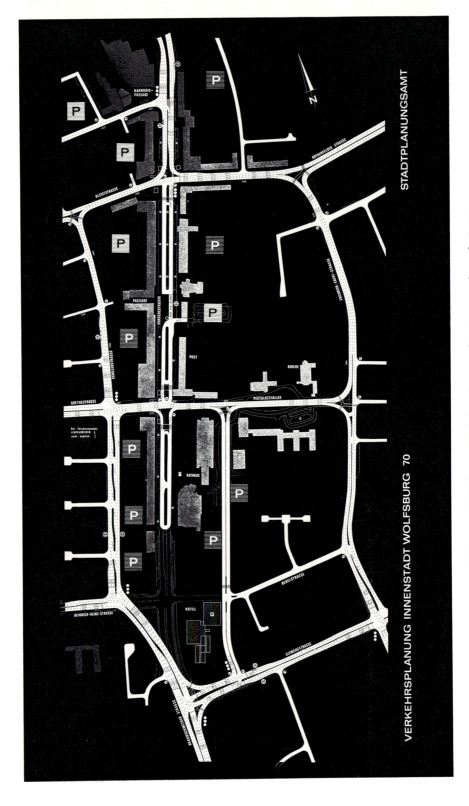

Abb. 13: Wolfsburg. Verkehrsplanung der Innenstadt, vgl. S. 28

dem sie die Dreisam begleitet, durch die vorhandene Bebauung in ihrer Leistungsfähigkeit eingeengt wird, soll sie durch eine anbau- und kreuzungsfrei ausgebildete Autoschnellstraße (ASS) entlastet werden, die im Stadtteil Haslach nach Süden abzweigt und durch den Stadtteil Wiehre hindurch den Anschluß an die geplante B 31 finden soll. Um die Zuströme zu dieser verdoppelten Linie zu streuen, hat man auch vorgeschlagen, den Hirzberg und den Schloßberg durch zwei Tunnelbauten zu unterfahren. Man hat diesen Gedanken aber vorläufig zurückgestellt, da der Nutzen zur Zeit in keinem angemessenen Verhältnis zu den Kosten stehen würde.

Zu der Haupt- und Schwerlinie der neuen B 31 laufen eine ganze Reihe ostwestgerichteter Verkehrslinien parallel. Sie bilden die Sammelstraßen der in sich abgerundeten Wohngebiete, die zu ihren beiden Seiten liegen und in eigenen abgestuften Straßensystemen erschlossen sind. Die Fortsetzungen dieser Linien über die Autobahn hinaus erhalten gesteigerte Bedeutung in den Plänen, die für die Entwicklung der Region Breisgau in Erwägung stehen. Sie sehen bandartige Siedlungsentwicklungen vor, die sich bis zum Rhein ausdehnen und dort Anschluß an die Siedlungs- und Industriestreifen finden sollen, die unmittelbar am Flußlauf gelagert sein werden.

Die Stadt Freiburg wendet, unterstützt von Bund und Land, alle verfügbaren Mittel auf, um im Ausbau des geplanten Verkehrsnetzes voran zu kommen. Der vier- und sechsspurige Ausbau des Ringstraßenvierecks, die Herstellung der Autobahnzubringer und anderer vordringlich wichtiger Straßenzüge führt das sichtbar vor Augen. Auch einige Knotenpunkte, wie etwa die doppelte Dreisamüberquerung von Schwarzwaldstraße und Greiffeneckring und der großzügig aufgeteilte Platz am Siegesdenkmal mit seinen Fußgängerunterführungen, geben Zeugnis von dem Bemühen, das als notwendig Erkannte auch Zug um Zug in die Tat umzusetzen. Eine Seite des heutigen Verkehrs allerdings erscheint in Freiburg noch der besonderen Fürsorge zu bedürfen: das ist der ruhende Verkehr. Die bisher hierfür aufgewendeten Mittel erscheinen gegenüber dem Bedarf und den sichtlichen Störungen, zu denen der Mangel an Abstellflächen führt, bei weitem zu gering.

Der Mißstand, der sich auf diesem Gebiet herausgebildet hat, läßt sich nicht übersehen, er hat aber die Stadtverwaltung veranlaßt, einen Gesamtparkierungsplan auszuarbeiten. Auf Grund eingehender Untersuchungen über den vorhandenen und künftigen Bedarf hat sie die Möglichkeiten geprüft, die sich im Stadtkern bieten, um ebenerdig, unterirdisch oder in Geschossen Abstellflächen zu schaffen. Sie hat mit diesem Gesamtparkierungsplan ein Programm aufgestellt, das Stück für Stück in entsprechenden Raten und Abschnitten verwirklicht werden soll. Ein Anfang ist mit der Errichtung der großen Parkhausanlage am Karlsplatz gemacht, das Parkhaus in der Rempartstraße ist ebenfalls fertig, das am Rotteckring ist im Bau. Zwei weitere derartige Anlagen am Schloßberg und am Kartoffelmarkt sind geplant. Mit dem Bau der beiden letztgenannten Parkhäuser wird der erste Abschnitt des Generalparkierungsplans verwirklicht sein, es wird aber besonderer Bemühungen bedürfen, um nach den Anregungen der weiteren Abschnitte des Plans die erforderlichen Grundstücke für die außerdem noch vorgesehenen Parkhäuser und ihre Baudurchführung sicherzustellen und auch sonst alle Möglichkeiten auszuschöpfen, die in den gesetzlichen Bestimmungen über die Schaffung von Abstellflächen bei der Errichtung von Hochbauten gegeben sind.

Bei diesen Maßnahmen ist es nicht damit getan, zu den bestehenden Abstellflächen nur gerade den Zugang zu schaffen, der der Wachstumsrate der Motorisierung entspricht; es gilt auch, falsch ausgewiesene Parkflächen von der Besetzung mit Autos zu befreien. Zu diesen gehören im besonderen die historischen Plätze der Stadt, darunter in erster Linie der Münsterplatz. Die Stadt beklagt selbst in ihrer Denkschrift diese Fehlbesetzung, die einem Gebäude, wie dem Münster, die Rolle eines Parkwächters zuschiebt, und fordert die Freimachung dieser Plätze, um ihnen „ihr städtebauliches Gesicht zurückzugeben". Den Anstrengungen, die die Stadt in dieser Richtung unternommen hat, ist es denn auch zu danken, daß bereits der Münsterplatz zu einem guten Teil von den parkenden Autos freigemacht worden ist. Man kann nur wünschen, daß es ihr gelingen wird, diesen Schwerpunkt ihres historischen Erbes gänzlich von den herumstehenden Kraftwagen zu befreien. Denn an eine Stadt wie Freiburg werden in dieser Hinsicht besondere Anforderungen gestellt, da sie als Kulturträger hohen Ranges und als Vorort des Fremdenverkehrs ihrem weithin bekannten Namen gerecht werden muß.

5. Kassel

Für die Entwicklung der Stadt Kassel weist der Fluß, an dem sie liegt, keine so ausgesprochene Längsrichtung, wie es bei den bisher behandelten Städten der Fall ist. Die Fulda tritt im Süden der Stadt aus einem engen Tal hervor, sie durchquert im Gebiet des Stadtkreises ein flaches Becken und verliert sich im Norden wieder in ein enggewundenes Tal. Wegen der Überschwemmungen, die in alter Zeit häufig auftraten, wurde die Stadt auf dem Hochufer links der Fulda ausgebaut und hat sich im 19. und 20. Jahrhundert nach Westen, Norden und Süden ausgebreitet, stark gegliedert durch die Topografie von Bachläufen und Höhenrücken. Der überwiegende Teil ihrer Baumasse liegt also auf dem linken Ufer, auf dem rechten ist die bauliche Entwicklung nicht so ausgedehnt, erhält aber durch die Industriebetriebe, die dort angesiedelt sind, sein besonderes Gewicht.

In diesem bewegten Gelände haben sich die Verkehrslinien seit altersher den Höhenverhältnissen anpassen müssen, und so tritt das Kreuz der beiden Hauptrichtungen, die sich in Kassel treffen, im Bild des Verkehrsnetzes nicht so deutlich zutage, wie man es zunächst annehmen sollte. Die Nordsüdlinie entspricht der berühmten „Hafraba" in der B 3 (Hannover—Frankfurt), die Ostwestlinie ist die B 7 (Ruhrgebiet—Leipzig), die infolge ihrer Abkappung durch den „Eisernen Vorhang" viel an Bedeutung eingebüßt hat. Diesen beiden Bundesstraßen entsprechen auch die Linien der Eisenbahn und der Autobahn, so daß alle Verkehrsarten gleichlaufen.

Die Stadt Kassel hat nach dem Zweiten Weltkriege zunächst den Innenstadtring geschaffen, der nicht ohne Durchbrüche und sonstige Eingriffe auf die erforderliche Breite für einen vier- bis sechsspurigen Ausbau gebracht werden konnte. Gleichzeitig hat sie sich um den Ausbau der Ausfallstraßen und der wichtigsten Stadtstraßen bemüht, um Luft und Raum für den eigentlichen Stadtverkehr zu gewinnen. Als dritte Ausbauphase muß sie jetzt daran denken, aus den vorhandenen Linien und mit Ergänzungen durch neue Linien ein System von Verteilerstraßen zu entwickeln, die mit den Hauptlinien der Stadtteile und den Ausfallstraßen gut verknüpft sind und durch Anbau- und Kreuzungsfreiheit ein Höchstmaß an Leistung zu bewältigen in der Lage sind (vgl. Abb. 18).

Als Basislinie für dieses System von autobahnartig ausgebildeten Straßen kann die Nürnberger Straße (B 83) dienen, die in den dreißiger Jahren als Sammeltangente geplant worden ist. Sie sollte vor dem Stadtteil Niederzwehren von der B 3 abzweigen, südlich der Eisenbahnlinie nach Eschwege die Fulda überqueren und im Freiraum zwischen der Flutmulde der Fulda und den Stadtteilen Waldau und Bettenhausen bis zur

Leipziger Straße (B 7) geführt werden. Sie wurde damals auf dem rechten Fuldaufer fertiggestellt, auf dem linken war sie im Bau, als der Krieg zur Einstellung der Arbeiten zwang, der Bau der Fuldabrücke unterblieb. Diese Linie, solange ihre Planung zurückliegt, hat nichts von ihrer Berechtigung verloren, sie ist in die erste Ausbaustufe der nächsten 5 Jahre aufgenommen und soll nun endlich durch den Bau der Fuldabrücke und den Anschluß an die B 3 vollendet werden.

Mit dieser „Osttangente" läßt sich, nicht unähnlich wie in Fulda, ein Tangentendreieck bilden, das ihr im Westen eine ebenfalls schon seit Jahren geplante „Westtangente" zuordnet, die am gleichen Punkt von der B 3 ausgeht wie die Osttangente und in nördlicher Richtung, angelehnt an die Bahnanlagen, bis zum Zusammentreffen mit der B 7 vordringen soll. Die Westtangente wird eine gesteigerte Bedeutung erlangen, wenn einmal der Bahnhof Wilhelmshöhe als Durchgangshaltepunkt in dem von der Bundesbahn neuerlich geplanten Schnellverkehrsnetz ausgebaut wird. Dann wird diese Tangentenlinie eine Hauptaufgabe zu übernehmen haben in der Verteilung des zusätzlich anfallenden Verkehrs, den der neue Auftrieb des bisher untergeordneten Bahnhofs erzeugen wird. Als Querspange zu den beiden Nordsüdlinien soll ferner die auch schon lange geplante und in ihrer Trasse freigehaltene Entlastungsstraße zur Wolfhager Straße (B 251) ausgebaut werden, die auf die Nordweststrecke des Innenstadtringes auftrifft und durch einen neugeschaffenen Durchbruch zur Moritz- und Ysenburgstraße vorstößt, um über die Hafenbrücke hinweg das Nordende der Osttangente zu erreichen.

Diese drei Linien werden zwar als Tangenten bezeichnet, sie haben aber in Wirklichkeit mehr die Eigenschaften von Schwerlinien, weil sie mitten durch dicht besiedeltes Gebiet führen. Sie werden also als Sammler und Verteiler tätig sein und sind deshalb in der Lage, die erwarteten Dienste zu erfüllen, insbesondere aber das übrige vorhandene Straßennetz zu entlasten und die Stadtteile untereinander besser zu verknüpfen, als es ohne derartige Linien möglich wäre. Die Osttangente (B 83) ist zugleich auch ein Doppelzug zur alten B 3, der Frankfurter Straße und des Steinwegs, sie nimmt auch den neuen, im Bau befindlichen Autobahnzubringer Kassel-Mitte in sich auf, der als Verkehrsträger für das neue auf dem Gelände des aufgegebenen Flugplatzes eröffnete Industriegebiet Bedeutung bekommt. Die Westtangente erhält über den Treffpunkt mit der Nordtangente (B 251) hinaus Anschluß an die B 7 (Holländische Straße), so daß sie damit eine direkte Verbindung der B 3 mit dieser Bundesstraße herstellt.

Wie einmal diese Tangentenlinien aussehen und funktionieren werden, kann man in der Anbindung des Volkswagenwerks und der Stadt Baunatal an die B 3 und damit an die Autobahn ausgeführt sehen. Sie ist kreuzungs- und anbaufrei ausgestaltet und auf eine Leistung berechnet, die dem dreimaligen Schichtwechsel des Werkes entspricht. Sie kann mit der Führung ihrer Trasse und ihren Verknüpfungsfahrbahnen als anschauliches Beispiel für derartige innerstädtische Verkehrslösungen gelten.

Das Hauptverkehrsstraßennetz der Stadt Kassel spannt sich aus in dem Winkelraum, den das Kreuz der beiden Autobahnen bildet. Deren Straßenkörper begrenzen streckenweise die Baugebiete der Vororte, die sich im Süden in den Bauflächen der Nachbarstadt Baunatal und im Südosten in dem Siedlungsband im Lossetal fortsetzen. Durch diese enge Einbettung in die Gebiete lebhafter baulicher Entwicklung ergibt sich die Möglichkeit, aber auch die Notwendigkeit einer verhältnismäßig dichten Folge von Abfahrten von der Autobahn, so daß einmal eine enge Verknüpfung des überörtlichen mit dem Stadtverkehr erreicht wird, zum anderen aber auch die Stadt sozusagen an jeder gewünschten Stelle betreten werden kann.

Außer der erwähnten Abfahrt Mitte besteht an der Nordsüdautobahn schon aus der Vorkriegszeit die durchweg anbaufrei gehaltene Zufahrt Nord. Sie wird zur Zeit zweibahnig ausgebaut und erhält eine neue direkte Verbindung mit der Nordostecke des Tangentendreiecks über eine aufgeständerte Straße, die die Bahnanlagen der Hafenbahn und die frei zu haltende Flutmulde der Fulda überbrücken muß. Im Süden ist eine Abfahrt von der Ostwestautobahn ausgebaut an der Stelle, wo die B 3 die Autobahn überschreitet. Dieser Kreuzungspunkt wird in Zukunft besondere Bedeutung erhalten, weil es im Autobahnbauprogramm vorgesehen ist, die B 3 im Range einer Autobahn auszubauen, um dem von Hamburg und den nordischen Ländern kommenden Verkehr einen Übergang zu bieten in die Autobahn Nordhessen—Olpe—Köln und in die Autobahn Gießen—Wetzlar—Rhein. Damit erhielte die Stadt Kassel Anschluß an eine dritte Autobahn, die ihr eine bessere Verbindung zum Rheinland und einen engeren Kontakt zu den Nebenzentren Treysa und Marburg bringen würde. Die vierte Autobahnabfahrt an der Konrad-Adenauer-Straße, „Wilhelmshöhe" bezeichnet, ist zwar für den Großverkehr nicht sehr bedeutungsvoll, bietet aber eine willkommene direkte Anbindung der westlichen Stadtteile an die Autobahn.

Das Dreieck der Tangentenlinien ist an vielen Punkten mit dem übrigen Straßennetz verknüpft. Diese Knotenpunkte können im allgemeinen kreuzungsfrei ausgeführt werden. Nur in dem Abschnitt der Nordtangente, wo sie zwischen der Hafenbrücke und der Wolfhager Straße durch das dichtest bebaute Stadtgebiet führt, wird man sich mit einebenigen Lösungen begnügen müssen, wobei aber auf jeden Fall die Fußgänger durch den Bau von Unterführungen aus der eigentlichen Verkehrsregelung herausgenommen werden sollen.

In dieser Art sind bereits in früheren Jahren die Knotenpunkte des Innenstadtringes ausgebildet und mit Fußgängerunterführungen versehen worden. Die kürzlich eröffnete unter dem Scheidemann-Platz am Eingang der Treppenstraße konnte als die 15. gefeiert werden. Aber die vor Jahren ausgebauten Knotenpunkte bedürfen heute schon wieder einer neuerlichen Anpassung an die gesteigerten Anforderungen des Verkehrs. Sie wurden, wie die Kreuzung am Altmarkt, seinerzeit als elegante und vorausschauende Leistungen viel beachtet mit ihrer automatischen Steuerung, sie stehen aber heute vor dem Ende ihrer Leistungsfähigkeit und müssen in ihrem Fassungsvermögen ausgeweitet werden. So wurde der Altmarkt erst kürzlich in seiner Spurenführung den Richtungswünschen der Benutzer besser angepaßt, der Ständeplatz und der Scheidemann-Platz wurden auf sechs Spuren gebracht und verflechtungsgerechter aufgeteilt, und schließlich hat man sich unter dem Druck der gesteigerten Motorisierung zu der großen Umwandlung des Bahnhofsvorplatzes entschlossen, bei der die Straßenbahn aus dem so schon knappen Verkehrsraum hinausgenommen wurde und unter Ausnutzung der Höhenunterschiede des Geländes unter dem Platz hindurchgeführt worden ist. Dabei wurden auch dem Fußgänger sichere unterirdische Verbindungswege und -räume geschaffen, so daß eine zweigeschossige Anlage unter dem Platz entstanden ist und die ebenerdige Fläche ganz dem ruhenden und fließenden Verkehr zur Verfügung gestellt werden konnte.

Dem ruhenden Verkehr ist in Kassel schon in den ersten Planungen nach dem Kriege besondere Aufmerksamkeit gewidmet worden. Die von dem Innenstadtring umfaßte Fläche ist systematisch mit Abstellanlagen durchsetzt, die auf Grundstücken hergerichtet sind, die ehemals dicht bebaut waren, aber vom Wiederaufbau ausgeschlossen wurden. An den Belieferungsstraßen für den Fußgängerbereich sind diese Parkplätze in dichter Folge aufgereiht. Sie sind inzwischen zum Teil zu mehrgeschossigen Anlagen vervielfacht, so am Rathaus und an der Neuen Fahrt, wo sich die benachbarten Waren- und

Kaufhäuser ihrerseits an der Errichtung eines Parkhauses mit namhaften Beträgen beteiligt haben. Daneben haben große Kaufhäuser eigene Parkgeschosse eingerichtet. Von privater Seite ist allerdings erst ein einziges Mietparkhaus errichtet worden, ein zweites ist an planmäßig ausgewiesener Stelle in Angriff genommen und kürzlich vollendet worden.

Bei der Errichtung von Geschäftshausbauten wurde unter strenger Anwendung der Bestimmungen des Baurechts ein nur irgend erreichbares Höchstmaß an privaten Abstellflächen erzielt; bei der Neubebauung der Innenstadtblöcke, die vornehmlich dem Wohnen vorbehalten sind, wurde der überwiegende Teil der Innenblockflächen in Gemeineigentum der Anlieger überführt und für ihren Eigenbedarf an Einstellflächen nutzbar gemacht.

Außerhalb des Ringes wurden Auffangparkplätze beim Regierungs- und beim Justizgebäude, beim Staatstheater und im Bahnhofsviertel ausgebaut. An den Ausfallstraßen gibt es Auffangparkplätze an der Holländischen, an der Frankfurter, an der Leipziger Straße und an der Wilhelmshöher Allee. Darüber hinaus wurden Parkstreifen für paralleles oder schräges Parken überall dort angeordnet, wo es die Straßenbreite zuließ. Da außerdem durch die frühzeitige Einführung der Parkscheibe eine intensivere Ausnutzung der zur Verfügung stehenden Flächen erreicht wurde, hatte sich Kassel den Ruf erworben, die Stadt ohne Parknot zu sein. Leider ist aber dieser günstige Zustand inzwischen durch das Ansteigen der Motorisierung überrundet worden, und so steht die Stadt vor der Aufgabe, zu den von ihr geschaffenen 9500 Stellplätzen weitere auszumitteln und hinzuzufügen.

Zur Gewinnung eines großen Reservoirs an Abstellplätzen bietet sich der Friedrichsplatz an. Er ist bis jetzt erfolgreich gegen die Ansprüche, als Parkplatz degradiert zu werden, verteidigt worden. Er soll auch weiterhin als „gute Stube" der Stadt vom Blech der Autos frei bleiben, er bietet aber die Möglichkeit, ihn zu unterkellern und in mehreren Geschossen zur Aufnahme von Autos herzurichten. Eine solche Anlage würde auch eine unterirdische Verbindung der Innenstadtsektoren rechts und links des Friedrichsplatzes mit sich bringen und, auf lange Sicht gesehen, auch eine Zweigeschossigkeit der Königsstraße nahe legen, wenn man einmal daran denkt, die Straßenbahn aus der Fußgängerstraße zu entfernen und auch hier, wie am Bahnhof, unter das Pflaster zu legen.

6. Oldenburg

Im Gegensatz zu dem lebhaft bewegten Gelände, dem sich die Stadt Kassel mit ihren Bau- und Verkehrsanlagen anpassen muß, haben wir es in Oldenburg mit einer Stadt in der Ebene zu tun. Aber auch hier gibt die Topografie grundlegende Richtungen und gewährt oder versagt die Möglichkeiten zur Entwicklung. Die tiefgelegene Hunteniederung zieht sich in einem Bogen von Nordosten nach Süden durch das Stadtgebiet. Sie muß von der Bebauung frei gehalten werden, da sie die jahreszeitlich bedingten Überflutungen aufzunehmen hat. Die gegen sie nur wenig angehobenen Flächen der Geest ziehen sich nördlich der Hunte in einem breiter werdenden Keil in die Richtung auf Rastede zu, während südlich der Hunte nur ein schmaler Rücken an der Hunte entlang gegen Süden verläuft. Wenn auch die Höhenunterschiede des Geländes gering sind, so machen sie sich doch für die Stadtgestalt geltend, denn nur auf den Flächen der Geest bietet sich tragfähiger Baugrund, während die moorigen Niederungen im Westen und Osten die bauliche Entwicklung stark erschweren.

Auf dieser topografischen Grundlage hat sich die Stadt hauptsächlich auf der Nordseite der Hunte ausgebreitet. Ihre südlichsten Teile und der Vorort Osternburg auf der anderen Seite der Hunte müssen sogar durch Deiche gegen die Flußniederung und ihre wechselnden Wasserstände abgeschirmt werden. In Anlehnung an diese topografischen Voraussetzungen hat sich das Verkehrsstraßennetz auf der Grundform zweier sich kreuzender Linien ausgebildet: der B 69 von Wilhelmshaven nach Osnabrück und der B 75 von Bremen nach Emden und Leer (Holland). Neu zu diesen Grundlinien hinzu tritt die im Bau befindliche Bundesautobahn, die, von Wilhelmshaven kommend, das östliche Randgebiet der Stadt durchschneidet und südlich von Ahlhorn auf die Hansalinie Bremen—Osnabrück auftrifft. Damit wird die Stadt enger als bisher an das durchgehende Fernstraßennetz angeschlossen, ein Gewinn, der auch ihrer wirtschaftlichen Entwicklung zustatten kommen wird (vgl. Abb. 19).

Die Stadt Oldenburg hat nach dem Kriege in dem Umfang von zwei Dritteln ihrer früheren Einwohnerzahl Flüchtlinge und Vertriebene aufnehmen müssen. Es waren ihr damit besondere Anstrengungen auferlegt, um für diesen plötzlich aufgetretenen Einwohnerzuwachs, abgesehen von Unterkünften und Wohnungen, die erforderlichen allgemeinen Einrichtungen zu schaffen. Aber was sie in dieser einmaligen Situation auf dem Gebiete des Ausbaus der Verkehrsanlagen geleistet hat, legt davon Zeugnis ab, daß hier Ideen und Tatkraft lebendig waren in dem Augenblick, als man ihrer am dringendsten bedurfte. Die Stadt hat mit Hilfe des Landes Niedersachsen und des Bundes begonnen, die Ausfallstraßen verkehrsgerecht auszubauen. Sie hat einen guten Teil davon vierspurig gemacht, sie hat den Halbring der westlichen Umgehungsstraße als Entlastungs- und Verteilertangente angelegt und anbaufrei ausgestattet, und sie hat den Wallring im vollen Umfang, teilweise in Doppelbahnen, ebenfalls vierspurig hergerichtet.

Die neu ausgebauten Straßenabschnitte sind mit dem übrigen Netz in einer Anzahl aufwendiger Knotenpunkte verflochten. Der bedeutendste unter ihnen ist der Pferdemarkt, das Nordende des Wallrings, von dem die B 69 nach Wilhelmshaven nach Norden und zwei Landesstraßen nach Nordwesten und Nordosten ausgehen. Er konnte im besonderen deswegen so großzügig angelegt werden, weil es der Stadt gelang, die Bundesbahn zu bewegen, ihren Bahnkörper vom Hauptbahnhof aus in den anschließenden Gleisstrecken anzuheben und auf einem 300 m langen Brückenbauwerk über den Platz zu führen. Sie hat das erreicht, indem sie den Hauptanteil der dafür benötigten Geldmittel selber beisteuerte, und sie hat dieses Opfer, das ihr sicherlich hart ankam, entschlossen auf sich genommen, weil es auf der Hand lag, daß diese Maßnahme entscheidenden Einfluß auf ihre eigene Entwicklung haben mußte (vgl. Abb. 20).

Wenn auch mit dem Ausbau des Wallrings und der Ausfallstraßen und mit der Anlage der Umgehungsstraße die vordringlichsten Aufgaben im Verkehrsnetz als gelöst betrachtet werden können, so stellt doch der Bau der Autobahn neue Forderungen. Die Umgehungsstraße muß nun an die Autobahn angeschlossen werden. Der nördliche Anschluß „Ost" soll parallel der Ammergaustraße geführt und in den Grünstreifen südlich der Friedrich-Naumann-Straße übergeleitet werden. Nach der Kreuzung mit der Donnerschweer Straße kann er südlich der August-Hanken-Straße bei Loyerend in die Autobahn eingeführt werden. Als Zubringer „Mitte" ist die Holler Landstraße vorgesehen. Die Abfahrt soll am Blankenburger Holz errichtet und damit eine Verbindung zum Industriegebiet an der Hunte und zum südlichen Vorort Osternburg geschaffen werden. Die Abfahrt „Süd" soll in den Südabschnitt der Umgehungsstraße münden auf einer neu zu bauenden Verlängerung, die zugleich auch als neue Trasse für die B 75 fortgeführt werden könnte, da die alte Bremer Heerstraße wegen der an ihr aufgereihten Bebauung nicht mehr als anbaufreie Straße hergerichtet werden kann. In ähnlicher Weise soll auch der westliche Zweig der B 75 auf neuer Trasse aus der Zwischenahner Straße heraus in den Freiraum südlich der Ortslage Ofen nach Westen geführt werden.

Auch für den nördlichen Zweig der B 69, der Wilhelmshavener Heerstraße, kann westlich davon eine Ersatzstraße auf neuer Trasse anbaufrei ausgeführt werden. Der südliche Zweig der B 69, die Cloppenburger Straße, darf zur Zeit noch als hinreichend leistungsfähig angesehen werden. Mit Rücksicht auf die weit nach Süden reichende bandartige Bebauung zu ihren beiden Seiten ist aber auch für diese Straße eine anbaufreie Ersatzstraße in Erwägung gezogen. Sie wäre mit der am Küstenkanal entlanglaufenden B 401 etwa in der Tungeler Marsch zu vereinigen und mit ihr gemeinsam am Rande der Hunteniederung entlang bis zur Umgehungsstraße zu führen.

In dieses Ausbauprogramm gehört aber dann auch die Umgehungsstraße selbst, die zwar in ihrem zuletzt hergestellten Abschnitt zwischen Hauptstraße und Ammerländer Heerstraße anbau- und kreuzungsfrei ausgebildet ist, die aber in ihrem übrigen Verlauf noch zweibahnig verbreitert und in ihren Überquerungen der Ausfallstraßen kreuzungsfrei ausgestaltet werden muß. Damit ist für die kommenden Jahre ein festumrissenes Programm gegeben, das auch der erwarteten Steigerung der Motorisierung Rechnung trägt.

Neben dem Ausbau des Innenstadtringes und der Ausgestaltung des von ihm umschlossenen Fußgängerbereichs hat sich die Stadt Oldenburg nachdrücklich um die Schaffung von ausreichenden Abstellflächen für den ruhenden Verkehr bemüht. Sie hat innerhalb des Ringes und in den dicht bebauten Vierteln, die im Norden und im Süden an den Stadtkern anschließen, alle nur irgend verfügbaren Flächen zu Parkplätzen ausgebaut. Sie stellt diese Flächen teils gebührenfrei, teils in verschiedenartigen Beschränkungen zur Verfügung. Sie hat aber auch darauf hingewirkt, daß Geschäfte und Firmen, wo es sich erreichen ließ, private Plätze für den Eigen- und Kundenbedarf angelegt haben. Dabei zeigt sich in steigendem Maße das Bestreben, das Angebot an Flächen durch mehrgeschossigen Ausbau zu vervielfältigen. Drei große Warenhäuser haben mehrgeschossige ober- und unterirdische Anlagen errichtet, die für etwa 1150 Wagen ausreichen. Die Stadt selbst hat den Bau einer umfangreichen ebenerdigen und mehrgeschossigen Parkanlage auf dem Waffenplatz unterstützt, in der Kaufleute 500 Plätze für ihre Kunden bereitstellen. Der Besuch dieser verschiedenen Parkgelegenheiten wird noch insoweit erleichtert, als sich die Geschäfte der Innenstadt zu einer „Parkgemeinschaft" zusammengeschlossen haben, die die Quittungen für gezahlte Parkgebühren als Zahlungsmittel entgegennimmt. In dieser Weise vereinigen Bürgerschaft und Stadtverwaltung ihre Bemühungen in der Sorge um den ruhenden Verkehr und bleiben auch weiterhin bemüht, das Angebot an Abstellflächen dem wachsenden Bedarf anzupassen.

7. Wolfsburg

Unter den acht betrachteten Städten ist die Stadt Wolfsburg die einzige Stadt, die in neuester Zeit völlig frei geplant worden ist. Aber auch sie mußte in ihrer Gestaltung von den vorgegebenen topografischen Verhältnissen und bestehenden Verkehrslinien ausgehen. Ihr Standort wurde durch die Ansiedlung des Volkswagenwerkes in der Allerniederung zwischen dem kanalisierten Flußlauf und dem Mittellandkanal bestimmt. Beide Wasserläufe ziehen sich von Osten nach Westen. Auf der Südseite des Kanals lehnt sich die Bahnlinie Hannover—Magdeburg eng an ihn an, parallel dazu verläuft die Fallerslebener Straße, die die Nachbarstadt Fallersleben mit dem Ortsteil Heßlingen verbindet.

Für die Planung und Entwicklung der Stadt stand die Fläche im Süden dieses dreifachen Verkehrsbandes zur Verfügung. Sie breitet sich zunächst eben aus, erhebt sich aber weiter südlich in sanften Höhen und Hügeln. Diagonal von Südwesten nach Nordosten wird dieses Gebiet durchschnitten von der Braunschweiger Straße, die aus der B 248 bei Mörse abzweigt und ehemals auf das Schloß Wolfsburg zulief, späterhin aber durch die Bahn- und Kanalanlagen unterbrochen und zur Schaffung eines neuen Übergangs über den Kanal abgewinkelt worden ist. Mit dieser Diagonalen und der den Kanal begleitenden Ostwestlinie sind die Grundlinien gegeben, auf die der Stadtplan und sein Straßennetz zu beziehen war.

Dieser Plan ist nun auch nicht, wie man annehmen sollte, aus einem Guß entstanden. Der im Jahre 1938 aufgestellte ursprüngliche Plan wurde 1948 unter dem Eindruck des Zusammenbruchs für eine wesentlich geringere Entwicklung reduziert und vorläufig abgerundet; die rasche wirtschaftliche Erstarkung der Stadt in den darauffolgenden Jahren führte dann aber wieder zu einer wesentlichen Ausweitung der Planung, so daß der heutige Umfang der Stadt auch den der ursprünglichen Planung aus den dreißiger Jahren bei weitem übertrifft. Zu der Entwicklung südlich des ostwestlichen Verkehrsbandes hat sich jetzt auch nördlich davon, jenseits des Schloßbezirks, ein nicht unbedeutender Stadtteil Tiergarten- und Teichbreite herausgebildet, und auch die auf dieser Seite des Allertales befindliche alte Gemeinde Vorsfelde hat eine zunehmende beachtliche Vergrößerung erfahren. An der lebhaften Entwicklung der Stadt hat auch ihre westliche Nachbarstadt Fallersleben teilgenommen, die ihrem alten Kern umfangreiche Neubaugebiete angefügt hat.

Die Untersuchungen zum Generalverkehrsplan haben zu einer Bestätigung des im Zuge dieser planvollen Entwicklung ausgebauten Straßennetzes geführt, aber auch zu neuen Vorschlägen für die Ausbildung eines Systems von Tangenten, die die innerstädtischen Straßen entlasten und auch als mittlere Verteilerlinien dienen können zwischen den in ihrer Mitte liegenden Baugebieten der Stadt Wolfsburg und den westlich und östlich von ihnen gelegenen Gebieten lebhafter Entwicklung der Nachbargemeinden Fallersleben und Vorsfelde (vgl. Abb. 21). Für diese Tangentenzüge bietet sich im Westen die B 248 an, während im Osten dafür eine neue Linie geplant ist, die von der Nordsteimker Straße (L 322) abzweigen und in dem Freiraum zwischen den Stadtteilen Heßlingen und Hellwinkel und den Nachbarorten Reislingen und Vorsfelde etwa im Zuge der heutigen Stadtkreisgrenze nach Norden verlaufen soll. Nach ihrer Überquerung der B 188 jenseits des Kanals soll sie sich nördlich von Vorsfelde mit der L 291 vereinigen. Als Querverbindung dieser beiden Tangenten und gewissermaßen als Nordtangente kann dann die nördlich der Aller ostwestlich verlaufende B 188 angesehen werden, so daß das System der Umgehungs- und Verteilerstraßen ein nach Süden offenes Viereck darstellt, in das die Braunschweiger Straße an der Südwestecke diagonal hineinstößt und im Berliner Ring die Mittelachse bildet.

Beim Ausbau dieses Verkehrsnetzes macht sich der Vorteil der „geplanten Stadt" im besonderen darin geltend, daß die durchgehenden Hauptverkehrslinien bis ins innerste Zentrum anbaufrei gehalten werden konnten. Die Braunschweiger Straße, der Berliner Ring, die neue B 248, deren Ausbau vor der Vollendung steht, die Basislinien der beiden neuen großen Wohngebiete Detmerode und Westhagen — die John-F.-Kennedy-Allee und die Leipziger Straße — haben insofern den Rang von Schnellverkehrsstraßen, als ihre Verknüpfungen untereinander und mit den Sammelstraßen der angeschlossenen Wohnviertel in neuester Zeit auch schon kreuzungsfrei ausgebildet worden sind.

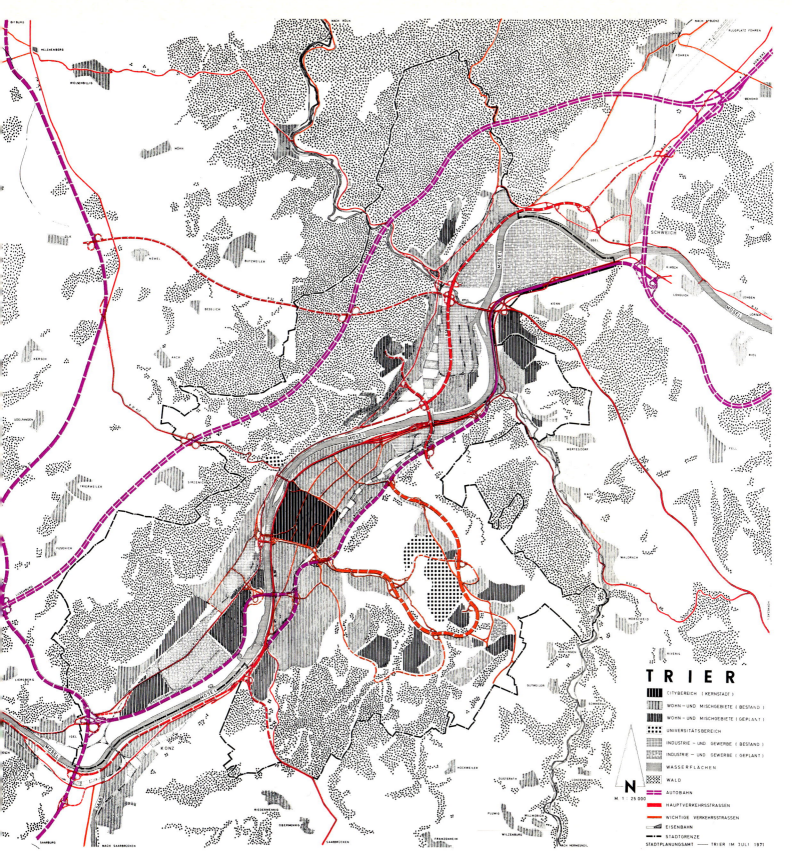

Abb. 15: Trier. Zielplanung für das Hauptverkehrsstraßennetz, vgl. S. 33 und S. 109

Geographisches Institut
der Universität Kiel
Neue Universität

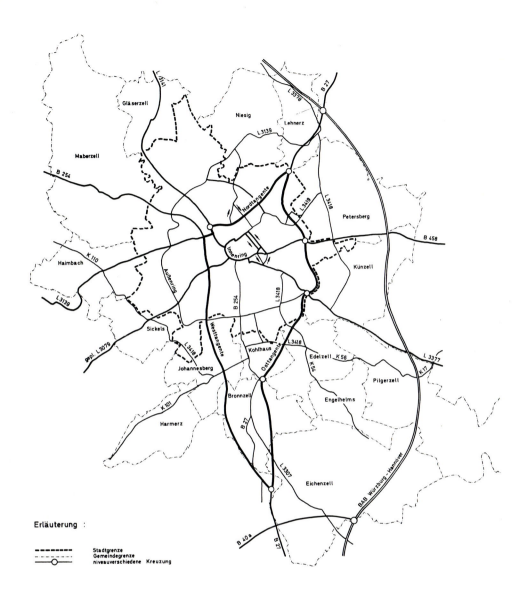

Abb. 16: Fulda. Hauptverkehrsstraßen im Planungsraum, vgl. S. 34

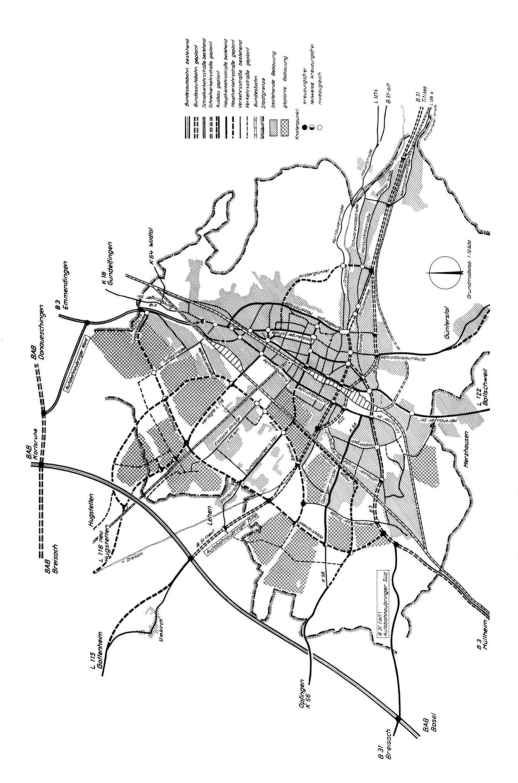

Abb. 17: Freiburg. Hauptverkehrsstraßennetz künftig, vgl. S. 36

Abb. 18: Kassel. Schema des Hauptverkehrsstraßennetzes, vgl. S. 38

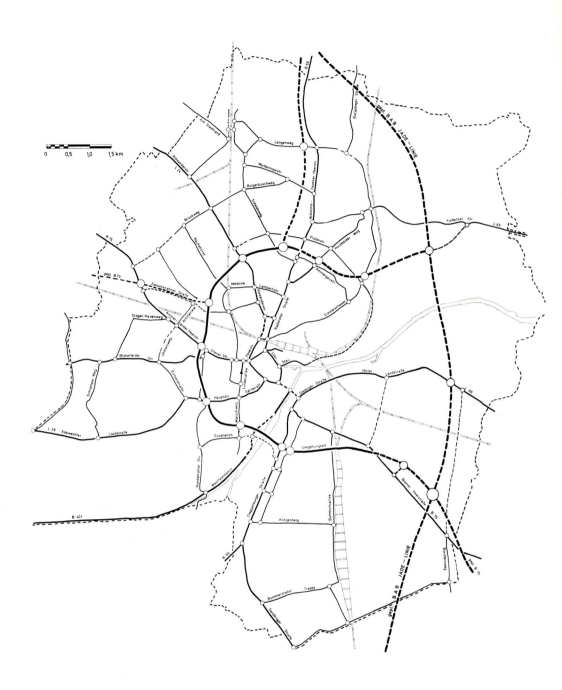

Abb. 19: Oldenburg. Geplantes Hauptverkehrsstraßennetz, vgl. S. 42

Abb. 20: Oldenburg. Pferdemarkt. Aufgeständerter Bahnkörper der Bundesbahn in der Innenstadt, vgl. S. 42

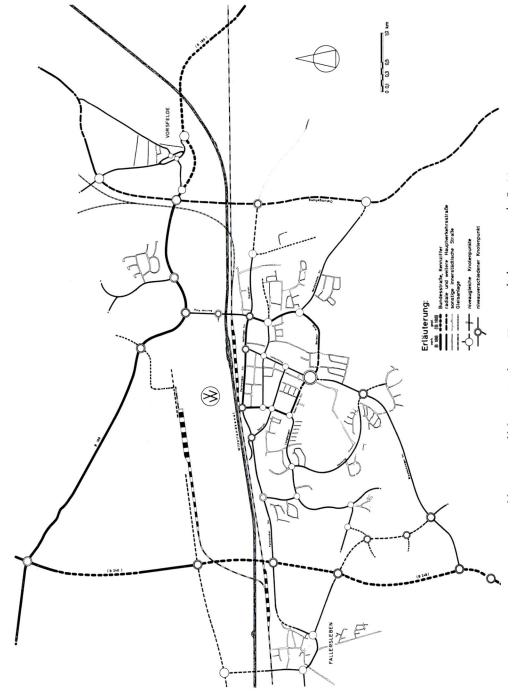

Abb. 21: Wolfsburg. Geplante Hauptverkehrswege, vgl. S. 44

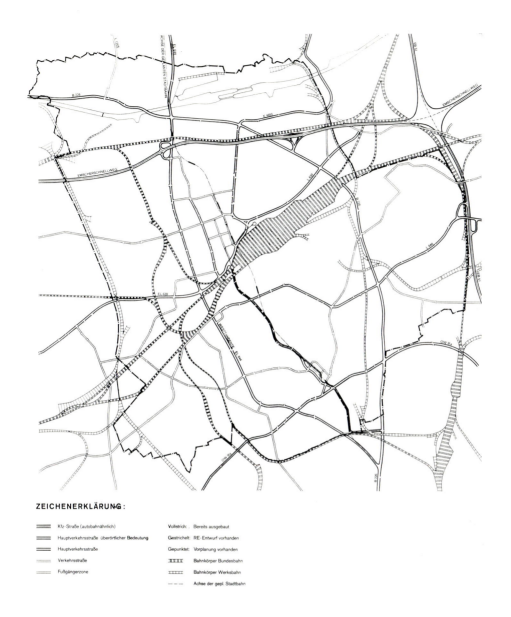

Abb. 22: Wanne-Eickel. Verkehrsplanung, vgl. S. 45

Eine Umwandlung der bisher einebenigen Verflechtungen erscheint besonders bei der stark belasteten Fallersleber Straße geboten. Im Generalverkehrsplan sind deshalb Vorschläge gemacht, wie man die Kreuzungen am Berliner Ring, an der Porsche-Straße und an den übrigen Hauptverbindungen mit den an der Fallersleber Straße aufgereihten älteren Wohngebieten mehrebenig ausgestalten könnte. Bei den Entwürfen für die einzelnen Knotenpunkte ist darauf Bedacht genommen, daß man dem Radfahrer und dem Fußgänger eigene, vom übrigen Verkehr getrennte und unabhängige Wege bereit hält und hierfür ein gesondertes System von Unterführungen außerhalb der Unterfahrungen des fließenden Verkehrs ausbaut.

Bei der Betrachtung des ruhenden Verkehrs treten die Vorteile der „geplanten Stadt" gegenüber den Schwierigkeiten, denen die „gewachsenen Städte" auf diesem Gebiete ausgesetzt sind, deutlich in Erscheinung. Auch wo die Vorsorge für die erforderlichen Abstellplätze in der ursprünglichen Planung nicht berücksichtigt worden ist, haben sich Anlagen für den ruhenden Verkehr infolge der reichlichen Bemessung der Verkehrsflächen nachträglich in befriedigendem Umfang einrichten lassen. Naturgemäß werden sich die Ansprüche in Zukunft bei weiterer Intensivierung des Geschäftslebens in der Innenstadt noch steigern. Man wird also gut tun, im Gebiet der Innenstadt weitere Flächen für den ruhenden Verkehr zu reservieren und dabei die Möglichkeit ihrer Vervielfältigung durch Unterkellerung und Geschoßaufbau im Auge zu behalten. In den in Erwägung stehenden Planungen für den weiteren Ausbau der Innenstadt sind Vorschläge in dieser Richtung vorhanden.

8. Wanne-Eickel

Das Verkehrsliniennetz der Stadt Wanne-Eickel ist ein Bestandteil desjenigen des Ruhrgebietes. Daraus ergibt sich, daß die wichtigsten überörtlichen Linien außerhalb des Stadtkreises liegen. Im Norden verläuft die Autobahn Duisburg—Hannover, im Süden der Ruhrschnellweg, die B 1, jeweils in einer Entfernung von 2,5 km von der Stadtmitte. Im Osten lehnt sich die autobahnartig ausgebaute Nordsüdlinie der B 51 an die Außenseite der Stadtgrenze an. Eine weitere durchgehende Ostwestlinie, der im Bau begriffene Emscher-Schnellweg, zieht sich südlich des Rhein-Herne-Kanals durch den nördlichen Teil des Stadtgebietes.

Wenn man das übrige Straßennetz betrachtet, das zwischen diesen Grundlinien ausgespannt ist, so lassen sich noch die alten gewundenen Verbindungslinien verfolgen, die einstmals, allein vorhanden, dem landwirtschaftlichen Verkehr der weit verstreuten Einzelhofsiedlungen gedient haben. Dazwischen erscheinen streckenweise gerade Linien, die offensichtlich geplant sind und das alte Netz verdichtet haben. Da das Stadtgebiet heute nahezu restlos bebaut ist, hält es schwer, aus diesem zunächst indifferent erscheinenden Netz Hauptlinien herauszuarbeiten und sie in ihrem Fassungsvermögen zu steigern, um zu einer differenzierteren Ordnung und Abstufung des Verkehrsnetzes zu kommen (vgl. Abb. 22).

Die Stadt Wanne-Eickel versucht aber, in ihren Planungen der zutage liegenden Ungunst ihrer Verhältnisse entgegenzuwirken. Der von ihr ausgearbeitete Verkehrsplan hebt eine Ost- und eine Westtangente als ein nordsüdgerichtetes, rautenförmiges Parallelogramm hervor. Bei der Geschlossenheit der Bebauung auch in den angrenzenden Stadtbereichen wird man sie weniger als Tangenten, eher als Sammel- und Verteilerlinien ansprechen müssen. Die östliche von ihnen ist die vorhandene B 226, die Dorstener Straße; die westliche setzt sich zusammen aus der Bochumer Straße und der Hammerschmidtstraße. Da sie durch bebaute Gebiete führen, ist es schwer genug, sie für die ihnen zugedachten Aufgaben auszubauen. Die Möglichkeiten, sie wenigstens streckenweise anbaufrei zu machen, sind untersucht und in der Planung wahrgenommen. So kann die Dorstener Straße in ihrem südlichen Verlauf in dem Abschnitt zwischen der Herzog- und der Holsterhauser Straße eine Ersatzstraße westlich der alten Trasse erhalten, und die Westtangente kann, ebenfalls in ihrem südlichen Teil, parallel zu der Straße „Eickeler Bruch" in einem anbaufreien Zuge von der Bochumer in die Hammerschmidtstraße überführt werden. Bei der Anpassung der übrigen Strecken wird man ohne Eingriffe in die Bebauung die erforderliche Breite von 4 Spuren kaum erreichen können. Man wird aber auch Schließungen von Seitenstraßen vorsehen müssen, um diese Hauptstraßen von allzu nah aufeinander folgenden Einmündungen untergeordneter Straßen zu befreien.

Von den zwischen den Tangenten liegenden eigentlichen Stadtstraßen unterscheiden sich die ostwestgerichteten von den nordsüdgerichteten dadurch, daß die ersteren über das Tangentenviereck hinaus „nahtlos" in die Straßennetze der Nachbarstädte übergehen, sie dienen also der Integrierung der benachbarten Straßennetze. Dagegen erscheint die etwas westlich verrückte nordsüdgerichtete Mittellinie des von den Tangenten umschlossenen Raumes weit eher als eine ausschließlich auf die Stadt selbst bezogene und deshalb im Sinne ihrer Eigenständigkeit wichtige Linie. Es ist dies die alte „Hauptstraße", die das Stadtgebiet in voller Ausdehnung von Norden nach Süden durchzieht und die alten Ortskerne Wanne und Eickel mit ihren traditionellen Marktplätzen verbindet. In ihrem nördlichen Teil soll sie an Bedeutung noch gewinnen, wenn es erst gelingt, sie als Einkaufszentrum dadurch in ihrem Wert zu steigern, daß sie dem Fußgänger vorbehalten wird. Um diese Umwandlung vorzubereiten, soll sich der Stadtverkehr, nach Unterquerung der Bahnanlagen, in der nördlichsten der drei Ostweststraßen gabeln und die Hauptstraße in der Stöckstraße und der Rathausstraße parallel begleiten. Weiter nördlich soll eine Querspange in der Kolpingstraße vorgesehen werden, die dem Austausch in beiden Linien dienen soll. Auch dieses System wird man in seiner Leistungsfähigkeit dadurch zu steigern suchen müssen, daß man die Einmündungen untergeordneter Seitenstraßen abriegelt.

Bei dem fortschreitenden Ausbau des Verkehrsnetzes wird man dem ruhenden Verkehr besondere Aufmerksamkeit zuwenden müssen. Da die vorhandenen Straßenbreiten knapp sind, da die Kriegszerstörungen unerheblich waren und die Gewinnung von Freiflächen nicht begünstigten, müssen die erforderlichen Flächen neu geschaffen werden. Die dafür aufzubringenden Opfer wird man aber in Kauf nehmen müssen, will man im besonderen die neue Stadtmitte um die Haupt- und die Poststraße herum wirtschaftlich intensivieren und die Kaufstätten so gut erreichbar machen, daß sie mit den besser organisierten Einkaufszentren der Nachbarstädte und den mit Anlagen für den ruhenden Verkehr üppig ausgerüsteten Supermärkten in der Umgebung erfolgreich konkurrieren können. In den Plänen und Modellen, die für die Ausgestaltung der neuen Stadtmitte ausgearbeitet worden sind, ist infolgedessen die Vorsorge für den ruhenden Verkehr mit der gebotenen Vordringlichkeit behandelt worden.

9. Flugverkehrsplanung

Der Flugverkehr braucht uns in unserer vergleichenden Darstellung nur insoweit zu beschäftigen, als er auf die Bauleitplanung Einfluß nimmt. Unter den betrachteten Städten verfügen drei über Luftlandeplätze von untergeordneter Bedeutung: Freiburg,

Trier und Oldenburg. Sie liegen alle drei in großer Stadtnähe und können deshalb auf die Dauer nicht bestehen bleiben. In Freiburg liegt der Flugplatz nur drei km vom Stadtkern entfernt. Er ist von drei Seiten von Bebauung umgeben und hat nur eine Start- und Landebahn. Er dient vorwiegend dem Flugsport. Da er so, wie er daliegt, nur beschränkt benutzbar und nicht ausbaufähig ist, wird im Zusammenhang mit der Aufstellung eines Regionalplans für den Breisgau in Erwägung gezogen, einen neuen, größeren und besser ausbaufähigen Flugplatz anzulegen, der im Schwerpunkt der Region liegen und als Luftlandeplatz für kleine Maschinen im Linienverkehr benutzt werden soll.

In Trier liegt der Platz im Südwesten der Stadt, auf der linken Seite der Mosel, auf der Niederungsfläche der „Eurener Flur". Er ist heute für den zivilen Verkehr nicht benutzbar, da er für die französischen Besatzungsstreitkräfte reserviert ist. Er soll aber auch in Zukunft aufgegeben werden, da die Stadt, die das Gelände vor kurzem käuflich erworben hat, eine andere Verwendung dafür im Sinne hat. Bei den Untersuchungen über die Gestaltung der Region Trierer Tal ist deshalb ein Ersatzplatz ins Auge gefaßt, der weiter nördlich in der Wittlicher Senke etwa dort liegen soll, wo die von Koblenz kommende Autobahn sich in die beiden Zweige nach Luxemburg und nach Saarbrücken gabelt. Er soll dann ebenfalls in dem Maße ausgebaut werden, daß er im Linienverkehr von kleinen Maschinen beflogen werden kann, er soll aber auch für den Werksverkehr mit firmeneigenen Flugzeugen zur Verfügung stehen.

In Oldenburg ist der vorhandene Flugplatz von den Besatzungsmächten beschlagnahmt und für den zivilen Flugdienst gesperrt. Man ist also auf die Flugplätze in anderen Städten angewiesen, um Anschluß an das Flugnetz zu bekommen. Es steht noch dahin, ob man den vorhandenen Platz, wenn er einmal frei gegeben werden sollte, so wie er liegt, für den Nahluftverkehr verwenden kann. In dem niedersächsischen Entwicklungsplan ist demgegenüber vorgesehen, an seiner Stelle den Flugplatz Hatten im Süden der Stadt, der zur Zeit noch den Charakter eines privaten Sportflugplatzes hat, zu einem Regionalflugplatz auszubauen.

In Kassel lag der Fall ähnlich wie in Freiburg und Trier. Auf dem bisherigen Flugplatz in dem Vorort Waldau war der Flugverkehr in letzter Zeit schon behördlichen Beschränkungen unterworfen worden, weil die Einflugschneise durch den Fortschritt der benachbarten Bebauung mehr und mehr eingeengt worden war. Aber Kassel ist heute insofern besser daran als die anderen Städte, als es nach mühseligem Suchen gelungen ist, im Norden der Stadt im Landkreis Hofgeismar einen Ersatzplatz in dem offenen Gelände nordwestlich der Gemeinde Calden ausfindig zu machen. Es ist der Stadt Kassel auch mit Hilfe des Landes Hessen geglückt, die Schwierigkeiten der Finanzierung, der Anlegung und des Ausbaus dieses Platzes zu überwinden, und so steht heute der erste Bauabschnitt für den Flugverkehr zur Verfügung. Der Platz wird, wie der frühere in Waldau, von den Industriefirmen für die Flüge mit ihren eigenen Flugzeugen benutzt, wichtiger erscheint es aber, daß er den regionalen Flugdienst, der die Verbindung mit den großen Flughäfen Hannover, Frankfurt, Düsseldorf und Köln—Bonn herstellt, mit Linienflugzeugen bereits aufgenommen hat. Da auch in Freiburg und Trier die Nachfrage nach einem Flugverkehr gleicher Art zunehmen wird, kann damit gerechnet werden, daß sie in absehbarer Zeit dem Beispiel Kassels folgen und sich auch ihrerseits für die Schaffung neuer leistungsfähiger Flugplätze mit Nachdruck einsetzen werden.

Für Fulda und für Heilbronn wird ein Luftlandeplatz für den Flugnahverkehr als erforderlich gehalten. In Fulda ist ein solcher Platz geplant im Westen der Stadt, in dem offenen Gebiet der Ortslage von Sickels, in Heilbronn soll ein geeignetes Gelände im Rahmen der Regionalplanung ausfindig gemacht werden. In Wolfsburg und in Wanne-Eickel erübrigt sich die Anlage eigener Fluglandeplätze, da sich vorhandene Anlagen in erreichbarer Nähe befinden.

III. Industrie-Planung

Vorbemerkungen

Wenn auch die Gewerbesteuer seit Anfang des Jahres 1970 infolge der Steuerreform nicht mehr die ergiebigste Einnahmequelle für den kommunalen Haushalt bildet, so fühlt sich doch auch heute noch jede Stadt verpflichtet, sich um die Ausweitung ihrer wirtschaftlichen Grundlagen zu kümmern und ihre Industrie- und Gewerbegebiete auszubauen, um neue Beriebe an sich zu ziehen. Sie muß aber auch schon deshalb ihre Finanzkraft auf jeden Fall zu steigern versuchen, damit sie den Aufgaben gerecht werden kann, die sie als zentraler Ort, meist weit über ihre eigenen Bedürfnisse hinaus, zu erfüllen hat. Bei den acht Städten, die hier zum Vergleich stehen, sind diese Bemühungen um eine Verbreiterung ihrer Lebensgrundlage deutlich sichtbar. Ganz abgesehen von den reinen Industriestädten Wolfsburg und Wanne-Eickel, die ihr Dasein den Industriestandorten verdanken, haben auch die anderen Städte die Vorteile ihrer Lage und ihre Qualität als Gemeinwesen von jeher ausgenutzt, um Industrie und Gewerbe zu fördern, und sie haben es nicht an Bemühungen fehlen lassen, günstige Voraussetzungen dafür zu schaffen. Sie sind alle gut ans Eisenbahnnetz angeschlossen, die meisten von ihnen liegen an bedeutenden, zum Teil in letzter Zeit noch aufwendig ausgebauten Wasserstraßen. Durch die Autobahnen sind sie in das übergeordnete europäische Straßennetz eingebunden.

Infolgedessen verfügen alle bereits über ausgebaute Industie- und Gewerbegebiete und haben in ihren Bauleitplänen weitere Flächen vorgesehen, die sie erschließen und für die Ansiedlung neuer Betriebe bereit halten wollen. Dabei dürfen sie nicht kleinlich vorgehen. Wenn auch die modernen Betriebe infolge weitgehender Automation, Rationalisierung und Mechanisierung weniger Arbeitskräfte beschäftigen als früher, so erheben sie aber doch wesentlich größere Flächenansprüche für ihre technischen und baulichen Anlagen. Es müssen also genügend umfangreiche Flächen für die Ansiedlung ausgewiesen werden.

Dort, wo man ältere Industrie- und Gewerbegebiete nicht mehr erweitern kann, wird man sich nach neuen, für die Ansiedlung von Betrieben geeigneten Flächen umsehen müssen. Dabei braucht man heute infolge des hohen Standes der Motorisierung nicht mehr so ausschließlich wie früher auf den Anschluß an Eisenbahn und Wasserstraßen zu sehen. Man kann also in der Ausweisung neuer Gewerbeflächen viel freizügiger sein als früher. Man braucht auch nicht mehr so stark auf einer Isolierung dieser Gebiete zu bestehen. Da die neuen Betriebe in ihrer äußeren Erscheinung sorgfältiger architektonisch durchgebildet und von Grün durchsetzt und umrahmt werden, verlieren sie mehr und mehr das Odium der Häßlichkeit und Minderwertigkeit, das ihnen aus früheren Zeiten anhaftet. Auch die Störungen, die von ihnen ausgehen, sind im Laufe der neuesten Entwicklung wesentlich herabgedrückt worden, seitdem viele Sparten der Erzeugung ohne rauchende Schornsteine auskommen und Geräusch- und Geruchsbelästigungen durch entsprechende Maßnahmen so gut wie völlig aufgehoben werden können.

Wenn eine Stadt in der Bauleitplanung Flächen für die Erweiterung vorhandener und die Anlage neuer Industrie- und Gewerbegebiete ausgewiesen hat, so muß sie sich darüber im klaren sein, daß es damit noch nicht getan ist. Die Flächen, die man zur Ansiedlung und Bebauung anbietet, müssen auch erschlossen sein. Das bedeutet, daß die Stadt mit den Kosten für den Straßenbau in Vorlage treten oder sie gar ganz als Werbemittel für die Gewinnung neuer Betriebe einsetzen und auf ihre Vergütung verzichten muß. Denn die Flächen, die man für die Bebauung empfiehlt, müssen auf guten Fahrstraßen erreichbar sein. Sie müssen auch über Sammelstraßen und Tangenten an das Netz der Durchgangsstraßen angeschlossen sein, um einerseits der Wechselbeziehung zwischen Absatz und Belieferung gerecht zu werden, andererseits aber auch das tägliche Hin und Her der Belegschaft zwischen Arbeits- und Wohnstätte zu bewältigen. Es wird also von der Schaffung einer guten Verbindung mit dem allgemeinen Straßennetz und von der Vorleistung einer bequemen Einzelerschließung der Baugrundstücke abhängen, ob eine Stadt mit der Anwerbung neuer Industriebetriebe Erfolg haben wird oder nicht. Infolge der Ausschließlichkeit der Gewerbesteuer als finanzieller Grundlage des gemeindlichen Lebens war der Wettbewerb unter den Städten auf dem Gebiete der Industriewerbung ehedem sehr hart. Da aber in Zukunft auch die Wohnviertel für die Finanzkraft der Stadt bedeutungsvoll sein werden, wird sich diese oft beklagte Rivalität unter den Städten wesentlich herabmindern, und so wird sich auch im Sinne der Regionalplanung eine sinnvollere Ansiedlungspolitik für Gewerbebetriebe anbahnen.

1. *Heilbronn*

In Heilbronn wird die Ansiedlung und Entwicklung von Industrie und Gewerbe durch die Lage der Stadt am Neckar bestimmt. Der Fluß wurde im Jahre 1935 bis Heilbronn als Großschiffahrtsweg ausgebaut. Im Jahre 1957 wurde der Ausbau fortgeführt und bis Stuttgart vorgetrieben. Damit erhielt das System der Wasserflächen im Stadtgebiet eine neue Form. Der Ausbau erforderte eine Abkürzung des Wasserlaufs. Der alte Neckar, der in drei großen Kurven an der Altstadt vorbei und durch das Gewerbegebiet hindurchfließt, wurde abgetrennt durch eine gradlinig geführte Kanalstrecke, so daß zwischen der Altstadt und dem rechten Ufer dieses Kanals eine langgestreckte Insel entstand. Damit waren zugleich auch beträchtliche Kai- und Ladeflächen hinzugewonnen, so daß die Stadt mit einer Umschlaglänge von 7000 m an hoher Stelle unter den Binnenhäfen im Bundesgebiet rangiert.

Mit dem neuen Kanal und dem kanalisierten Unterlauf des Flusses waren eindeutig die Flächen bestimmt, die für die Ansiedlung von Industrie und Gewerbe auszuweisen waren. Abgesehen von kleinen Bereichen südlich der Altstadt hat sich die bisherige Industrie-Ansiedlung zu einem umfangreichen zusammenhängenden Gebiet entwickelt, das durch ein gut ausgebautes Straßennetz erschlossen und über die beiden Uferstraßen an das übrige städtische und das überörtliche Netz angebunden ist (vgl. Abb. 23 im Kartenanhang am Schluß des Bandes).

Für die Erweiterung dieses Gebietes nach Norden und seinen fortschreitenden Ausbau steht ein kühner Plan in Erwägung: Man will den Neckarkanal von dem Punkt an, wo der Flußlauf bei der Neckarau südlich der Autobahnbrücke nach Osten ausbiegt, nach Norden gradlinig verlängern. Man würde dann den Flußlauf erst wieder bei Obereisesheim aufnehmen. Damit würden nicht nur auf der verlängerten Insel zwischen Altneckar und Kanal, es würden auch auf der linken Seite umfangreiche Flächen für die Ansiedlung neuer Industrien gewonnen werden. Allerdings müßte das Gelände durch Anhebung für die Ansiedlung erst vorbereitet werden (vgl. Abb. 44 im Kartenanhang am Schluß des Bandes).

Diese Planung greift schon über die Stadtkreisgrenzen hinaus, sie ist also nur auf dem Wege gemeinsamer Anstrengungen von Stadt und Umland zu verwirklichen. Einmal im Gespräch, wird sie aber fernerhin ein wichtiges Ziel für den weiteren Ausbau des Neckartales als einheitliches und zukunftsreiches Wirtschaftsgebiet darstellen. Denn die Erweiterungsflächen, die der Heilbronner Wirtschaft innerhalb der Stadtkreisgrenzen zur Verfügung gestellt werden können, sind nur noch gering. Eine nicht zu große Fläche ist in der Neckarau (Hetzennest) durch die Anlage der linken Uferstraße gewonnen worden, da der Straßendamm den Hochwasserschutz übernimmt. Das Gelände ist aber in letzter Zeit schon zum größten Teil besetzt. Um anbauwilligen Betrieben weitere Flächen innerhalb des Stadtkreises anbieten zu können, zieht man deswegen auch in Erwägung, eine größere Fläche in dem Freiraum zwischen dem Straßenkörper der Autobahn und nördlich der Ortslage und der Wohngebiete von Neckargartach auszuweisen. Der Stadt ist dazu eine wesentliche Voraussetzung geboten dadurch, daß sich der dort gelegene Altböllingerhof seit alters her in ihrem Besitz befindet. Dieses Gelände kann aber dem zugedachten Zweck nur zugeführt werden, wenn die Stadt als weitere Vorleistung, ausgehend von der Neckaruferstraße, eine Sammelstraße und zusätzliche, dem Anbau dienende Straßen herstellen würde. Erst dann wäre sie in der Lage, baureife Grundflächen dort bereit zu stellen.

2. Trier

Die Stadt Trier konnte bisher nicht als „Industriestadt" angesehen werden. Vor der jetzt durchgeführten Eingemeindung bestanden innerhalb der Stadtgrenzen nur die beiden nicht so sehr umfangreichen Industriegebiete in Euren und im Norden. Da diese wirtschaftliche Grundlage keinesfalls ausreichend war, um die Stadt in die Lage zu versetzen, ihre überörtlichen Funktionen als zentraler Ort zu erfüllen, sind im Jahre 1969 acht bisher in einer losen Planungsgemeinschaft mit der Stadt stehende Nachbargemeinden durch ein Landesgesetz eingemeindet worden. Durch den Anschluß der Gemeinde Ehrang/Pfalzel sind nun zu den bisherigen weitere vorhandene Industriegebiete hinzugekommen. Bedeutungsvoll für die Zukunft wird dieser Zuwachs aber erst dadurch, daß damit eine gut gelegene Erweiterungsfläche des im Aufbau begriffenen Hafengebietes auf der linken Seite der Mosel und eine beträchtliche Fläche auf der anderen Seite in dem Moselbogen von Kenn hinzugekommen sind (vgl. Abb. 24).

Mit dieser nach Eindeichung verfügbaren Ausweitung der Ansiedlungsflächen, mit dem 1964 vollendeten Ausbau der Mosel zum Großschiffahrtsweg, mit dem Ausbau des überörtlichen Verkehrsstraßennetzes (insbesondere der Autobahnen) und schließlich mit der eingeleiteten Elektrifizierung der Bundesbahnstrecke Koblenz—Trier—Saarbrücken werden eigentlich erst die Voraussetzungen geschaffen für eine lebhaftere Aufwärtsbewegung der wirtschaftlichen Entwicklung der Stadt Trier. Das Angebot an günstig zu den Verkehrswegen und der Wasserstraße gelegenen Ansiedlungsflächen befähigt sie, an den Vorteilen und finanziellen Begünstigungen des von der Bundes- und Landesregierung ins Leben gerufenen Aktionsprogramms Eifel-Hunsrück (RAP) teilzunehmen. Da in diesem Programm sowohl Investitionshilfen für die ansiedlungswilligen Betriebe als auch Zuschüsse für die Erschließungsaufwendungen, mit denen die Stadt in Vorlage treten muß, ausgesetzt sind, so steht zu erwaren, daß der vielversprechende Anfang, der in der Anlage des neuen Hafens, im Bau der neuen Querverbindung Ehrang—Kenn mit dem eleganten Brückenbauwerk im Zuge der B 52 und in der Schaffung neuer Erschließungsstraßen gemacht worden ist, nach der Herstellung der Einheitlichkeit der Verwaltung dieses Gebietes noch weitere Frucht trägt und die wirtschaftliche Entwicklung des Trierer Tals vorwärtsdrängt. Die Berechtigung dieser Annahme wird durch die Ansiedlung von zwei großen Betrieben bestätigt, die kürzlich dort errichtet worden sind.

Das außerdem ausgewiesene neue Gewerbegebiet im Südwesten der Stadt, auf den Gemarkungen Euren und Zewen, hat demgegenüber andere Aufgaben zu erfüllen. Es ist besonders dafür geeignet, kleingewerbliche und handwerkliche Betriebe, die man nicht gut im Großgewerbegebiet unterbringen kann, in verkehrlich günstiger Anbindung und in Stadtnähe anzusiedeln. Es ist damit zu rechnen, daß diese Flächen besonders für solche Betriebe Bedeutung erlangen, die im Rahmen der Stadterneuerung und Sanierung umgesetzt werden müssen. Für die künftige Bebauung dieser großen Fläche im Südwesten der Stadt ist allerdings die Verlegung des Militärflugplatzes erforderlich, der zur Zeit ihren größten Teil einnimmt. Die Stadt wendet nachdrückliche Bemühungen auf, um das Gelände frei zu bekommen, denn es liegt ihr viel daran, es so bald wie möglich seinen baulichen Zwecken zuzuführen, nachdem sie ausgedehnte Flächen davon käuflich erworben hat.

3. Wanne-Eickel

In Heilbronn und in Trier liegen die Verhältnisse so, daß sich die Industrie- und Gewerbegebiete, bestimmt durch die Lage an großen Wasserstraßen, als geschlossene Flächen entwickelt haben und in dieser Art auch weiter ausgebaut werden können, ohne daß dadurch die Geschäftsgebiete der Innenstadt und die Wohngebiete in ihrer Umgebung in ihrer Entwicklung und ihrem Eigenwert beeinträchtig werden. In Wanne-Eickel ist das alles ganz anders. Hier waren zuerst die Zechen da, die an den Stellen errichtet wurden, wo es zur Ausbeutung der Bodenschätze am besten geboten schien. In einem bis dahin nur von Einzelhöfen besetzten landwirtschaflichen Gebiet entstanden diese Betriebsanlagen als Einzelkomplexe und dicht um sie herum die Wohnkolonien, die der Unterbringung ihrer Belegschaft dienen mußten. So verteilen sich die Werksflächen der vier Zechen und der in ihrem Gefolge entstandenen verarbeitenden Betriebe locker verstreut über den ganzen Stadtkreis, ohne ein zusammenfaßbares Industrie- und Gewerbegebiet zu bilden (vgl. Abb. 25).

Ein Drittel der Stadtfläche befindet sich so, in Einzelstücke verteilt, in der Hand des Bergbaus. Da nun aber der Bergbau zurückgeht und einzelne Zechenanlagen geschlossen worden sind, so ist die Stadt bestrebt, die nicht mehr genutzten Flächen in ihre Planung einzubeziehen und aufs neue mit modernen Betrieben unterschiedlicher Branchen zu besetzen, um der Einseitigkeit ihrer Wirtschaft entgegenzuwirken. Eine solche Sanierung und Neustrukturierung ihrer Wirtschaft wird ihr aber dadurch erschwert, daß die nicht mehr genutzten Flächen von den Bergbauunternehmen nicht freigegeben werden. Man muß also zusehen, wie sie als tote Teile des Gemeindegebietes ausgeschlossen bleiben aus der Entwicklung, die von Bürgerschaft und Stadtverwaltung doch vorwärts getrieben werden muß, um die Existenzgrundlage der Stadt zu festigen und zu verbreitern.

Da also diese älteren Industrieflächen sich der Einwirkung durch die Stadt entziehen, sind die Möglichkeiten geprüft worden, die für die Neuausweisung von Industrieflächen in dem so dicht besetzten Stadtgebiet etwa noch nachzuweisen sein möchten. Im Flächennutzungsplan von 1968 ist das Ergebnis dieser Untersuchungen niedergelegt. Außer einigen Abrundungen einzeln liegender Industriekomplexe ist darin als echtes Zuwachs- und Erweiterungsgebiet eine verhältnismäßig umfangreiche Fläche im Nordwesten ausgewiesen zu beiden Seiten des Rhein-Herne-Kanals. Von dieser Lage verspricht man sich eine gute Anziehungskraft, da die Großschiffahrtsstraße als Verbindung zwischen den Wasserstraßensystemen des Rheins, der Ems und der Weser sich bereits als Träger wirtschaftlicher Kräfte bewährt hat und man hoffen kann, auf diesem Wege Gewerbesparten zu gewinnen, die bisher in Wanne-Eickel nicht ansässig waren.

Allerdings steht dieses Gelände so, wie es heute beschaffen ist, nicht unmittelbar zur Ansiedlung zur Verfügung. Es ist nämlich im großen und ganzen von Wohnkolonien besetzt, die ihrem Baubestande nach nicht sehr wertvoll sind, die aber doch zur Zeit dicht bewohnt sind. Es wird also eine umfangreiche Sanierungsarbeit vorausgehen müssen, ehe man den Anbau von Gewerbebetrieben in diesem Gebiet erreichen kann. Es müssen zunächst Ersatzwohnungen an anderer Stelle errichtet werden, und es muß auch für eine bessere Anbindung dieses Gebietes an das städtische und überörtliche Straßennetz sowie für eine ausreichende innere Erschließung gesorgt werden. Die Hoffnungen auf eine wirtschaftlich belebtere Zukunft, die sich hier an die Ausweisung eines neuen Ansiedlungsgebietes knüpfen für solche Gewerbe, die von der alten Struktur des Ruhrgebietes unabhängig wären, werden also nur mit erheblichen Vorleistungen ihrer Erfüllung nahe gebracht werden können.

4. Wolfsburg

Gegenüber den fast entmutigenden Schwierigkeiten, die in Wanne-Eickel einer zielbewußten Planung und Erneuerung entgegenstehen, zeigt sich die Situation in Wolfsburg durchaus eindeutig und insofern wenig problematisch. Das Volkswagenwerk, auf der Nordseite des Mittellandkanals gelegen, hat seinen eigenen Entwicklungsspielraum, der von der Stadt, die sich südlich der Wasserstraße befindet, in keiner Weise berührt wird. In ihrem Bereich hat die Stadt selbst ein Gewerbegebiet ausgewiesen auf der Gemarkungsfläche der ehemaligen Ortschaft Heßlingen. Es dient der Ansiedlung von Betrieben, die der Stadtentwicklung selbst verhaftet sind, also dem Baugewerbe, der Lebensmittelbranche und anderen Sparten, die in der Lebensführung einer Stadt ihren Verdienst finden. Daneben sind es auch Betriebe, die der Zulieferung des Volkswagenwerks dienen. Bei den Überlegungen zum Flächennutzungsplan ist zwar auch die Frage aufgetaucht, ob man nicht auch umfangreichere Flächen für Industrie und Gewerbe ausweisen müsse, um die Einseitigkeit des Übergewichts des Volkswagenwerkes auszugleichen durch die Anwerbung und Ansiedlung von Betrieben, die die wirtschaftliche Basis verbreitern und bereichern könnten. Man hat aber feststellen müssen, daß die Nähe des Volkswagenwerkes diesen Betrachtungen nicht günstig ist und daß vor allem die Frage der Gewinnung von Arbeitskräften für diesen Zuwachs an Betrieben infolge der Anziehungskraft des Volkswagenwerkes unlösbar sein würde. So hat man diese Vorstellungen wieder fallen gelassen, und so wird das planerische Bild der Industrie- und Gewerbeflächen in Wolfsburg auch in Zukunft so bleiben, wie es sich heute darstellt: als unverfälschter Typ einer eindeutigen Monostruktur (vgl. Abb. 26 im Kartenanhang am Schluß des Bandes).

5. Kassel

Das Bild der Kasseler Industrie ist aus der engen Verbindung mit der Entwicklung der Eisenbahnen hervorgegangen. Es wurde lange überwiegend von den Lokomotiven-Fabriken von Henschel und den beiden Waggonfabriken bestimmt. Allmählich im ausgehenden 19. und beginnenden 20. Jahrhundert traten weitere Industriezweige hinzu, aber erst in den Jahrzehnten vor und nach dem Zweiten Weltkrieg ist die Einseitigkeit, die bis dahin geherrscht hatte, stärker ausgeglichen worden durch die Ansiedlung der Elektro- und Kunststoff-Industrie, und heute bahnt sich eine neue Umschichtung an, nachdem der Dampflokomotiven- und Waggonbau aufgegeben worden ist.

Die größeren zusammenhängenden Industrieflächen befinden sich im Norden, im Süden und im Südwesten der Stadt. Im Norden haben die drei großen Komplexe der Henschelwerke am Nordrand der Innenstadt, in Rothenditmold und im Mittelfeld die Ansiedlung auch weiterer größerer und mittlerer Betriebe nach sich gezogen. Im Osten hat der Fuldahafen bisher nur zu einer zaghaften Ansiedlung geführt, während sich neben den Ansätzen zu beiden Seiten der Sandershäuser Straße die nach dem Kriege erschlossenen Flächen an der benachbarten Miramstraße und zu beiden Seiten des anbaufreien Zubringers zur Autobahn in lebhafter Entwicklung begriffen sind (vgl. Abb. 27).

Im Süden haben sich in Bettenhausen zu den alten bandartig an der Leipziger Straße aufgereihten Ansätzen während und nach dem Zweiten Weltkriege neue Werke der Kunststoff- und Elektroindustrie angesiedelt und besetzen mit ihren ausgedehnten Anlagen eine weite Fläche von der Leipziger Straße bis zur Lilienthalstraße und darüber hinaus bis zum Wahlebach. Im Südwesten bilden die Komplexe der Waggonfabriken ein geschlossenes Industrieareal, das zur Zeit neuen Zwecken zugeführt und angepaßt wird.

Unter den vorstehend angegebenen Industrie- und Gewerbegebieten weisen nur die im Osten gelegenen weitere Möglichkeiten zur Erweiterung und Neuansiedlung auf. Das Hafengebiet wird in seiner Anziehungskraft gesteigert werden, wenn in naher Zukunft der seit Jahren in Gespräch und Planung befindliche Ausbau der Fulda von Hannoversch Münden bis nach Kassel verwirklicht und die Stadt für größere Fluß- und Kanalschiffe erreichbar wird. Mit dieser Regulierung hängt auch der Durchstich einer Flußschleife zusammen, der eine bequeme Erweiterung der Hafen- und Umschlaganlagen mit sich bringt. Allerdings wird sich dabei die Auflage, das gesamte zur Bebauung bereitliegende Gelände hochwasserfrei aufzuhöhen, wohl auch weiterhin hinderlich bemerkbar machen. Die Ansiedlungsflächen an der Miramstraße und am Autobahnzubringer Nord bieten noch einige Reserven, sie werden aber wohl auch in nicht allzu ferner Zeit besetzt sein.

Zu einem wirklichen Anziehungspunkt mit großer Werbewirkung verspricht aber im Süden das Gelände des ehemaligen Flugplatzes zu werden. Nachdem der Ersatzplatz in Calden fertiggestellt und in Betrieb genommen ist, steht hier eine Fläche in bester Verkehrslage zum Anbau zur Verfügung. Das Industriegebiet, das sich hier zu entfalten beginnt, greift auf die benachbarten, zum Landkreis Kassel gehörigen Gemarkungsflächen der Gemeinden Lohfelden und Bergshausen über. Der Plan, der für die Erschließung dieses Gebietes ausgearbeitet ist, kann als wohlabgestimmte gemeinsame Planung der beteiligten Gemeinwesen betrachtet werden. Das Gebiet liegt in dem Winkel, der von der vorhandenen, nordsüdgerichteten B 83 und dem ostwestgerichteten, im Bau befindlichen Autobahnzubringer Mitte gebildet wird. Es kann Bahnanschluß erhalten von der Bahnstrecke Kassel-Eschwege her und soll, ohne Rücksicht auf die hindurchlaufenden Gemeindegrenzen, nach einheitlichem Plan erschlossen werden. Über die Vorlageverpflichtung im Straßenbau ist man sich im klaren, und man wird von Jahr zu Jahr die entsprechenden Mittel einsetzen, um Abschnitt für Abschnitt auszubauen und damit der Anwerbung neuer Betriebe einen realen Hintergrund zu geben.

Dem Übergewicht dieser Neuanlage gegenüber haben die weiter noch zum Ausbau anstehenden Gewerbeflächen keine so große Bedeutung. Im Norden besteht die Möglichkeit, den Betrieben, die sich auf dem Gelände der ehemaligen Flakkaserne auf der „Hasenhecke" niedergelassen haben, weitere Unternehmungen anzugliedern. Im Südwesten läßt sich die Gewerbefläche an der Dennhäuser Straße weiter ausdehnen und könnte mit dem Ansatz der ehemaligen Ziegeleien an der Wartekuppe ein Gewerbegebiet zu beiden Seiten der Umgehungsstraße von Niederzwehren bilden. Schließlich ist auch im Rahmen der neu entstandenen Wohnstadt Brückenhof neben dem Betonwerk Hessen, das der Herstellung von vorfabrizierten Bauelementen dient, eine gewisse Fläche offen gelassen, die sich leicht erschließen läßt und zur Angliederung weiterer Betriebe geeignet ist. Die letztgenannten Flächen sind zwar nicht allzu umfangreich, sie sind aber deshalb von einer gewissen Wichtigkeit, weil es immer kleine und mittlere Unternehmen gibt, die sich scheuen, sich in einem Großgewerbegebiet unterbringen zu lassen, und ihnen sollen dann diese mehr im Zusammenhang mit den Wohngebieten ausgewiesenen Flächen zur Verfügung stehen.

6. Oldenburg

In Oldenburg treten stärkere Regungen zu einer Industrialisierung erst in der Zeit nach dem Ersten Weltkriege hervor. Im Jahre 1935 wird der Küstenkanal gebaut, der als Großschiffahrtsweg die Stadt nicht nur, wie es früher schon der Flußlauf der Hunte getan hatte, mit der Weser verbindet, sondern ihr auch den Anschluß an die Fluß- und Wasserstraßensysteme der Ems, der Ruhr und des Rheins vermittelt. Unter dem Einfluß dieser Wasserstraße und der Eisenbahn haben sich Industrie und Gewerbe zu beiden Seiten der ausgebauten Hunte und des anschließenden Hafens angesiedelt in der Nachbarschaft älterer Anlagen im später eingemeindeten Vorort Osternburg, die schon im vergangenen Jahrhundert entstanden waren. Zu einer maßgebenden Bedeutung für die Stadt wurden die Entwicklung und die Zunahme wirtschaftlicher Unternehmungen aber erst nach dem Zweiten Weltkriege, als sich nicht unbedeutende Firmen aus Ostdeutschland hier niederließen und andere große Werke Zweigniederlassungen einrichteten, weil die Stadt mit ihrem weiten landwirtschaftlichen Hinterland und durch die Aufnahme von 43 000 Heimatvertriebenen einen guten Rückhalt an Arbeitskräften zu bieten hatte (vgl. Abb. 28).

Da man der Ansiedlung dieser Betriebe fördernd entgegenkam, da man aber nicht eigentlich durch eine entsprechende Bodenpolitik Vorsorge getroffen hatte für ihre geordnete Unterbringung, so liegen ihre Standorte in dem locker gefügten Stadtgebiet vielfach verstreut, teils als Einzelanlagen, teils als Gruppen von wenigen beieinanderliegenden Werken. Das mag bei einem Blick auf den Stadtplan zunächst etwas befremdlich wirken, weil es dem um die Ordnung im Stadtwesen bemühten Planer nahe liegt, sich für eine Zusammenfassung der Industrie- und Gewerbeanlagen einzusetzen, um etwa auftretende Störungen oder auch nur Belästigungen von den umliegenden Wohngebieten fernzuhalten. Ein Gang durch die Stadt beweist aber, daß in Oldenburg diese Symbiose von Wohn- und Arbeitsstätten keine merklichen Nachteile mit sich gebracht hat. Es handelt sich überwiegend um neu geplante, architektonisch gut durchgebildete Gebäudegruppen, mit baumbestandenen Parkplätzen reichlich ausgestattet, von gutgestalteten Gartenanlagen umgeben und durchzogen, so daß sich einige besonders wohlgelungene unter ihnen geradezu elegant abheben gegen die bescheidenen, unauffällig wirkenden Wohnbauten, die sie umgeben. Allerdings ist es die vom Klima begünstigte Schnellwüchsigkeit des Grüns und daneben das Überwiegen kleinerer und mittlerer Betriebe, die diese Entwicklung unterstützen.

Für den Fall aber, daß sich weitere Großunternehmen nach Oldenburg ziehen, sollte man doch die Zusammenfassung in geschlossenen Industriegebieten anstreben. Im Flächennutzungsplan sind auch in dieser Absicht entsprechende Gewerbegebiete ausgewiesen im Norden am Bahnhof Etzhorn und im Alexanderfeld am Bahnhof Ofenerdiek, im Westen an der Zwischenahner Straße, ferner im Osten im Anschluß an die alten Industrieflächen südlich der Hunte und schließlich im Süden in Kreyenbrück. Man hat aber noch weitergehende Vorstellungen im Zusammenhang mit dem Bau der neuen Autobahn und mit dem Küstenkanal als weitreichender Wasserstraße. So zieht man in Erwägung, bei den drei Autobahnabfahrten Nord, Mitte und Süd und westlich der Stadt im Moslesfenn zwischen der Edewechter Landstraße und dem Küstenkanal jeweils größere Ansiedlungsflächen für Großindustrie und Gewerbe auszuweisen für den Fall, daß es gelingen sollte, die Anbindung an das europäische Straßennetz durch die neue Autobahn und die Verbindung mit dem Ruhrgebiet und den Nordseehäfen als neuen und nachhaltigen Anreiz für die Niederlassung von Wirtschaftsunternehmungen werbend auszuwerten. Man würde auch sicher wohl mit Unterstützungen des Landes rechnen können, wenn zu diesem Zweck von der Stadt namhafte Leistungen verlangt werden, um die vorgesehenen Flächen zu erwerben und durch Erschließungsmaßnahmen baureif zu machen, da im Sinne eines Landesraumordnungsplans der Stärkung des Wirtschaftsraumes Oldenburg zur Entlastung anderer Ballungsräume das Wort zu reden ist.

7. Fulda

In Fulda hat offensichtlich die Eisenbahn mit ihrer Strecke Hannover—Frankfurt (Würzburg) die früheste Ansiedlung größerer Industriewerke nach sich gezogen. Das umfangreichere Industriegebiet im Norden, in dem Winkel zwischen Buttlar-Straße und Leipziger Straße, lehnt sich eng an die Bahnanlagen an, ebenso die großen Einzelwerke zu beiden Seiten der Bahn südlich des Hauptbahnhofs und weiter die langgestreckte Industriezone auf der Westseite der Bahn, die sich in Richtung auf die Nachbargemeinde Kohlhaus bis zur Stadtgrenze ausdehnt. Ein weiterer Streifen gewerblicher Ansiedlung, der aber mit Unterbrechungen mehr punktweise auftritt, zieht sich am östlichen Rand der Fuldaniederung an dem Straßenzug Kronhofstraße—Königstraße—Frankfurter Straße entlang. Dieser Streifen ragt in einzelnen Spitzen bis nahe an den Flußlauf heran, da er alte Mühlenanwesen, die am Fluß lagen, zum Ausgang für den Ausbau von Industriewerken genommen hat, eine städtebauliche Entwicklung, die sich in der Ausgestaltung der Stadtsilhouette, wie sie von den gegenüberliegenden westlichen Höhen betrachtet in Erscheinung tritt, ungünstig bemerkbar macht, die sich aber auch in Hinsicht auf die wichtigste Grünader des Stadtgebietes, die Flußniederung der Fulda, einengend und den Erholungswert dieser Flächen herabsetzend auswirkt (vgl. Abb. 29).

Die Anlage von Industrie- und Gewerbebetrieben an „falscher Stelle" wird von der Stadt selbst in ihren Erläuterungen zum Flächennutzungsplan beklagt. Sie hat sich deshalb zu einer aktiven Grundstückspolitik entschlossen, um stärkeren Einfluß auf die Standortwahl in ihrer wirtschaftlichen Entwicklung zu erhalten, um aber auch ihren Bemühungen um die Anwerbung von Betrieben durch das Angebot von Grundstücksflächen aus ihrem eigenen Besitz den erforderlichen Nachdruck zu verleihen. Daneben verfolgt sie auch ein entschiedenes Erschließungsprogramm, um die anzubietenden Anbauflächen vorweg in baureifen Zustand zu versetzen. Auf diese Weise hat sie an mehreren Stellen straßenweise neue kleine und mittlere Betriebe angesetzt, die auch in ihrer Erscheinung als Bauanlagen aufeinander abgestimmt sind und eine günstige Einwirkung von Bauaufsicht und Bauberatung verraten. So ist die Gewerbegruppe an der Habelbergstraße südlich des Neuen Friedhofs entstanden und gestaltet und ähnlich das im Bau begriffene Gebiet im äußersten Ostzipfel der Gemarkungsfläche an der Pacelli-Allee

Die Stadt hat auch Hilfe geleistet bei der Erweiterung vorhandener Betriebe, indem sie die dafür in Frage kommenden Grundstücke vorbeschaffte. Sie hat dadurch viel zur Abrundung und zur Geschlossenheit der vorhandenen Industrieansätze beigetragen. Da sie überall eingeengt ist durch ihre eigenen Kreisgrenzen, hat sie mit den Nachbargemeinden die Eingemeindung von Grenzflächen ausgehandelt, die für die Erweiterung der vorhandenen und für die Erschließung neuer Industriegebiete erforderlich erschienen. Auf diese Weise hat sie von der Gemeinde Kohlhaus im Süden einen Flächenzuwachs an der Bahn entlang bis zur Edelzeller Straße erhalten.

Eine weitere umfangreiche Reservefläche ist im Norden ausgewiesen, westlich der Bahnlinie nach Hannover in dem Winkel zwischen dem Gerloser Weg und der Mackenrodt-Straße. Diese Straße bildet zugleich die Sammellinie, von der aus die weitere Erschließung des Gebietes ausgehen soll. Sie bildet aber auch die Verbindung zwischen den neuen Wohngebieten auf dem Aschenberg und den neuen und alten Gewerbegebieten westlich der Leipziger Straße, sie ist kürzlich einschließlich einer neuen Brücke über die Eisenbahn ausgebaut und fertiggestellt worden. Gegenüber diesem von der Stadt mit so sichtbarem Erfolg beriebenen Ausbau ihrer Gewerbeflächen würde es wohl auch denkbar sein, die gewerblichen Ansätze, die am rechten Fuldaufer die Innenstadt von der Grünfläche des Fuldatales trennen, nach und nach zu verlegen, zugleich auch, um von hier aus zu einer Stadtsilhouette zu kommen, die den historischen Akzenten des Domes und anderer Baudenkmäler wieder zu ihrem ursprünglichen Rechte zurückverhilft.

8. *Freiburg*

In Freiburg hat sich, ähnlich wie in Fulda, die erste industrielle Entwicklung unter dem Einfluß der Eisenbahn vollzogen. Dafür spricht die Lage der älteren Werke und Betriebe in Anlehnung an die Bahnlinien, insbesondere in der Nähe der Güterbahnhöfe. Daneben hat auch die Dreisam als Wasser- und Kraftspender eine gewisse Anziehung ausgeübt. Infolgedessen hat sich eine Anzahl kleinerer Gewerbegebiete herausgebildet, die südwestlich und südöstlich der Innenstadt liegen. Südwestlich an der Dreisam hat sich am Gewerbekanal das Gebiet von Oberau entwickelt, südöstlich liegen die Gebiete von Stühlinger (an der Eschholzstraße, nördlich der Dreisam) und von Haslach (das eine zwischen der Basler Landstraße [B 3] und der Bahnlinie nach Basel, das andere nördlich der Basler Landstraße, zu beiden Seiten des Güterbahnhofs Freiburg Süd). Aus neuerer Zeit stammt das umfangreiche geschlossene Industriegebiet Brühl im Norden der Stadt, nördlich des Flugplatzes, zwischen dem Autobahnzubringer Nord und dem Mooswald. Hier sind alle guten Voraussetzungen gegeben für eine weitere gesunde Entwicklung, auf die die Stadt sich Hoffnungen macht als Vorort der im Aufstreben begriffenen Region Breisgau (vgl. Abb. 30).

Im Flächennutzungsplan ist auf der Grundlage der errechneten Prognose für dieses Gebiet eine Erweiterung vorgesehen auf dem Gelände des Flugplatzes, mit dessen Aufgabe und Verlegung in die Region man rechnet, und eine zweite im Zusammenhang mit dem Ausbau der Westrandstraße. Außer den Erweiterungsflächen dieses nördlichen Gewerbegebietes sind aber noch Erweiterungsflächen ausgewiesen als Ergänzung des südwestlichen Industriegebietes zwischen Haslach und St. Georgen. Hier ist eine gute verkehrliche Anbindung gegeben durch die Opfinger Straße und die Westrandstraße. Für diese beiden Industriegebiete im Norden und Südwesten ergibt sich aus ihrer Randlage der Vorteil, daß sie nach Westen offen bleiben und daß sie sich demnach ausdehnen können, wie es der jeweils auftretende Bedarf erfordert.

Über diese innerhalb der Stadtkreisgrenzen geplanten Industriegebietserweiterungen hinaus sind aber im Zuge der in der Regionalplanung vorgesehenen bandartigen Fortführung der Baugebiete weitere Industrieflächen vorgesehen. Das Wohnflächenband Krankenhaus—Mooswaldsiedlung—Wohnstadt Landwasser soll sich in den Gemarkungen der Gemeinden Hugstetten und Hochdorf fortsetzen und ebenfalls mit Gewerbeflächen ausgestattet werden, die diesen Ortslagen zugeordnet werden sollen. Um die auf dem Gebiet der Gemeinde Hochdorf in den Markwaldwiesen ausgewiesene Fläche der Ansiedlung von Betrieben möglichst rasch zuzuführen, hat die Stadt Freiburg mit der Gemeinde Hochdorf eine Vereinbarung getroffen, die ihr gestattet, die erforderlichen Maßnahmen zur Herrichtung und Erschließung des Geländes unverzüglich in die Wege zu leiten. Es ist das als ein beispielgebender Fall erfolgreicher zwischengemeindlicher Zusammenarbeit zu werten und erscheint in ähnlicher Weise beachtlich, wie die gemeinsame Erschließung des ehemaligen Flugplatzes in Kassel durch die Stadt und die Nachbargemeinden (vgl. Abb. 31).

IV. Wohngebietsplanung

Vorbemerkungen

Wenn wir uns den Wohngebieten der acht betrachteten Städte zuwenden, so können wir erkennen, daß uns in der Planung und Gestaltung ihrer Wohnviertel alle Möglichkeiten des Ausbaus vor Augen liegen, angefangen von der Ausfüllung von Baulücken über die Abrundung vorhandener Ansätze bis zu kleineren und größeren Gruppen und selbständigen Vierteln und schließlich bis zu großen geschlossenen Wohnstädten, die mit eigenen Zentren ausgestattet sind. Diese Wohnstädte, die sich als eigenständige Stadteinheiten von dem übrigen Stadtkörper abheben, können noch nicht als Satelliten- oder Trabantenstädte angesprochen werden, dazu fehlt ihnen die erforderliche wirtschaftliche Unabhängigkeit, die sie erst durch die Zuordnung eigener Gewerbegebiete erhalten würden. Da das in keinem Fall unter den acht betrachteten Städten zutrifft, so können auch die größten bei ihnen vorkommenden neuen Stadtteileinheiten nur die Bezeichnung „Wohnstadt" beanspruchen, sie bleiben also in ihren Beziehungen zur übrigen Stadt auf die guten Verbindungen mit den Arbeitsplätzen in den Gewerbe- und den Geschäftsgebieten (Stadtkernen) angewiesen und führen nur in bezug auf das außerberufliche Leben ihrer Bewohner ein nachbarschaftliches Eigenleben.

In den Wohngebieten hat die überwiegende Zahl der Bürger einer Stadt ihre Wohnstätten, es ist deshalb eine Frage hoher Verantwortung, wie man sie städtebaulich gestalten soll. Die Wohnung jedes einzelnen Bürgers bildet die Keimzelle für die höhere städtebauliche Ordnung, die man erstreben will. So einfache grundlegende Dinge, wie die Lage der Wohnung zur Sonne, die Zugänglichkeit des Hauseingangs, die Zahl der benötigten Abstellplätze für die Wagen, bringen Erfordernisse, die sich unmittelbar auf den Entwurf des Bebauungsplans auswirken. Hinzu tritt die Überlegung, wieviele Wohnungen auf den Hektar Bauland gesetzt werden sollen, welches Maß die Dichte der Bebauung erhalten soll. Damit ist eine Frage angeschnitten, die sich auf eine höher liegende Ordnung bezieht, nämlich die Frage: In welcher Richtung soll sich die Entwicklung im Vorfeld der Stadt bewegen? Es wird also zu prüfen sein, wo eine dichtere, mehr städtische Wohnbebauung empfehlenswert wäre, oder wo etwa, mit Rücksicht auf landschaftliche Gegebenheiten, eine mehr aufgelockerte am Platze sei.

Diese Untersuchungen führen zur Prüfung der Bebauungsweisen, also zur Entscheidung, welche Bauform zu wählen ist, vom Hochhaus als Einzel- oder Gruppenbauwerk über die mehrgeschossigen Zeilen zum ein- und zweigeschossigen Teppich-, Reihen- oder Einzelhaus. Die Bestimmung der Bebauungsweise und der Mischung ihrer verschiedenen Arten wird man aber immer wieder mit der Grundfrage nach Luft und Sonne in Verbindung setzen, und man wird weiterhin dem Problem des Lärmschutzes und der Reinhaltung der Luft besondere Aufmerksamkeit zu widmen haben.

Für den Wert, den die Wohngebiete für das Leben der in ihnen hausenden Menschen haben sollen, ist die gute und reichliche Durchgrünung maßgebend. Die Verbindung mit der Natur ist immer noch das wichtigste Hilfsmittel, Krankheiten zu verhindern und die Gesundheit zu fördern. Neben den Gärten für die Bewohner in den Erdgeschossen der Häuser brauchen wir überall dort, wo der Geschoßwohnungsbau überwiegt, die Ergänzung durch den Kleingarten. Wir brauchen Spielplätze für die Kleinkinder und Tummelplätze für die größeren. Wir brauchen Sitzplätze für die alten Leute und schließlich Wander- und Spazierwege für diejenigen, die sich nicht der Gartenarbeit widmen wollen, aber die Möglichkeiten haben sollten, Wege zu gehen, die, ohne Benutzung eines Verkehrsmittels, in die nähere landschaftliche Umgebung hineinführen.

Damit greifen wir in eine weiterreichende Planungsebene hinein, denn wir berühren die Beziehungen des Wohngebietes zur umgebenden freien Landschaft. Wir müssen aber bei der Ausweisung neuer Wohngebiete noch andere Beziehungen berücksichtigen, in erster Linie zu den Arbeitsstätten, sei es des sekundären Sektors in den Industrie-, Gewerbe- und Mischgebieten, sei es des tertiären Sektors, die vornehmlich im Kern der Städte dicht beieinander liegen. Die hier vorhandene Wechselbeziehung zwischen Wohn- und Arbeitsstätte wirkt sich in der Dichte des Verkehrs besonders deutlich aus. Nach den Untersuchungen zu den Verkehrsplänen der zum Vergleich stehenden Städte macht dieser Verkehr etwa 80 bis 85 % des gesamten innerstädtischen Verkehrs aus. Man wird deshalb bei der Bestimmung des Standortes für die Wohngebiete von vornherein an diese Tatsache denken müssen. Man wird zu überlegen haben, ob man diese Verkehrsart dadurch einschränken kann, daß man die weiter außen zu schaffenden Wohngebiete in ein enges Verhältnis zu den Haltestellen der Nahverkehrsmittel legt und diesen damit mehr Leben zuführt, oder ob man in Innenstadtnähe durch Sanierung überalterter Viertel dichtere, aber anziehend gestaltete Wohngebiete erstellt und damit vielleicht sogar die Entfernung zwischen Wohn- und Arbeitsstätte auf Fußgängerwegelängen einschränkt.

In der Wohnbautätigkeit der acht verglichenen Städte kann man die Anwendung der vorstehend gegebenen Grundgedanken und -forderungen vielfach beobachten. Man darf feststellen, daß man sich in all diesen Städten bemüht, eine hohe Qualität für ihre Bürger zu erreichen trotz der Hindernisse, die in der Unbeweglichkeit unserer Bodenordnung und vielfach auch in der Beschränktheit der finanziellen Mittel dem guten Willen in den Weg gestellt sind. Das wird auch dann noch anzuerkennen sein, wenn man die Einwände und kritischen Stellungnahmen gegen Einzellösungen als berechtigt und zutreffend erfindet. Eine den Kern des etwa nachzuweisenden Fehlers aufdeckende konstruktive Kritik wird am besten dazu verhelfen, die in Vorbereitung befindlichen Planungen so durchzuarbeiten, daß man die Folgerungen aus den unterlaufenen Fehlern zieht und sie unter Beachtung aller ins Bewußtsein getretenen Umstände und Forderungen einwandfrei ausgestaltet. Gerade auf diesem Gebiet kann die Darstellung der Leistungen der acht Städte und ihr Vergleich untereinander besonders fruchtbringend sein.

1. *Freiburg*

In Freiburg hat sich die bauliche Entwicklung zunächst nach Norden nach Herdern, nach Süden nach Wiehre und nach Osten ins Dreisamtal nach Oberau gezogen. Nach Westen war der Weg versperrt durch den doppelten Zug der Bahnanlagen der Hauptstrecke Basel—Karlsruhe mit dem Hauptbahnhof und der weiter westlich gelegenen Güterbahn mit den beiden Güterbahnhöfen. Nur zögernd erweiterte sich die Stadt deshalb nach Westen hin in den Raum zwischen den beiden Bahnlinien, weil diese Gegenden als Wohnbereich nicht so geschätzt wurden. Die Bebauung zog sich deshalb lieber über Herdern hinaus nach Zähringen zu und über Oberau hinaus die Dreisam aufwärts in Richtung auf Littenweiler. Die Großsiedlung Schenkendorf-Straße, die „Gartenstadt", brachte dann in den dreißiger Jahren eine Bewegung auf Haslach zu im Südwesten der Stadt, und die im gleichen Zeitraum erbauten Kleinsiedlungsanlagen an der Elsässer Straße im Mooswald griffen ebenfalls weit in das westliche Vorfeld der Stadt hinaus. Damit waren entschiedene Vorstöße in das bis dahin weniger beliebte Westgebiet gemacht. In dem ersten Jahrzehnt nach dem Zweiten Weltkriege füllte sich dieses Gebiet weiterhin an, weil im Osten das Angebot an Bauflächen immer magerer wurde. Mit diesen Abrundungen und Ergänzungen schob sich nun zwischen den Ortslagen von Haslach und von Uffenhausen ein breiter Keil neu besetzter Baugebiete bis über beide Bahnlinien hinaus. Eine weitere Zunge schob sich zu beiden Seiten der Dreisam vor, und schließlich füllte sich auch der Raum zwischen der Mooswaldsiedlung und der Güterbahn mit lockerer Bebauung an.

Aus diesen vorgebildeten Ansätzen leitete der Flächennutzungsplan den Grundgedanken von insgesamt fünf Siedlungsflächenbändern ab, die von dem enger bebauten Stadtkörper ausgehen wie Finger von einer Hand, so daß sich in den Freiräumen, die dazwischen liegen, die erforderlichen Erholungsflächen einschieben und in Wohnungsnähe einrichten lassen. Der südlichste Bebauungsstreifen gruppiert sich im Südwesten um die Ortslagen Uffenhausen, Wendlingen und St. Georgen südlich der Basler Landstraße (B 3) mit einem südlichen Anhängsel in den „Bifängen". Der folgende ist aus den Siedlungsanfängen der dreißiger Jahre nördlich der Basler Landstraße und südlich der Ortslage Haslach hervorgegangen und hat seine Fortsetzung und Abrundung in der neuen Wohnstadt „Weingarten" gefunden. Der mittelste zieht sich nördlich der Dreisam an der Sundgau-Allee nach Westen bis zur Ortslage Betzenhausen. Er bildet eine neue, in sich durchgestaltete Wohnstadt „Bischofslinde". An ihn schließt sich der vierte Streifen in dem Siedlungsband Mooswald-Landwasser-Hochdorf-Hugstetten, in dem die Planung schon ein gutes Stück über die Stadtgrenze hinausgreift. Der nördlichste Zweig der Bauentwicklung füllt die noch bestehende Lücke zwischen der Bebauung von Herdern und Zähringen aus, befindet sich also diesseits der Bahnanlagen und setzt die alte Nordsüdrichtung der Talbebauung fort (vgl. Abb. 30).

Unter den fünf Wohngebietsstrahlen treten die drei mittleren besonders hervor. Die beiden südlichen davon, zu beiden Seiten der Dreisam, sind zwar aus einzelnen Unterabschnitten zusammengesetzt, bilden aber in sich jeweils eine geschlossene Wohnstadt, die mit allen Folgeeinrichtungen wie Einkaufsstätten, Schulen u. a. m. teils ausgestattet sind, teils ausgestattet werden. Eine Sonderstellung nimmt die Fortsetzung der Mooswaldsiedlung südwestlich der Breisacher Bahn ein. Die ältere Siedlung und ihre Ergänzungen aus neuerer Zeit weisen eine Einwohnerzahl von 9000 auf, sie soll jenseits der Bahnlinie auf dem Gelände des Flugplatzes, der aufgegeben wird, eine wesentlich verdichtete Erweiterung erfahren, die etwa 4000 Einwohner aufnehmen soll. Diese Bebauung setzt sich fort in der neuen Wohnstadt „Landwasser", die für eine Einwohnerschaft von 23 000 geplant ist. Der südwestliche Bauabschnitt „Landwasser Süd" lehnt sich an den Fuß des Lehener Berges an, er ist nahezu fertiggestellt und beherbergt 9000 Einwohner. Der mittlere Abschnitt ist zur Zeit im Bau. Er ist für eine Einwohnerschaft von 4000 berechnet und soll im Jahre 1976 vollendet sein. Der dritte Abschnitt „Landwasser Nord", der jenseits der Breisacher Bahn liegt, soll 10 000 Einwohner haben und im Jahre 1985 zur Verfügung stehen (vgl. Abb. 31).

Das Siedlungsband, das mit der Mooswaldsiedlung beginnt und in die Wohnstadt Landwasser übergeht, ist auch deshalb bedeutungsvoll, weil sich die Planung über die Stadtgrenze hinaus ausdehnt und sowohl Wohn- wie Industriegebiete umfassen soll. Jenseits der Autobahn wird sich dieser Siedlungsstreifen fortsetzen auf den Gemarkungsflächen der Gemeinden Hochdorf und Hugstetten, wo ein Wohngebiet für 10 000 Einwohner und ein entsprechendes Industriegebiet für etwa 8000 Arbeitsplätze zu beiden Seiten der Breisacher Bahn ausgewiesen sind. Im Zuge dieses Streifens ist geplant, die L 116 (Elsässer Straße) mit der Trasse der Bahn so zu verbinden, daß ein einheitliches Verkehrsband entsteht. Da die Haltepunkte der Bahn und die Abfahrten von der Schnellstraße zu den zu beiden Seiten des Verkehrsbandes ausgewiesenen und errichteten Wohn- und Industriegebieten die Bildung zentraler Bereiche fördern, ist es richtiger, Straße und Bahn zusammenzulegen und die Anziehungskraft der Halte- und Abfahrtspunkte zugunsten dieser geschäftlichen Verdichtung auszunutzen und zu steigern, als etwa abseits gelegene Entwicklungspunkte zu begünstigen, indem man es bei dem heute vorhandenen getrennten Verlauf beider Linien beläßt.

In der Verkehrsplanung und -gestaltung dieses Siedlungsbandes verwirklicht sich bereits die Grundidee, die den Überlegungen zur Durchplanung der Region Breisgau zur Richtschnur gegeben ist. In ähnlicher Weise wie hier sollen sich in Zukunft die Siedlungsbänder entlang der Vorhöhen des Schwarzwaldes und in die belebteren Seitentäler hinein entwickeln, aber ebenso auch die Querbänder, die der Verflechtung des alten Siedlungsbandes im Osten mit einem neu zu entwickelnden im Westen entlang des Rheinufers dienen sollen.

Bei den Siedlungsstreifen, die im Bereich der Stadt Freiburg als neue Wohnstädte geplant und ausgebaut sind, überwiegt im Sinne der städtischen Verdichtung die Mittelhoch- und Hochhausbebauung. Sie nimmt 85 % des Baubestandes ein gegenüber 15 %, die im Flachbau ausgeführt sind. Daraus entsteht eine stark differenzierte städtebauliche Erscheinung, die sowohl von der Ebene (Eisenbahn) als auch erst recht von den Randhöhen des Schwarzwaldes aus eindrucksvoll hervortritt. Schon jetzt wohnen in diesen neuen Wohngebieten nahezu 50 % der Bevölkerung der Stadt. Da sich dieser Anteil nach weiterem Ausbau der nach Westen strebenden Siedlungsbänder noch steigern wird, kann man damit rechnen, daß sich das Schwergewicht der Stadt überhaupt mehr nach Westen verlagern wird. Die Stadt hat diese Entwicklung durch ihre Planungen gefördert, sie hat aber auch erkannt, daß man dieses neue Stadtgebiet nicht nur als reines Wohngebiet ausbauen darf. Sie hat deshalb den Gedanken für die Schaffung eines City-Bandes in westlicher Richtung entwickelt, auf den im Abschnitt I schon näher eingegangen ist. Die Beobachtung der in dem vorstehenden Abschnitt behandelten Stadterweiterung wird die Berechtigung, ja die Notwendigkeit dieser Planungen nur

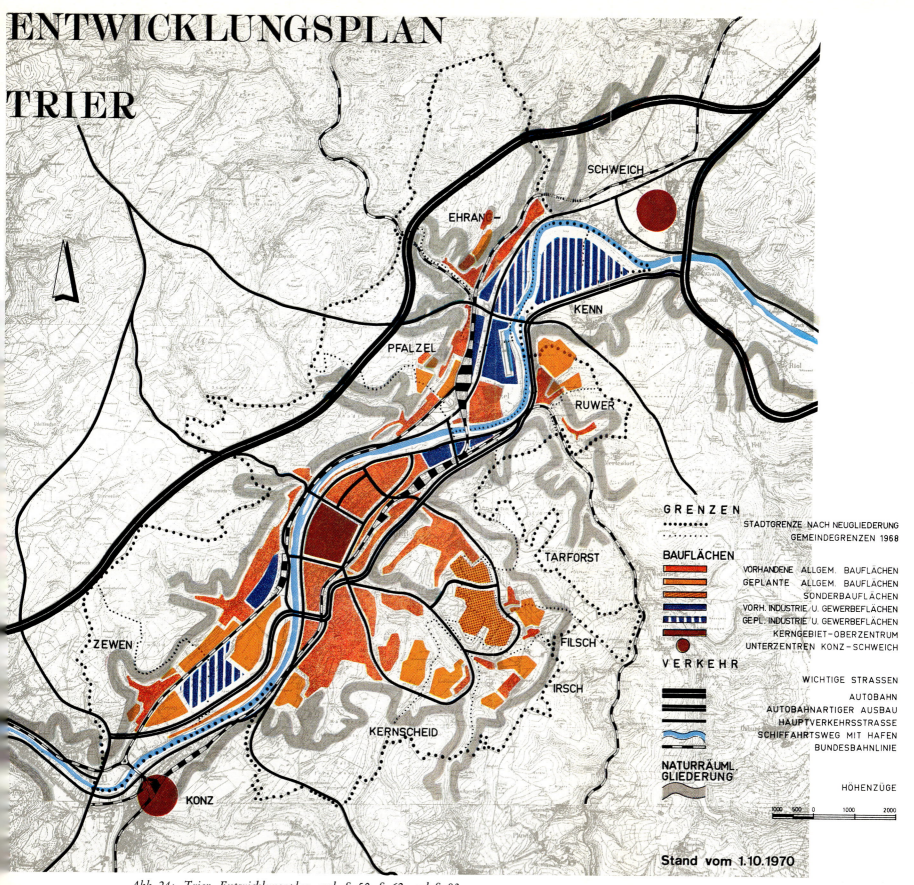

Abb. 24: Trier. Entwicklungsplan, vgl. S. 50, S. 62 und S. 83

Geographisches Institut
der Universität Kiel
Neue Universität

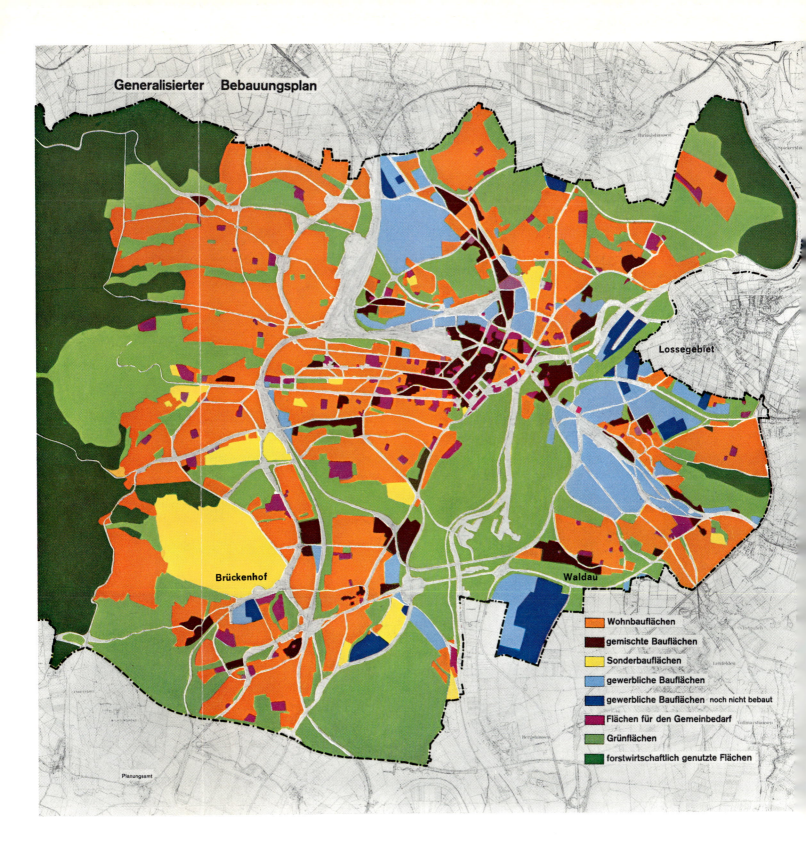

Abb. 27: Kassel. Generalisierter Bebauungsplan, vgl. S. 53, S. 64 und S. 77

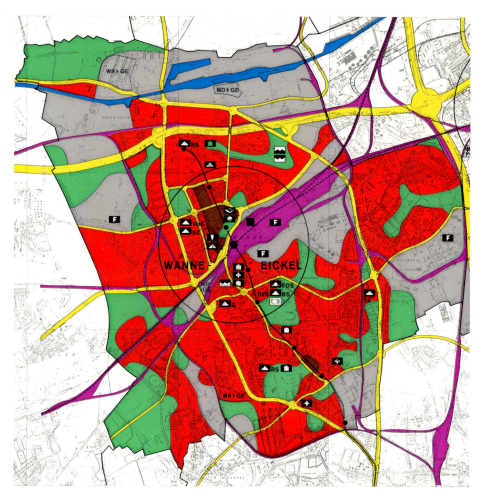
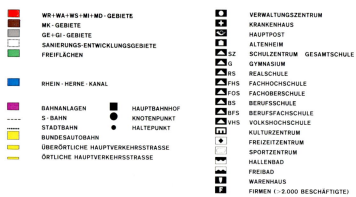

Abb. 25: Wanne-Eickel. Flächennutzungsplan in vereinfachter Darstellung, vgl. S. 51, S. 72, S. 87 und S. 100

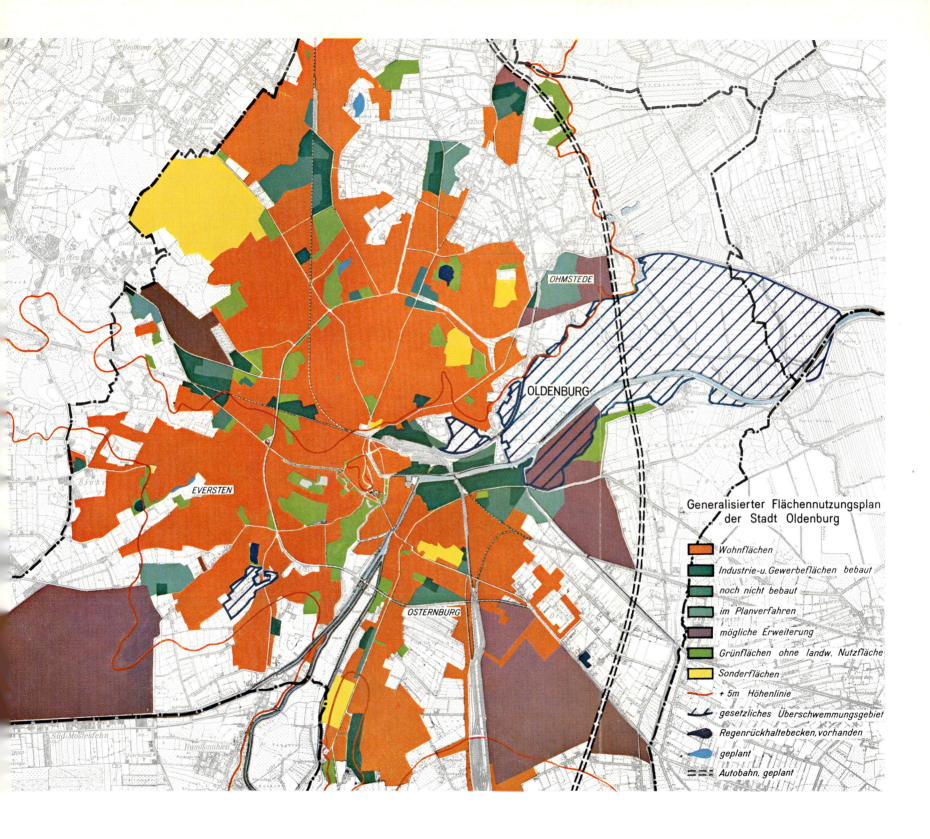

Abb. 28: Oldenburg. Generalisierter Flächennutzungsplan, vgl. S. 54, S. 69, S. 85 und S. 112

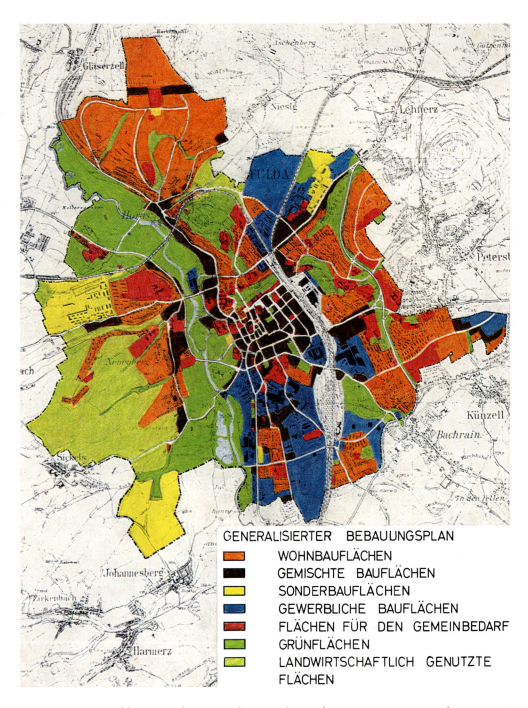

Abb. 29: Fulda. Generalisierter Bebauungsplan, vgl. S. 55, S. 68, S. 84 und S. 108

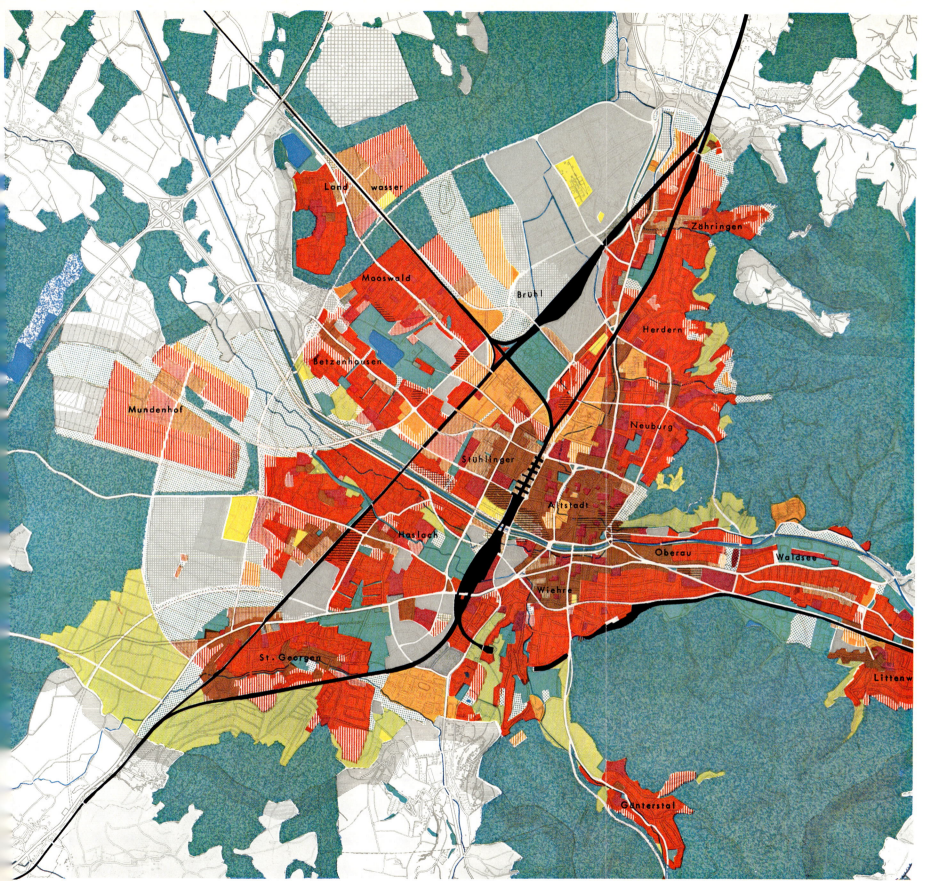

Abb. 30: Freiburg. Flächennutzungsplanentwurf, vgl. S. 56, S. 59 und S. 80

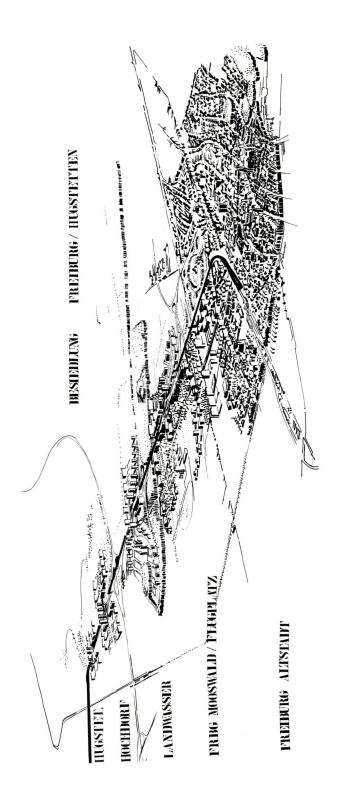

Abb. 31: Freiburg. Siedlungsachse Hugstetten, vgl. S. 57 und S. 60

bestätigen, denn eine solche „Neustadt", wie sie hier im Ausbau begriffen ist, kann nur lebensfähig sein, wenn sie nicht nur aus Wohnbauten besteht, sondern wenn ihr auch Arbeitsstätten des zweiten und dritten Sektors zugeordnet und Kern- und Geschäftsgebiete in ihrer Mitte ausgebildet werden.

2. *Heilbronn*

In Heilbronn gab es zwischen dem Flußlauf des Neckars und den das Tal im Osten begrenzenden Höhenzügen genügend Platz, um die nach Osten drängende bauliche Entwicklung aufzunehmen. Bis zum Zweiten Weltkriege hatte sie aber im Norden bereits die Grenze der Rebhänge erreicht, und weiter südlich hatte sie sich in mehreren Zungen dieser Grenze bedenklich genähert. Im Süden hatte sie den Freiraum zwischen der eigentlichen Stadt und dem Vorort Sontheim nahezu ausgefüllt. In der Zeit nach dem Zweiten Weltkriege wurden die Flächen zwischen den genannten Zungen weiterhin von der Bebauung besetzt, ebenso die Restflächen bis an die Grenze, die am Fuße der Höhen durch den Landschaftsschutz gezogen war (vgl. Abb. 23 im Kartenanhang am Schluß des Bandes).

Dabei ist ein deutliches Bestreben erkennbar, in den Taleinschnitten möglichst weit hinein in das Landschaftsschutzgebiet vorzustoßen, so an der Haller Straße, im Rampacher Tal, das ein neues, ziemlich umfangreiches locker bebautes Wohngebiet aufnehmen mußte, und zu beiden Seiten des zum Stadtwald ausgestalteten Talzuges an der Jägerhausstraße. Auch südlich hiervon ist dieses Bestreben, letzte noch von der Bebauung ausgelassene Flächen aufzufüllen, recht deutlich, so daß es schon einer entschiedenen Haltung bedarf, um den Talzug des Cäcilienbrunnens bis zur Stuttgarter Straße freizuhalten. Im ganzen kann man feststellen, daß die für eine Bebauung in Frage kommenden Flächen in dem Stadtgebiet östlich des Neckars völlig in Anspruch genommen sind mit Ausnahme des Geländes am Weingartsweg in Sontheim, das als neues Wohngebiet „Sontheim Ost" bereits in Planung begriffen ist.

Das Schwergewicht der zukünftigen Entwicklung liegt deshalb auf dem westlichen Ufer des Neckars. Dort steht auch in den weiten landwirtschaftlich genutzten Flächen eine so gut wie unbeschränkte Reserve zur Verfügung in einem Gelände, das nicht zu sehr bewegt ist, also der Bebauung keine großen Schwierigkeiten entgegensetzt. Auf den Gemarkungsflächen von Neckargartach und Böckingen sind auch schon vielversprechende Anfänge für eine solche „Neustadt" auf dem linken Ufer des Neckars entstanden. In den dreißiger Jahren waren im Anschluß an die alten Ortskerne zunächst keine sehr bedeutenden Abrundungen und Ergänzungen hinzugefügt worden. Man sieht, daß damals das Schwergewicht und die Vorliebe eindeutig auf dem anderen Ufer lagen. Erst nach dem Zweiten Weltkriege greift der soziale Wohnungsbau auf dieses Gebiet über, und so sind in den sechziger Jahren dort sehr ansehnliche Bauabschnitte entstanden, die alle Aussicht haben, zu in sich abgeschlossenen, mit allen erforderlichen Gemeinschaftseinrichtungen ausgestatteten Wohnstädten heranzuwachsen.

In Neckargartach ist mit der Baugruppe auf den „Sachsenäckern" eine Wohnanlage geschaffen worden, die, weithin sichtbar auf einer Anhöhe über dem Neckar gelegen, viel zur Ausprägung der individuellen Stadtlandschaft beiträgt. Von ihr aus kann sich die Erweiterung um die älteren Ansätze an dem alten Ortskern herum nach Westen fortsetzen. Weiter südlich in Böckingen werden die älteren Abschnitte der Kreuzgrundsiedlung und der Kleingewerbestreifen an der Großgartacher Straße zu einer größeren Einheit zusammengefaßt durch das große Bauvorhaben „Auf der Schanz", das 1680 Wohneinheiten für 5900 Bewohner bietet und vor der Vollendung steht. Obwohl diese neue Bebauung mit ihren Hochhäusern und Geschoßhausgruppen zu weit landeinwärts liegt, um noch von der Altstadt aus gesehen werden zu können, so tritt die akzentuierte Silhouette dieses vorläufigen Stadtrandes von den Aussichtspunkten der im Osten gegenüberliegenden Höhe doch raumbildend in Erscheinung. Weiter südlich schließt sich an die alte Haselter Siedlung das Baugebiet „Längelter" an, für das ein Bebauungsplan in Arbeit ist. Mit seinem Ausbau soll so bald wie möglich begonnen werden. Damit ist die weitere Entwicklung in diesem umfangreichen Baubereich zu beiden Seiten der Bahnlinie und der Bundesstraße nach Karlsruhe schon deutlich vorgezeichnet. Es wird aber darauf ankommen, in diesem Gebiet auch andere Funktionen als nur das Wohnen und etwa die Erholung heimisch zu machen. In dieser Richtung hat die Stadt Heilbronn auch weitere Bemühungen auf sich genommen. Sie hat nördlich der Straße nach Großgartach (seit kurzem mit dem Ort Schluchtern zur Gemeinde „Leingarten" zusammengeschlossen) ein Gewerbegebiet von 24 ha ausgewiesen und dafür einen Bebauungsplan aufgestellt, der inzwischen Rechtskraft erlangt hat. Die Stadt beweist damit ihren Willen, diese „Neustadt" auf dem linken Neckarufer, die sich eines so raschen Wachstums erfreut, nicht nur als anziehende Wohnstadt, sondern insgesamt zu einem lebensvollen, allseitig ausgebildeten Gemeinwesen zu entwickeln.

3. *Trier*

In Trier stand für die bauliche Entwicklung des 19. und beginnenden 20. Jahrhunderts die Talsohle auf dem rechten Ufer der Mosel zur Verfügung. Auf dem linken Ufer tritt das Gebirge nahe an den Fluß heran und läßt im Stadtteil Pallien nur einen schmalen Streifen für die Bebauung frei. Weiter südlich verbreitert sich die Flußniederung, so daß der Stadtteil Euren einen größeren Spielraum für seine bauliche Entwicklung zur Stadt hin erhielt. Die ebenen Flächen zu beiden Seiten der Mosel sind heute, soweit sie für die Bebauung in Frage kommen, voll besetzt. Noch in jüngerer Zeit ist ein Gelände in der Nähe der Abtei St. Matthias von der Kirchenbehörde freigegeben und mit einer gut gestalteten kleinen Wohngruppe in unterschiedlicher Bauweise, ausgestattet mit einem kleinen Einkaufszentrum, bebaut worden (vgl. Abb. 24).

Die Baugrundnot im Bereich der Talsohle hat in den ersten Jahrzehnten dieses Jahrhunderts zu einer Erschließung und Besiedlung des schmalen Streifens zwischen der Bahnlinie und den Steilhängen des Petrisberges geführt, ebenso zu einer Ausweitung des südlichen Stadtgebietes St. Medard, die sich, einer sanft ansteigenden Senke folgend, nach Südosten an den Hängen der Hunsrückhöhen emporzieht und die Stadtteile Heiligkreuz und Weismark bildet. An diese Erweiterung, die in den zwanziger und dreißiger Jahren ausgebaut worden ist, schließen sich die neuen Baugebiete an, die nach dem Zweiten Weltkriege entstanden sind. An dem Doppelzug der Hans-Böckler-Allee und der Heinrich-Tessenow-Straße ziehen sich die Bauabschnitte „Am Herrenbrünnchen", „Am Zielbrett" und „Im Hüttchen" auf der einen Seite und das Wohngebiet um die Treverer-Straße auf der anderen Seite empor. Dieser Flügel der neuen Bebauung im Südosten findet seinen wirkungsvollen Abschluß und Höhepunkt in der Wohnstadt „Mariahof", die als in sich geschlossenes Ganzes eine beherrschende Hügelkuppe einnimmt und mit ihren hellen Baukörpern weithin sichtbar einen bestimmenden Anteil bietet an der Erscheinung des neuen Stadtbildes. Mit 1200 Wohneinheiten stellt Mariahof das größte zusammenhängende Neubaugebiet der Stadt dar (vgl. Abb. 32).

Die Neubautätigkeit nach dem Zweiten Weltkriege hat sich aber noch in zwei weiteren Zungen im Zuge vorhandener Taleinschnitte nach Osten vorgeschoben. Etwas nördlich der Baugebiete von Heiligkreuz und Mariahof ist der tief eingeschnittene Talzug des Olewiger Baches von einem schmalen Bebauungsstreifen begleitet, der sich als Erweiterung der Ortslage Olewig an den begleitenden Höhen hinaufzieht. In ähnlicher Weise ist im Norden aus dem alten Häuserband im Aveler Tal, das im Stadtteil Kürenz beginnt, auf dem ansteigenden Hang entlang der Kohlenstraße eine neue Bauanlage entstanden. Sie ist durch eine Wohngruppe für Angehörige der französischen Streitkräfte ergänzt und als Ansatzpunkt gedacht für einen Kranz von Wohngebieten, die sich an den Ortslagen der neu eingemeindeten Vororte Tarforst, Filch, Irsch und Kernscheid anschließen und nach Südwesten hin Verbindung erhalten sollen mit den Bebauungsstreifen von Olewig und Heiligkreuz. Dieser Aufreihung dienen zwei Verkehrsschleifen, von denen die nördliche in der Kohlenstraße und dem Irscher Weg vorläufig ausgebaut ist. Sie schließt die Orte Tarforst und Irsch an und läuft in der Ortslage Olewig stadtwärts, während die südliche Schleife in ihrem südlichen Zweig zwar als Berliner Allee vorhanden ist, in ihrer Fortsetzung über die Ortslage Kernscheid hinaus zum Irscher Weg aber noch ausgebaut werden muß.

Es entsteht hier auf den abgeflachten, aber von tiefen Taleinschnitten gegliederten Hunsrückhöhen ein in gut überschaubaren Einzelanlagen abgestuftes Wohnbaugefilde, dem man in seinem zukünftigen Zustand wohl auch den Namen einer von der Kernstadt abgesetzten „Neustadt" geben kann. Es zeichnet sich damit eine Entwicklung ab, wie sie in den anderen Talstädten Freiburg und Heilbronn in ähnlicher Weise vor sich geht. Diese Trierer „Neustadt" wird ebenfalls nicht eine reine Wohnstadt sein. Abgesehen von den militärischen Anlagen, die einen Teil der Hochflächen auf dem Petrisberg einnehmen, finden sich bereits an mehreren Stellen der neu eingemeindeten Ortslagen kleinere Gewerbeansätze, die zu Kleingewerbe- und Mischgebieten ausgebaut werden sollen. Eine besondere Note erhält das Gebiet aber dadurch, daß in seiner mittleren Hochfläche ein neues großes Krankenhaus errichtet worden ist und daß die neue Universität dort angesiedelt werden soll. Der Bau der Universität wird der Entwicklung, die hier im Gange ist, neue verstärkte Impulse geben, denn es sind dafür nicht nur die Baulichkeiten vorzusehen, die der Lehre und der Forschung dienen sollen, sondern es sind auch die Verwaltungs- und die sonstigen Folgeeinrichtungen baulich zu versorgen, und es sind nicht zuletzt für die Studenten, die Lehrer und alle in diesem Bereich Beschäftigten in ausreichendem Maße Wohnungen zu bauen. Man ist also darauf bedacht, daß sich in dieser ausgedehnten „Neustadt" vielfältige und gegeneinander abgesetzte Funktionen, die der Stadt als dem Oberzentrum einer einpoligen Region erwachsen, mit der des Wohnens verbinden und eine unerwünschte Einseitigkeit der Struktur vermeiden helfen.

Wie der Entwicklungsplan der Stadt zeigt, besteht die Möglichkeit, im Osten auf den Höhen und im Südwesten auf der Talsohle die erforderlichen Flächen für die bauliche Entwicklung der Stadt auszuweisen. Die daraus entwickelte Aufnahmefähigkeit liegt bei 160 000 bis 170 000 Einwohnern. Bedenkt man, daß im Durchschnitt der letzten zehn Jahre jährlich etwa 500 Wohnungen gebaut worden sind und daß dabei die Einwohnerzahl stagnierte, dann wird nicht nur deutlich, was an Sanierungsleistungen bereits vollbracht worden ist, sondern man kann sich der Einsicht nicht verschließen, daß der Wohnungsbau in Zukunft noch erheblich gesteigert werden muß, um dem Bedarf gerecht zu werden, der aus der Industrieansiedlung sowohl wie aus der Universitätsgründung hervorgeht.

4. Kassel

In Kassel konnte die bauliche Entwicklung der letzten hundert Jahre nicht so eindeutig und übersichtlich vor sich gehen, da die starke Bewegtheit des Geländes keine gleichmäßige Ausbreitung über größere Flächen zuließ. An den historischen Kern der mittelalterlichen Altstadt und der barocken Oberneustadt schloß sich zunächst das Bahnhofsviertel im Nordwesten als geschlossenes Baugebiet an, während sich im Westen an der Kölnischen Straße und an der Wilhelmshöher Allee die Landhäuser wohlhabender Bürger aufreihten. Lockere bandartige Bebauungen ergaben sich an den Hauptausfallstraßen: der Holländischen, der Frankfurter und der Leipziger Straße. Im Vorfeld boten sich ferner die Dorfkerne als Ansatzpunkte weiterer Entwicklung an, so Rothenditmold im Norden und Bettenhausen im Südosten mit ihrer Anziehungskraft für Industrie und Gewerbe, ferner Niederzwehren im Süden, wo sich auch Industrie ansiedelte, und Wahlershausen im Westen an der Wilhelmshöher Allee. Hier entstand unter dem Einfluß des Schlosses, das von der Kaiserlichen Familie gerne aufgesucht und bewohnt wurde, die Villenkolonie „Mulang", die mit ihren Schweizerhäusern und Ritterburgen aus der Zeit vor der Jahrhundertwende heute schon fast Denkmalswert beanspruchen kann (vgl. Abb. 27).

Eine besondere Beachtung verdient die bauliche Entwicklung rings um das Dorf Wehlheiden, das auf halbem Wege zwischen der Stadt und Wilhelmshöhe liegt. Dieses westliche Stadtgebiet ist zu Ausgang des 19. und in den ersten Jahrzehnten des 20. Jahrhunderts in ähnlicher Art, wie es damals in Schöneberg und Tempelhof in Berlin geschah, durch die Initiative eines genialen Grundstücksspekulanten, des Geh. Kommerzienrates Aschroth, erschlossen und bebaut worden. Dieser Unternehmer war ein so guter Geschäftsmann, daß er ein wegen der Steilhängigkeit für die Bebauung ungeeignetes Gelände aussparte und dort den „Tannenkuppenpark" anlegen ließ, um den Wert der umliegenden Bauplätze als „Parkgrundstücke" zu steigern. Aus dem gleichen Grunde schenkte er der Stadt ein Grundstück in der Nähe dieses Parks, um sie zu veranlassen, dort die Stadthalle, damals noch weit draußen auf freiem Felde, zu errichten.

Für dieses westliche, auf dem langgestreckten „Kratzenberg" ausgebreitete Stadtgebiet hatte der Ende des 19. Jahrhunderts namhafte Professor Stübben, Aachen, einen Bebauungsplan nach dem sogenannten „Diagonalsystem" aufgestellt, wie er es schon bei der Bebauung des Inneren Festungsrayons der Stadt Köln entwickelt hatte. Nach diesem System waren die Hochfläche und die Hänge des Kratzenberges, an denen sich die Wilhelmshöher Allee und die Kölnische Straße ostwestgerichtet entlangziehen, durch eine Anzahl sich gegenseitig rechtwinklig kreuzender Diagonalstraßen erschlossen, so daß viele dreieckige Baublöcke entstanden sind, die heute noch diesem Stadtteil das Gepräge geben.

Die besonderen Nachteile dieser Blockform bilden die spitzen Blockecken, die sehr schlechte Wohnungsgrundrisse zur Folge haben. Da diese Fehler des alten Bebauungsplans in der Gestalt der vor dem Ersten Weltkriege errichteten Mietshäuser deutlich zutage treten, hatte man schon in den zwanziger Jahren versucht, durch Planänderungen bessere Vorbedingungen für die Bebauung zu schaffen. Damals arbeitete Hermann Jansen Vorschläge für eine Neugestaltung wenigstens der westlichen Teile dieses Gebietes aus, die noch unbebaut waren und durch den Bau der Stadthalle ihren städtebaulichen Anziehungspunkt erhalten hatten. Sein Entwurf wurde aber nicht angenommen, da er nach der Ansicht der Aschrothschen Vermögensverwaltung eine zu geringe bauliche Ausnutzung vorsah. Immerhin gab der Plan Veranlassung, das Diagonalsystem aufzugeben und durch eine sinnvollere Blockgestaltung zu ersetzen im Zusammenhang mit der Ausbildung der Umgebung der Stadthalle und der neu ausgewiesenen Goethe-Anlage.

Die Zeit der zwanziger Jahre nach dem Ersten Weltkriege ist im besonderen gekennzeichnet durch die Erschließung des Geländes der Domäne Fasanenhof im Norden der Stadt, deren Ankauf und Aufteilung ein Werk des damaligen Oberbürgermeisters PHILIPP SCHEIDEMANN ist. In dieser Zeit wurden auch große Gebiete im Süden der Wilhelmshöher Allee erschlossen und nördlich davon ein großes Umlegungsverfahren im Bogen der Eisenbahn zum Ruhrgebiet südlich der Wolfhager Straße durchgeführt, um wohlfeiles Baugelände anbieten zu können. Da aber die Stadt sich nicht entschließen konnte, mit dem Straßenbau in Vorlage zu treten, haben sich die Hoffnungen, die sich mit diesem Unternehmen verbanden, erst in langen Jahrzehnten und nur unvollkommen erfüllen lassen.

In der Zeit nach dem Ersten Weltkriege treten auch die ersten größeren Bauvorhaben der genossenschaftlichen und gesellschaftlichen Bauträger auf. Unter ihnen ragt die Umbauung der Goethe-Anlage und der Stadthalle hervor und die Bebauung des Rothenberges in Rothenditmold, die in ihrer avantgardistischen Gestaltung durch den Architekten HAESELER, Celle, zu ihrer Zeit viel beachtet worden ist und heute als ein baugeschichtliches Zeugnis von Rang für das „Neue Bauen" der zwanziger Jahre anzusehen ist.

Die dreißiger Jahre werden vertreten durch die vorstädtischen Kleinsiedlungen auf dem „Süsterfeld", im Südwesten der Stadt entlang der Frankfurter Bahn gelegen, und im Südosten an der Ochshäuser Straße und dem Forstbachweg. Dort liegt auch benachbart die Siedlung um den Togoplatz, die dem „Volkswohnungsbau" der damaligen Zeit ihr Leben verdankt ebenso wie die Mattenbergsiedlung, die im äußersten Südwesten an der Altenbaunaer Straße errichtet ist.

Aus den Angaben der Standorte dieser verschiedenen Baugebiete geht deutlich hervor, daß man in Kassel in erster Linie das Vorhandene erweitert und Neues daran angefügt hat; man wird aber auch nicht übersehen dürfen, daß die Geländegestaltung sowohl wie die Besetzung der Entwicklungsflächen, die der Stadt zur Verfügung standen, mit einzelnen, sich selbst kräftig vergrößernden Dörfern und Vororten einer durchgehenden, großzügigen Planung im Wege standen. Es hat in den dreißiger Jahren auch nicht an generellen Planungen gefehlt, die diesem Mangel abhelfen wollten; aber auch die Bemühungen um eine stärkere Zusammenfassung und eine bessere Herausarbeitung von dominierenden Schwerpunkten, die in der Bauleitplanung der vierziger und fünfziger Jahre unverkennbar hervortraten, haben keine wesentliche Änderung in dieser Grunddisposition bringen können. Auch die neue Bauepoche nach dem Zweiten Weltkrieg beginnt zunächst mit Auffüllarbeiten kleinen und mäßigen Umfanges. Neben der Wiederherstellung einzelner kriegszerstörter Baublöcke waren es wieder bisher von der Bebauung übersprungene Flächen, auf denen das Wohnungsbauprogramm durchgeführt wurde. So wurden unter anderen die Gebiete um die Hansteinstraße südlich der Wilhelmshöher Allee abgerundet; aber im Auefeld an der Ludwig-Mond-Straße boten die umfangreicheren unbebauten Flächen immerhin die Möglichkeit, die Wohnanlagen für die Angehörigen der Besatzungsmächte und ein weiteres größeres Bauvorhaben, die Auefeldsiedlung, als geschlossene Wohnviertel in kurzem Zeitraum und in sorgfältiger architektonischer und städtebaulicher Gestaltung auszuführen.

Für eine wirklich großräumige Planung bot sich im Südwesten der Stadt das Gebiet zwischen der Druseltalstraße und der Ortslage Nordshausen an. Hier wurde ein entwicklungsfähiger Anfang gemacht in der Wohnstadt „Helleböhn", die sich gegenüber der Süsterfeldsiedlung zwischen der Eugen-Richter-Straße und der Heinrich-Schütz-Allee ausbreitet. Sie ist sehr fortschrittlich geplant in einem Erschließungssystem, das Fahrverkehr und Fußgängerverkehr säuberlich trennt, sie mußte sich aber in der Ausführung allerlei Kompromisse gefallen lassen, die den ursprünglichen Gedanken ihrer Planung verwischten. Sie setzt aber mit ihren Hochhäusern an der hochgelegenen Heinrich-Schütz-Allee weithin sichtbare Akzente in der heute noch offenen Stadtlandschaft.

Für die Wohnstadt Helleböhn war an ein Gegenstück gedacht in der Wohnstadt „Dönche", die auf dem benachbarten Truppenübungsplatz errichtet werden sollte. Diese Fläche ist bereits heute von allen Seiten von Bebauung eingeschlossen, so daß sie nur noch in beschränktem Maße ihrem militärischen Zweck dienen kann. Man bemühte sich deshalb in den fünfziger Jahren darum, diese Fläche für die städtische Bebauung frei zu bekommen. Es gelang auch, einen neuen Übungsplatz westlich des Habichtswaldes als Ersatzfläche zu beschaffen und auszubauen. Daraufhin wurde ein Wettbewerb ausgeschrieben, um die Abgrenzung und die Bebauungsmöglichkeiten der Bauflächen zu ermitteln. Aber die daran geknüpften Hoffnungen auf einen baldigen Baubeginn zerschlugen sich, der Platz wurde von den Militärbehörden nicht frei gegeben und mußte unbebaut bleiben. Dadurch war aber der bestechende Plan einer großzügigen Zusammenfassung der mehrjährigen Bauprogramme zunichte geworden, und man mußte mit den zur Durchführung anstehenden Bauvorhaben auf andere Grundflächen ausweichen. Dabei blieb nicht viel anderes übrig, als nun wieder an Vorhandenes anzuknüpfen und abzurunden und zu erweitern, wo es sich schicken wollte.

Auf diese Weise ist es in den fünfziger und sechziger Jahren zu einer ausgedehnten Bauentwicklung im Nordosten der Stadt, westlich der Fasanenhofsiedlung, südlich des alten Landweges „Am Felsenkeller" und nördlich der Ortslage Wolfsanger gekommen. Dieses Baugebiet zerfällt in vier verschiedene Abschnitte, die sich um das freundliche „Bossental" gruppieren und rund 1500 Wohnungen umfassen. Die Straße „Am Felsenkeller" liegt etwa auf der höchsten Höhe des nördlichen Stadtgebiets. Dadurch wirkt die Reihe der hier errichteten Punkthäuser und Hauszeilen in ihren unterschiedlichen Geschoßzahlen weit in die umgebende Landschaft und bis hinunter in die Straßenbilder der Stadt hinein.

Das zweite Ausweichgebiet liegt im Südosten der Stadt, westlich der Nürnberger Straße (B 83), südlich des Industriegebietes um die Lilienthalstraße und getrennt davon durch den Dauergrünstreifen des Wahlebaches. Es liegt nördlich der bandartig gestreckten Ortslage Waldau, von der die Erschließung dieser Wohnstadt ausgeht. Sie soll im Endausbau rund 1850 Wohneinheiten umfassen und ist für eine Bevölkerung von etwa 7000 Einwohnern berechnet. Sie wird in verschiedenen Abschnitten von mehreren Wohnungsbauträgern ausgeführt und sieht ihrer Vollendung entgegen. Da sie sich flach in der Fuldaniederung ausbreitet, ist sie von der Innenstadt, die auf dem Höhenrand des gegenüberliegenden Fuldaufers gelagert ist, gut zu übersehen und trägt, wie die neuen Bebauungen auf den Höhen rings um die Stadt, zu einer neuartigen Steigerung der Stadtsilhouette bei.

Das dritte Ausweichgebiet für die verhinderte Bebauung der „Dönche" liegt weiter südlich davon im Freiraum zwischen Nordshausen und Oberzwehren. Für diese Wohnstadt „Brückenhof" ist ein Bebauungsplan aufgestellt für 1850 Wohneinheiten. Die hier errichteten Bauten werden ganz aus vorgefertigten Teilen hergestellt. Sie werden in dem nahebei geschaffenen Betonwerk angefertigt, das auch den größeren Teil der Bauten in der Wohnstadt Waldau beliefert hat. Für die drei behandelten Ausweichgebiete sind die erforderlichen Folgeeinrichtungen eingeplant und je nach dem Baufortschritt auch ausgeführt. Schulen, Kindergärten, ein Hallenschwimmbad und Ladengruppen, in Helleböhn auch schon ein Bürgerhaus, sind inzwischen errichtet worden und runden diese Baugebiete zu vollwertigen Stadtteilen ab.

Für die künftige bauliche Entwicklung der Stadt Kassel stehen so gut wie keine Flächen mehr innerhalb der heutigen Stadtkreisgrenze zur Verfügung. Die Stadt stößt mit ihren bestehenden Baugebieten überall bis an die Grenzen vor. Im Norden setzen sie sich in den Baugebieten von Nieder- und Obervellmar und von Ihringshausen fort, im Osten in denen von Sandershausen, Heiligenrode und Lohfelden. Im Südwesten nimmt die neu erstellte und weiterhin im Fortschreiten begriffene Baumasse der jungen Stadt Baunatal hart an der Grenze ihren Ausgang.

Der Stadtkörper erstreckt sich also heute schon weit über die Stadtkreisfläche hinaus und kann sich innerhalb ihrer Grenzen nur durch Verdichtung der vorhandenen Bebauung entwickeln. Denn die beiden einzigen umfangreicheren Freiflächen, die noch übrig sind, die Dönche und das „Lange Feld" südlich Niederzwehren, müssen jetzt für die Hochschulplanung in Bereitschaft gehalten werden, nachdem das Land Hessen entschieden hat, in Kassel eine Gesamthochschule zu errichten. An der Aufstellung des Programms hierfür wird zur Zeit gearbeitet. Von seiner Gestalt und seinem Zuschnitt wird es abhängen, welch einen Raumbedarf die baulichen Anlagen der neuen Gesamthochschule beanspruchen und welche Neben- und Folgeeinrichtungen vorzusehen und ebenfalls auf den heute noch unbebauten Flächen unterzubringen sind.

In der Diskussion um die möglichen Standorte der Gesamthochschule stehen die greifbaren Bau- und Vorratsflächen der Dönche im Südwesten und des Langen Feldes im Süden der Stadt nahezu gleichwertig in Betrachtung. Da man es ablehnt, der Hochschule durch die Verdichtung und die Anhäufung ihrer Anlagen einen Campus-Charakter zu geben, wird man die im Gespräch befindlichen Flächen auch dazu ausnützen, um die mit ihnen in Zusammenhang stehenden Wohnungen und sonstigen Folgeeinrichtungen zu errichten. Man wird aber auch eine Ergänzung und Verdichtung der Wohngebiete auf dem rechten Fuldaufer in der Umgebung von Waldau vorsehen müssen, wenn der Gedanke der bandartigen Anlage der Hochschuleinrichtungen entlang der Eschweger Bahn am Rande der Waldauer Wiesen weiter verfolgt werden sollte.

Dem gesteigerten Anspruch an die Ausdehnung des Wohnungsbaus in der nächsten Zukunft gegenüber kann man schon jetzt feststellen, daß die etwa noch dafür zu erfassenden Flächen äußerst knapp sind. Der Wohnungsbau wird sich demnach künftig nicht in der Stadt selbst fortführen lassen, er wird sich vielmehr in den um sie herum liegenden Gemeinden nach den geeigneten Flächen umsehen müssen, um in dem Maße fortzuschreiten, wie es das allgemeine Wachstum der Bevölkerung im Raume Kassel, aber darüber hinaus auch der gesteigerte Bedarf im Gefolge des Hochschulbaus erforderlich macht.

5. *Fulda*

Die gleichen Nöte wie in Kassel liegen in Fulda vor. Auch hier hat die bauliche Entwicklung die allzu eng gezogenen Stadtkreisgrenzen überschritten. Die Nachbargemeinden Lehnerz, Künzell, Petersberg und Kohlhaus schließen ihre bebauten Gebiete dicht an die der Stadt Fulda an. Unter dem Druck dieser Zustände gelang es der Stadt im

Jahre 1953 die Domäne Ziehers zu erwerben, die bis dahin der baulichen Verwertung entzogen war und sich mit ihren landwirtschaftlich genutzten Flächen langgestreckt von Norden nach Süden zwischen die immer stärker belegten Baugebiete der Stadt und die in lebhaftem Ausbau begriffenen der Gemeinde Petersberg einschob. Im Zusammenhang mit der Neuanlage der Berliner Straße (B 27), die mit ihrem anbaufreien Verlauf und ihren kreuzungsfreien Knotenpunkten einen großen Flächenbedarf hatte, konnten die nun zur Verfügung stehenden Flächen für ein sinnvoll abgestuftes, mehrjähriges Wohnungsbauprogramm verwertet werden. Der Bauabschnitt „Ziehers Nord" umfaßt 918 Wohneinheiten, der Südabschnitt 1150 Wohneinheiten. Dazu tritt noch der Abschnitt südlich der Pacelli-Allee mit 297 Wohneinheiten, so daß auf diesem Gelände 2365 Wohneinheiten erstellt worden sind.

Daneben sind auch in Fulda die alten Baugebiete aufgefüllt und abgerundet worden, es war aber schon anfangs der sechziger Jahre zu übersehen, daß die Flächen der Domäne Ziehers nicht ausreichen würden, um die in den kommenden Jahren anstehenden Wohnungsbauten aufzunehmen. Die Stadt entschloß sich deshalb, in dem ihr durch die Eingemeindung im Jahre 1939 zugefallenen Gebiet der Gemeinde Horas im Norden eine Wohnstadt auf dem Aschenberg zu errichten. Dort mußte man zwar die starke Hängigkeit des Geländes in Kauf nehmen, man hatte dort aber genügend Flächen zur Verfügung, um etwa 3500 Wohneinheiten zu errichten und sieben bis acht Jahresraten des mehrjährigen Wohnungsbauprogramms dort unterzubringen. Für die Bebauung dieses Gebietes wurde ein Wettbewerb ausgeschrieben; die Durchführung des Bebauungsplans und seine Anpassung an die jeweils auftretenden besonderen Anforderungen der Jahresabschnitte ist einem namhaften Fachberater übertragen. In den ersten Bauabschnitten, die inzwischen fertiggestellt sind, werden etwa 800 Wohneinheiten untergebracht (vgl. Abb. 29).

Diese neugeschaffene Wohnstadt auf dem Aschenberg, wie auch die anderen im Osten und im Süden der Stadt neu erstellten Stadtviertel, sind mit Gemeinschaftseinrichtungen ausgestattet, mit Schulen, Kirchen, Kindergärten, Post- und Sparkassenzweigstellen sowie Einkaufszentren von der einfachen Ladengruppe bis zu anspruchsvolleren Anlagen. Durch ihre erhöhten Standorte wirken diese neuen städtebaulichen Schöpfungen weit sichtbar in die Landschaft hinaus. Sie bilden mit ihren gestaffelten Baukörpern einen neuen eigenständigen Hintergrund hinter den Türmen und Kuppeln der Barockstadt Fulda.

In dem neuen Baugebiet Aschenberg ist noch eine Reserve für einige Jahre enthalten, man wird sich aber schon jetzt Gedanken machen müssen darüber, wie man fortfahren will, wenn sich diese Reserve erschöpft hat. Als einzige Möglichkeit bleibt dann noch die große Fläche der Gemarkung Neuenberg übrig auf dem linken Fuldaufer, gegenüber der alten Stadt. Wenn im Süden dieses Gebietes die Baulichkeiten der geplanten Universität entstehen werden, wird auch das nördlich daran anschließende Gelände in die Planung einbezogen und für eine Bebauung vorbereitet werden müssen. Erste Anfänge dazu haben sich bereits an der Haderwaldstraße und an der Niederröder Straße herangebildet; die Kasernen und die Wohnanlage für die Besatzungsmacht liegen auch auf dieser Seite, und so sollte man darangehen, durch die Aufstellung eines Bebauungsplans für dieses Gebiet die vorhandenen Ansätze zu einer sinnvollen Abrundung zu bringen und die darüber hinaus zur Verfügung stehenden Flächen so aufzuteilen, daß man sie Abschnitt für Abschnitt im Zuge des jährlichen finanziellen Spielraums der Bebauung zuführen kann.

6. Oldenburg

Unter den betrachteten Städten nimmt Oldenburg eine Sonderstellung ein. Es ist eine große Stadt, deren Gebäudemasse überwiegend aus Ein- und Zweifamilienhäusern besteht. Jede zweite Familie wohnt im eigenen Hause. Das hat zur Folge, daß der Stadtkörper außerhalb des mittelalterlichen Kerns außerordentlich weiträumig und auseinander gezogen ist. An der Entwicklung der Mietskaserne in der zweiten Hälfte des vorigen Jahrhunderts hat die Stadt nicht teilgenommen, und so sind die am dichtesten bebauten Viertel zwischen Altstadt und Hauptbahnhof und Pferdemarkt verhältnismäßig immer noch locker bebaut.

Die ersten Erweiterungspläne der Stadt zeigen die typischen Merkmale der im 19. Jahrhundert üblichen Geometerpläne, die ohne besonderen städtebaulichen Ehrgeiz rechtwinklige und schiefwinklige Baublöcke aneinander reihen. Eine gewisse gestalterische Absicht liegt immerhin der Aussparung des Cäcilienplatzes oder der Begrenzungslinie des Bahnhofsplatzes in der Form eines halben Sechsecks und den davon strahlenförmig ausgehenden Straßen zugrunde. Im nördlichen Stadtgebiet zeigt sich in der Anlage des Friedrich-August-Platzes und der Führung der von ihm ausgehenden Straßen ebenfalls ein Formbild, das dieser Planungsepoche zuzuordnen ist, wenn auch die Bebauung dieses Platzes und seiner Nachbarschaft erst in den zwanziger und dreißiger Jahren dieses Jahrhunderts stattgefunden hat.

Das Hauptgebiet der Entwicklung der Stadt, im Norden gelegen, östlich der Eisenbahn nach Wilhelmshaven und nördlich der Donnerschweer Straße, zu beiden Seiten der nach Norden führenden Alexanderstraße und der Nadorster Straße, ist offensichtlich — je nach Bedarf — ohne eine beherrschende Planidee erschlossen worden, indem man zwischen die Ausfallstraßen und die der landwirtschaftlichen Arbeit dienenden gewundenen Wege gerade Linien zog, um Baublöcke abzuteilen. In der gleichen Weise ist auch das südliche Stadtgebiet von Osternburg planerisch behandelt, so daß der eigentliche geschlossene Stadtkörper die Gestalt eines auf der Spitze stehenden Dreiecks aufweist (vgl. Abb. 28).

Die so gewonnenen Bauflächen sind bis weit ins Vorfeld hinein mit freistehenden Einzelhäusern oder halbfreistehenden Doppelhäusern besetzt. Die langen Reihen dieser kleinen Baukörper geben dem Bild der Stadt das besondere Gepräge, eine Eigenart, die das Wesen der Bevölkerung widerspiegelt und auch beibehalten worden ist, als in der Zeit nach dem Ersten Weltkriege die aufkommenden gemeinnützigen Bauträger in Oldenburg in höherem Maße als früher die Bautätigkeit mit öffentlichen Mitteln ausweiteten. In ihr bereichert sich auch das Rüstzeug der städtebaulichen Planung. Man sucht die langen Hausreihen durch Versetzung der Fluchten zu unterbrechen; man läßt Stichstraßen in kleinen Plätzen enden, von Hausgruppen umstanden; man sorgt für Blickabschlüsse im Straßenbild. Man hält aber an den kleinen Baukörpern des Einzel- und Doppelhauses fest, denen sich nur geringe räumliche Wirkungen abgewinnen lassen; man schließt sie höchstens, um Wandungen zu erhalten, vereinzelt zu aneinander gebauten Hausreihen zusammen.

In der großen Siedlung im Alexanderfeld ist von diesen gestaltenden Zügen noch wenig zu spüren, aber in der Siedlung am Wittlings- und am Brunsbrok ist eine Bemühung in der geschilderten Richtung gut zu erkennen. Der kleine Vorhof am Eingang der Siedlung vom Vahlenhorst her, der Platz in der Mitte und die kleinen Wohnhöfe am Brunsbrok sind Zeugen dieser städtebaulichen Absichten. Auch die Siedlung an der Breslauer Straße in Osternburg mit ihren schräg gestellten „Zickzack"-Häusern verrät das Bestreben, die Aufreihung der kleinen Häuser zu gliedern und sie ihrer ermüdenden Gleichförmigkeit zu entkleiden. Demselben Ziel dienen in der Siedlung Krusenbusch die Krümmung der Straßen, die Platzbildungen und die Schaffung von Blickabschlüssen durch die Stellung der Häuser und des Schulbaus.

Diese Art der Bebauung ist auch nach dem Zweiten Weltkriege so fortgeführt worden in der Ergänzung der Alexanderfeldsiedlung und anderer Bebauungsansätze im Westen und Süden der Stadt, sie ist auch in den neu ausgewiesenen und angelegten Siedlungsabschnitten aufgenommen. Eine Änderung in dieser Art der Stadterweiterung trat erst ein, als der Zuzug von 43 000 Flüchtlingen die Stadt vor die Aufgabe stellte, in höherem Maße als bisher Wohnungsbau zu fördern und den jährlichen Zugang an Wohnungen zu steigern, um den Wohnungsfehlbedarf, der sich durch diese plötzliche Vermehrung der Einwohnerschaft sprunghaft erhöht hatte, so rasch wie möglich abzubauen oder doch wenigstens wesentlich zu mindern. Man mußte einsehen, daß man diesen Ansprüchen nicht in der Weise wie bisher mit dem Bau kleiner Einfamilienhäuser begegnen konnte. Man mußte von allen Möglichkeiten, die im Ersten und Zweiten Wohnungsbaugesetz geboten waren, den höchst erreichbaren Gebrauch machen und durfte nun nicht davor zurückschrecken, eine dichtere Bebauung in mehrgeschossigen Mietshäusern unter die Einfamilienhausfelder zu streuen.

Der Straffung der städtebaulichen Struktur kam es dabei zugute, daß in den Hauptgebieten der bisherigen baulichen Entwicklung größere Geländeflächen von der Bebauung übersprungen und unbebaut liegen geblieben waren. Die Stadt und die gemeinnützigen Bauträger haben sich mit Erfolg darum bemüht, ehe man wieder weiter hinausging, zunächst diese stadtnahen Gelände zu erwerben und aufzuschließen. Diesen gemeinsamen Anstrengungen ist es zu danken, daß die überall vorherrschende Kleinhausbebauung in den sechziger Jahren eine große Anzahl städtebaulicher Akzente erhalten hat, die dem Stadtbild eine bis dahin nicht gekannte räumliche Spannung und Bereicherung gegeben haben.

Diesen Bestrebungen der Konzentrierung und Verdichtung des Stadtkörpers standen allerdings nur Flächen zur Verfügung, die nicht allzu ausgedehnt waren. So handelt es sich meist um kleine und mittlere Baugruppen, die aber doch so umfangreich sind, daß sich auf ihnen bei sorgfältig abgestimmter Planung eindrucksvolle städtebauliche Schöpfungen verwirklichen ließen, die, ausgestattet mit Ladengruppen, Gemeinschaftseinrichtungen und Schulen, neue Mittelpunktfunktionen für die umliegenden älteren Baugebiete übernehmen konnten. Die neuen Wohnzentren im Dietrichs- und im Bürgerfeld, in Eversten und Bodenburg sind überzeugende Beispiele für diese neue städtebauliche Entwicklung. Da sie nicht zu umfangreich sind, ließen sie sich abwechslungsreich und im Detail anziehend ausgestalten.

Hatte man sich in dieser Weise bemüht, die Struktur des vorhandenen Stadtkörpers zu intensivieren, so drängte doch die Entwicklung weiter, und die ausgedehnten offenen Flächen des Umlandes riefen förmlich nach einer großräumigen, kontinuierlichen Planung für die künftigen Jahre. So hat man in Donnerschwee, am Ostrand der Stadt, in Richtung auf die Hunteniederung das Wohngebiet um die Donar- und Nibelungenstraße als erweiterungsfähige Anlage geplant, die bis an den Hochwasserrand vorgeschoben werden kann. Nördlich davon ist die Wohnstadt Ohmsteder Esch aus mehreren Teilen zusammengewachsen, sie weist deshalb sehr unterschiedliche Bauweisen und Bauformen auf. Auch sie kann noch durch Hinzunahme benachbarter Flächen weiter ausgebaut werden.

Am glücklichsten liegen aber die Voraussetzungen zu einer großzügigen planvollen Entwicklung im Stadtteil Bloherfelde, wo im Demonstrativ-Programm der Bundesregierung in den letzten Jahren drei beachtliche Bauabschnitte südlich der Bloherfelder Straße mit bisher 650 Wohnungen erstellt worden sind. Hier bietet sich die Möglichkeit, zwischen dem Grünstreifen der Haaren-Niederung und dem Wiesenzuge der Entwässerungsläufe Nr. 23 und 24 einen geschlossen bebauten Stadtsektor zu bilden, der nach Fertigstellung der im Bau befindlichen Wohnstadt und nach Abrundung der vorhandenen Ansätze aus früherer Zeit insgesamt etwa 1000 Wohnungen aufweisen wird.

Es lassen sich aber noch weitere solche Sektoren bilden, die dem Stadtkörper das regellos Zerfließende, das ihm zur Zeit noch anhaftet, nehmen könnten, so in Eversten eine Zusammenfassung der Bauflächen zu beiden Seiten der Edewechter Landstraße und im Süden, in Kreyenbrück, die Schließung des Raumes zwischen dem Siedlungsband an der Cloppenburger Straße und der Bahnhofsallee. Die Bildung solcher Sektoren ist teils durch die natürlichen Wasserläufe, teils durch die Bahnlinien und Ausfallstraßen begünstigt. Die guten örtlichen Voraussetzungen, die hier vorliegen, werden einer gestaltungsfähigen Entwicklung Vorschub leisten, wenn in naher Zukunft die gesteigerten Anforderungen an den Wohnungsbau erfüllt werden müssen, die durch die Gründung der neuen Universität und durch die Verwaltungsreform verursacht werden. Bei der Eröffnung der Universität im Jahre 1980 rechnet man mit einer Besucherzahl von 12 000 Studenten, für die schon rechtzeitig vorher Unterkunft beschafft werden muß. Die Anforderungen an den Wohnungsbau werden aber noch vermehrt, wenn die ins Auge gefaßte Vereinigung der Regierungsbezirke Osnabrück und Aurich mit dem Verwaltungsbezirk Oldenburg durchgeführt sein wird. Oldenburg wird dadurch Universitätsstadt und Regierungssitz für ein wesentlich größeres Einzugsgebiet als bisher. Es werden dann in verhältnismäßig kurzer Zeit mehrere Tausende neuer Wohnungen gebaut werden müssen, und man wird alle Sorgfalt aufwenden müssen, um diesen drängenden Bedarf durch umsichtige städtebauliche Planung den in der Stadtstruktur vorhandenen günstigen Voraussetzungen anzupassen und das in den letzten Jahren Begonnene wirkungsvoll auszuweiten und fortzusetzen.

7. Wanne-Eickel

Wenn man sich vor Augen hält, daß die Stadt Wanne-Eickel aus dem Amt Wanne hervorgegangen ist und ihre bauliche Entwicklung dem Ausbau der Kohleförderung im letzten Drittel des vorigen Jahrhunderts verdankt, so müßte man sie eigentlich als eine „neue" Stadt bezeichnen und könnte sich vorstellen, sie müßte auch eine „frei geplante" Stadt sein. Aber das ist keineswegs der Fall. Der Erkennung der hier vorliegenden städtebaulichen Aufgabe standen eine Reihe von Umständen entgegen. Einmal ist die kommunalpolitische Haltung eines Amtes, also eines Zusammenschlusses mehrerer Gemeinden zu gemeinsamer Verwaltung, weniger willensstark als diejenige einer von eh und je zentral denkenden und regierenden alten Stadt, zum anderen waren es ja auch nicht die Kräfte der kommunalen Verwaltung, die den Anstoß und die ersten Regungen einer Planung und eines Ausbaus des Gemeindegebietes gaben. Hinzu kommt, daß das Amt Wanne in der Zeit von 1891 bis 1926 in zwei Ämter, Wanne und Eickel, wieder getrennt und in seiner einheitlichen Willensbildung geschwächt wurde. Man darf aber auch nicht übersehen, daß — selbst wenn tatsächlich ein zentraler Verwaltungswille den Gedanken einer im Bereich des noch ungeteilten Amtes Wanne zu planenden Stadt gefaßt hätte — die damals zur Verfügung stehenden bau- und planungsrechtlichen Mittel nicht ausgereicht hätten, um einen solchen Gedanken in die Tat umzusetzen, zumal auch die herrschende Bodenordnung eine solche Möglichkeit so gut wie ausschloß.

Und doch mußte man auch hier planen, um leben zu können. Die Standorte der Förderungsanlagen des Bergbaus waren gegeben und ebenso das Netz der Feldwege und der wenigen Landstraßen, die vor der industriellen Erschließung dem landwirtschaftlichen Verkehr dienten. Die Zechen zogen Arbeitskräfte an, für die sie „Wohnkolonien" errichteten; ihre neuen geraden Straßen waren die ersten Regungen einer städtebaulichen Planung, die allerdings nur sporadisch im Gemeindegebiet auftrat. Hinzu kommen dann in den achtziger und neunziger Jahren des vorigen Jahrhunderts erste zaghafte, dann mutigere gemeindliche Planungen, die in dem Gebiet nördlich der Eisenbahn in den durchgehenden Linien der Hauptstraße und der Rathausstraße ein Rückgrat gaben für die Planung der Erschließung des Geländes zu beiden Seiten dieser Straßen. Was dort an „Stadtstruktur" entstanden ist, entspricht der Stadterweiterungstechnik der damaligen Zeit und erschöpft sich in der Aufreihung gleichmäßiger Baublöcke, ohne an städtebauliche Wirkungen zu denken. Immerhin wird unter Auslassung einiger solcher Blöcke der Stadtgarten geschaffen als frühes Zeugnis einer kommunalen Sorge für das Wohl der Bevölkerung (vgl. Abb. 25).

Eine neue Planungsepoche beginnt nach dem Ersten Weltkrieg. Jetzt tritt neben die Planung der Zechen und der Ämter diejenige, die mit der Bautätigkeit der gemeinnützigen Bauträger Hand in Hand geht. Sie bringt zwar auch nicht den nachgerade dringend erforderlichen Generalbebauungsplan, sie läßt sich aber doch wenigstens eine sorgfältigere städtebauliche Durchgestaltung der ihrer Bautätigkeit dienenden Planungen angelegen sein. Die „Gartenstadt Eickel" ist die bezeichnende Leistung dieser neuen Planungsepoche. Die Siedlung an der Heimstraße und eine weitere Reihe von kleineren Anlagen gehören ebenfalls dazu. Die große Siedlung im Rottbruch und andere Abschnitte der vorstädtischen Kleinsiedlung zeigen dann schon wieder ein Zurückgleiten ins Einfachere, Kunstlosere in der gleichmäßigen Aufreihung ihrer kleinen Baukörper.

Die gesteigerte Tätigkeit der gemeinnützigen Bauträger bringt aber auch den Ämterverwaltungen ihre Aufgabe als Gestalter ihres Gemeindegebietes wieder stärker zum Bewußtsein. Als schließlich im Jahre 1926 die beiden Ämter zur Stadt Wanne-Eickel vereinigt werden, besteht schon ein Bebauungs- und Siedlungsamt. Seine Arbeit kann nun ausgebaut werden, denn die neue Stadt entwickelt auch ein neues zentrales Bewußtsein und kann auch leichter erkennen, was bisher im Vergleich zu anderen Städten versäumt worden ist. Wenn sich trotzdem noch Hemmungen ergaben aus der nicht mit einem Schlag zu beseitigenden Zweiteiligkeit des Gemeinwesens, so kann doch seit dem Ende des Zweiten Weltkrieges wieder von einer neuen Epoche der Planung und Selbstgestaltung der Stadt gesprochen werden. Die Aufbaugesetze der Länder und in ihrer Nachfolge das Bundesbaugesetz haben der Freiwilligkeit und Unverbindlichkeit der Planung ein Ende gesetzt und die planerische Behandlung des Stadtgebietes den Gemeinden zur aufsichtsbehördlich kontrollierten Pflicht gemacht.

Heute besteht denn auch für Wanne-Eickel ein Generalbebauungsplan, und die in den fünfziger und sechziger Jahren geschaffenen Wohnbaugruppen vermitteln den Eindruck, daß man bemüht ist, mit der Auffüllung und Abrundung der vorhandenen Bebauung, die gleichmäßig über das gesamte Stadtgebiet ausgebreitet ist, zugleich auch eine Verbesserung der Umweltbedingungen und eine stärkere städtebauliche Differenzierung und räumliche Spannung herauszuarbeiten. Die neuen Bauanlagen im zentralen Gebiet von Wanne (am Krankenhaus und zu beiden Seiten der Rathausstraße) und im nördlichen Gebiet von Eickel (Landgrafenstraße, Kurhausstraße und Hardenbergstraße) zeugen davon ebenso wie die Erweiterung der Gartenstadt Eickel und die Abrundungen des älteren Baugebietes Bickern zu beiden Seiten der Bickernstraße. Es sind aber auch umfangreichere neue Wohngebiete entstanden, wie im Norden in Crange die Flöz-Hugo-Siedlung. Das größte zusammenhängende und in seinen verschiedenen Abschnitten gut gestaltete Neubaugebiet liegt im Westen in Bickern. Hier ist aber der zur Verfügung stehende Raum restlos ausgefüllt. Ein Gegenstück dazu befindet sich im Osten im Stadtteil Holsterhausen, nördlich der Stickstoffwerke „Hibernia". Hier steht glücklicherweise noch eine genügend große unbebaute Fläche zur Verfügung, um den Umfang der Bebauung auf das Doppelte ausdehnen zu können.

Diese Ausdehnungsmöglichkeit ist aber, im Hinblick auf das ganze Stadtgebiet, äußerst gering. Man wird kaum umhin können, festzustellen, daß tatsächlich die für den Wohnungsbau geeigneten Flächen fast erschöpft sind. Da die Bevölkerungsbewegung allerdings zur Zeit schwach rückläufig ist, wird man dieser Tatsache gegenüber eine gewisse Erleichterung verspüren. Man darf sich aber deswegen nicht etwa der Täuschung hingeben, daß damit nun auch ein Stillstand im Wohnungsbau eintreten könnte. Die geplante Umwandlung des Wohnviertels nördlich des Rhein-Herne-Kanals in ein Industriegebiet wird neuen Bedarf schaffen, ebenso die Durchführung der Sanierung, die für einige Gebiete im Flächennutzungsplan vorgesehen ist. Man wird also sehr genaue Untersuchungen über die Strukturverhältnisse in diesem ausgefüllten Stadtgebiet durchführen müssen, um alle Möglichkeiten einer rationelleren, unter Umständen auch noch dichteren Nutzung zu ermitteln, man wird aber dadurch auch die Chance erhalten, den Stadtkörper sinnvoller durchzugestalten und zugleich damit den Prozeß einer wirklichen Stadtwerdung zu beschleunigen. An Gedanken dazu fehlt es nicht, Planvorschläge sind auf dem Wege, aber es wird bei rückläufiger Bevölkerungsbewegung und schmaler finanzieller Grundlage nicht leicht sein, das gesteckte Ziel zu erreichen, zumal sich die Arbeit daran nur in längeren Zeiträumen verwirklichen läßt.

8. *Wolfsburg*

Wenn man die Stadt Wanne-Eickel nach den Bedingungen ihrer Entstehung als eine „unfreiwillig" auf der grünen Wiese herangewachsene Stadt bezeichnen kann, so erscheint dagegen Wolfsburg als das Schulbeispiel einer „willentlich" auf der grünen Wiese gegründeten und geplanten Stadt. Ihr Plan, von PETER KOLLER entworfen, war auf eine Einwohnerschaft von 100 000 berechnet und schmiegte sich in die hügelige Wald- und Wiesenlandschaft ein. Hier schienen alle Voraussetzungen für eine konsequente Verwirklichung über einen Zeitraum gleichbleibender Bautätigkeit gegeben zu sein. Aber das war diesem Plane nicht beschieden. Auch hier nahmen die Zeitläufte ihren bestimmenden Einfluß. Der Zweite Weltkrieg unterbrach die Ausführung des KOLLERschen Plans, die veränderten Nachkriegsverhältnisse legten eine Einschränkung des Programms nahe, und die Architekten REICHOW und EGGELING vereinfachten und veränderten den Plan, indem sie nur das Gebiet um die Stadtmitte und die Flächen östlich und westlich davon in der Richtung des Kanals für den Umfang der Stadt vorsahen (vgl. Abb. 26 im Kartenanhang am Schluß des Bandes).

Die günstige wirtschaftliche Entwicklung der fünfziger Jahre machte dann aber doch einen Weiterbau der Stadt über den verkleinerten Bereich hinaus notwendig. Man konnte dabei nicht auf den ursprünglichen Plan zurückgreifen, hielt sich aber in Anlehnung an die topographischen Verhältnisse an gewisse Grundlinien daraus, die auch weiterhin brauchbar waren. So entstanden die Stadtteile Laagberg im Westen und Klieversberg und Rabenberg im Süden, Hellwinkel im Osten und schließlich auf der Wolfsburger Seite im Norden an den Ufern des „Neuen Sees" die Stadtteile Tiergarten-

und Teichbreite (vgl. Abb. 33). Waren die erstgebauten Stadtteile Stadtmitte, Schillerteich, Steimker- und Köhlerberg in Straßennetz und Aufbau typische Beispiele für den Städtebau und die Architektur der dreißiger Jahre, so spiegelten die in den fünfziger Jahren neu erschlossenen Stadtteile in der Abstufung ihrer Erschließungssysteme und in der reichlichen Verwendung des offenen Zeilenbaus die Auffassung dieser ersten Nachkriegsepoche wider. Dagegen zeigen die zuletzt entstandenen Wohnstädte Detmerode und Westhagen die Züge der sechziger Jahre und zeugen von den Bemühungen, die man heute aufwendet, um solche neuen Stadtviertel nicht zu sogenannten „Schlafstädten" werden zu lassen, sondern ihnen durch die umfangreiche Ausstattung mit Gemeinschaftseinrichtungen mehr und mehr den Charakter eines Nebenzentrums mit sonstigen städtischen Funktionen zu geben (vgl. Abb. 34).

Der Bebauungsplan von Detmerode zeigt das Bestreben, eine möglichst weitgehende Vielfalt in Hausformen und -gruppen anzubieten. Man will offensichtlich die Reihung von freistehenden Zeilen vermeiden, man will aber auch in der Zahl der Geschosse, also in der Höhe der Baukörper, einen großen Spielraum walten lassen. Zwischen Zeilen, Punkthäusern und Hochhäusern verschiedener Höhe legen sich flache Einfamilienhaus-„teppiche", die die Gegensätze noch fühlbarer machen. Die einzelnen Bauwerke und Gruppen zeigen die verschiedenen Handschriften der einzelnen Architekten und unterscheiden sich in charakteristischer Weise. Das hat dazu geführt, daß sie bereits Spitznamen von der Bevölkerung erhalten haben, wie etwa „Camillo und Peppone" für zwei Zwillingshochhäuser, „Tatzelwurm" für eine stark gegliederte Zeile mit unterschiedlichen Höhen, und die „Burg" für eine ebenfalls reich gegliederte Baugruppe, die einen weiten Innenraum umschließt; ein Zeichen dafür, daß man ein persönliches Verhältnis zu dieser städtebaulichen und architektonischen Formenwelt zu finden sucht.

In gleicher Richtung ist auch die benachbarte Wohnstadt Westhagen behandelt. Allerdings zeigen hier der Bebauungsplan und das Modell dazu eine größere Beruhigung in der Verwendung der unterschiedlichen Hausformen und Höhen. Es besteht sichtlich der Wunsch, mehr befriedete, umschlossene Räume zu gewinnen. Auch ist die Zentrierung um den Einkaufs- und Gemeinschaftsmittelpunkt stärker und günstiger herausgearbeitet als in Detmerode. Da die Wege zu diesem Zentrum in nordsüdlicher Richtung zu lang werden würden, sind im Zusammenhang mit dem im Nord- und im Südteil vorgesehenen Kulturzentren Ladengruppen vorgesehen, damit man nicht ganz auf den Vorteil eines „Ladens um die Ecke" zu verzichten braucht. Die Ausstattung mit Schulen und Kindergärten und die einfühlsame Einarbeitung dieser Anlagen in den Bebauungsplan darf ebenso hervorgehoben werden wie die Zuordnung eines kleinen Gewerbegebietes, das die handwerklichen Hilfeleistungsbetriebe für die Wohnviertel aufnehmen kann.

Diese neuesten Entwicklungsgebiete der Stadt, zu denen noch im Norden das in Vorbereitung begriffene von Kreuzheide hinzukommt, sind auch deshalb beachtenswert, weil sie im Jahre 1968 einer eingehenden öffentlichen Kritik unterzogen worden sind, die allgemein beispielhaft sein könnte für die Bewertung derartiger Neuanlagen. Zwei junge Soziologen haben sich darum verdient gemacht. Sie überlegten sich, wie sie am besten an die Bewohnerschaft und zugleich auch an die Planer herankommen könnten. Sie erfanden dazu das „Stadtspiel". Sie haben sich in zahlreichen Umfragen und Diskussionen darum bemüht, den Wohnwert, den Umweltwert, die Beziehungsmöglichkeiten zum öffentlichen Leben zu testen, man hat aber auch ganz einfache Fragen der täglichen Benutzung des hier Gebotenen zu klären versucht: Sind die Wege zum Einkaufszentrum für den täglichen Kleineinkauf zu weit? Sind die Wege dorthin erlebnisreich oder ermüdend? Ist es richtig, die volkreichen Hochbauten am weitesten weg vom Einkaufszentrum zu errichten und die schwach bewohnten Einfamilienhausteppiche nahebei? Irritiert es nicht die Bewohner dieser Einfamilienhausgruppen, von den Hochhäusern aus eingesehen zu werden? Solche und ähnliche Fragen wurden lebhaft und in verschiedenen Kreisen erörtert. Es wurde daraus aber nicht eine allgemeine Ablehnung herausgehört, wie es andernorts wohl vorgekommen ist, man konnte daraus auch Anerkennung und erste Regungen einer gewissen Volkstümlichkeit im Verhältnis zum Wohnbau und zum Städtebau ablesen. Es ergaben sich aber auch praktische, beherzigenswerte Anregungen für die Planer selbst, die sich auch tatsächlich in der Planung von Westhagen und Kreuzheide bereits niedergeschlagen haben.

In der Bereitschaft, die Probleme von morgen aufzugreifen, hebt sich die Sonderstellung der Stadt Wolfsburg als junge und geplante Stadt deutlich hervor. Hier ist man nicht durch historische Werte belastet, hier hat man seit Anbeginn vor Augen gehabt, wie sich praktisch auswirkt, wie sich bewährt oder versagt, was eben noch als Planung auf dem Papier stand. So ist man einerseits wacher und kritischer, die Verwaltung und insbesondere die Stadtplanung hat aber ihr Ohr dichter am Herzschlag der Bevölkerung und kann bei dem guten Willen, der an ihren Leistungen abzulesen ist, sofort auf berechtigte Klagen eingehen und die erforderlichen Maßnahmen zur Abstellung von Mängeln unverzüglich ergreifen. Das wird bei einem Rundgang durch die Stadt in der Atmosphäre, die man in ihren Straßen spürt, besonders deutlich, und es stellt ihren Wert als bewußt gestaltete Umwelt in einen wirkungsvollen Gegensatz zu dem Geist und dem Wesen alter Städte.

V. Grünflächenplanung

Vorbemerkungen

Im Angesicht der Fünftagewoche und einer künftigen Entwicklung, die eine weitere Kürzung der Arbeitszeit erwarten läßt und den Spielraum der Freizeit noch beträchtlich ausdehnen wird, gewinnt das Angebot an Grün- und Erholungsflächen — insbesondere auch der Sport- und Spielflächen —, das eine Stadt ihren Bürgern zur Verfügung stellt, mehr und mehr an Bedeutung. Die Städte werden sich darauf einstellen müssen, ihre Bemühungen um die Pflege der vorhandenen und den Ausbau neuer Anlagen zu steigern und in Zukunft diesen Zweig der Ausgestaltung ihres Gemeindegebiets mit größeren finanziellen Mitteln auszustatten als es bisher der Fall gewesen ist, da sich der Grünetat vielfach als einer der schwächsten Punkte im Stadthaushalt erwiesen hat. Da es sich hier um eine der wichtigsten sozialen Aufgaben handelt, die einer Stadt gestellt sind, würden Engherzigkeit und falsch verstandene Sparsamkeit zu Schädigungen führen, die sich im Gesundheitszustand und in der gesellschaftlichen Haltung der Bürgerschaft bemerkbar machen würden.

Beim Ausbau des Grünflächennetzes ist besonderer Wert zu legen auf die leichte Erreichbarkeit der Anlagen. Der alte Begriff der „Kinderwagenentfernung" sollte dabei immer wieder zur Richtschnur gemacht werden. Die Städte der Größenklasse, die hier zur Betrachtung steht, sind alle noch in der glücklichen Lage, eng mit der umgebenden Landschaft verbunden zu sein, und sie weisen so günstige topografische Vorbedingungen auf, daß diese Forderungen sich bei ihnen leichter erfüllen lassen als in den großen Städten; man wird aber trotzdem acht geben müssen, daß man vorhandene gute Ansätze nicht verbaut und daß man vor allem die Ausstrahlung in die freie Landschaft der Umgebung, die noch fast überall erreichbar ist, planerisch festlegt. Diese Grünstrahlen sollen so nah wie möglich an den innersten Stadtkern herangeführt werden, so daß sie in den alten Wallanlagen oder anderem bedeutenderen Innenstadtgrün ihre Ausgangspunkte finden und auch die Gebiete der dichtesten Vorstadtbebauung schneisenartig durchdringen.

Bei solchen Grünstrahlen ist keineswegs in erster Linie an eine parkartige Ausgestaltung gedacht. Man wird zwar dort, wo die Flächen knapp sind, sich mit Rasenflächen und Baumpflanzungen begnügen müssen, man wird aber überall dort, wo die Flächen umfangreicher bemessen werden können, Sport- und Spielflächen vorsehen, also außer auf das Spazierengehen auch auf die Betätigung im Freien zielen müssen. Dabei sollte auch dem Schwimmsport stärkere praktische Förderung erwiesen werden, und es sollten in größerer Zahl als bisher Badeanlagen als Frei- und Hallenbäder in das Netz der Grünflächen in guter Verteilung über das Stadtgebiet eingeplant werden.

Auch dem Kleingarten sollte wieder größere Aufmerksamkeit gewidmet werden. In der Bevölkerung der Mittelstädte ist der Wunsch nach der Bearbeitung einer eigenen Gartenfläche durchaus noch rege, und je höher der Prozentsatz der Geschoßwohnungen im Rahmen der jährlich fortschreitenden Wohnungsbautätigkeit steigt, um so mehr muß Vorsorge getroffen werden, um die Freude am eigenen Garten nicht verkümmern zu lassen. Dem Gedanken des „Kleingartenparks" sollte deshalb im Ausbauplan der Grünflächen mehr Beachtung geschenkt werden, aus ihm läßt sich eine ideale Verbindung von Erholungs- und Betätigungsgrün entwickeln. Man vermeidet es damit, daß die Kleingärten zu riesigen Flächen zusammenwachsen, die zwar zum Grünflächenbestand zählen, die aber als nicht zugängliche Flächen aus der Benutzung und dem Genuß der Allgemeinheit ausscheiden. Die kleineren Nutzgartengruppen des Kleingartenparks sind von allgemein zugänglichem Grün umgeben und durchschossen, eine solche Anlage kann ihre Aufgabe als Verbindung mit dem freien Grün der umgebenden Landschaft bestens erfüllen.

Auch andere Arten von Tabu-Gebieten im Grünflächensystem sind mit besonderer Sorgfalt einzuordnen oder anzugliedern. Das sind die Flächen für solche Sportarten, die mit hohen Zäunen umgeben sind und die vom Spaziergänger umgangen werden müssen. Zu ihnen zählen die großen Kampfbahnen und zusammengefaßten Sportfelder, die Tennisplätze, die Pferderennbahnen, die Golfplätze, alles Flächen, die im Grünanteil je Einwohner eingerechnet sind, die aber für den eigentlichen Erholungswert je Einwohner nicht zu Buche schlagen. Man muß deshalb dafür sorgen, daß auch diese Flächen von genügend breiten Grünbändern umschlossen oder wenigstens seitlich umzogen werden, damit sie sich nicht als trennende Barrieren zwischen die Stadt und ihre landschaftlichen Auslaufgebiete legen.

Mit besonderer Liebe, fast möchte man sagen mit besonderem Mute, sollte man sich der Grünflächen im Bereich der Innenstädte annehmen. Wir erleben es immer wieder, daß alte und wertvolle Bestände an zentral gelegenem Grün geopfert werden, wenn es gilt, für irgend einen öffentlichen oder gar nur einen wirtschaftlichen Zweck ein Baugrundstück zur Verfügung zu stellen, das „leicht greifbar" ist. Gerade in einer Innenstadt ist es nötig, Oasen der Stille und Ruhe und der Begegnung mit Baum und Pflanze zu schaffen. Es ist also ein wesentliches Gebot für die Erhaltung eines gesunden Lebens in diesen Stadtteilen, daß man nicht nur das Vorhandene erhält und pflegt, sondern daß man Neues hinzufügt. Im besonderen die Schaffung von Fußgängerbereichen in der Innenstadt sollte dazu führen, daß man sich aus den Einkaufsstraßen in solche grünen

Ruheräume zurückziehen kann und daß man auf grünen Wegen auch weiter hinaus an die Uferpromenade des Flusses, an die grünen Höhen benachbarter Hügel oder sonst an die Stellen gelangt, wo die umgebende freie Natur mit einzelnen landschaftlichen Bestandteilen in die steinerne Stadt eindringt.

Es kann nicht übersehen werden, daß man in der Ausgestaltung der Grünflächen ein praktisches Mittel in der Hand hat, die menschlichen Werte eines Stadtgefüges und einer Stadtlandschaft wirksam werden zu lassen, und was an städtebaulichen Leistungen, was an topografischen Einzelheiten und Vorzügen vorhanden ist, deutlich und erfaßbar zu machen. Denn die Bemühungen auf diesem Gebiet, die guten Einfälle und das liebevolle Herausarbeiten des bisher zu wenig Beachteten kommen dem Fußgänger zugute, und er ist es ja eigentlich, der den Wert der gestalteten Umwelt allein erfassen kann, indem er die Flächen und Räume durchschreitet und gewahr wird, ob es dem Städtebauer gelungen ist, ihm die Reize seiner heimatlichen Stadtlandschaft erkennbar und bewußt zu machen. Darum sollte man auch gerade diesen Bemühungen besondere Beachtung schenken, denn sie sind das Mittel, um den Wert einer Stadt für das Wohlbehagen ihrer Bewohner zu steigern, aber auch ihr selbst unverwechselbare Züge eigener Individualität zu verleihen.

1. Kassel

Unter den betrachteten Städten nimmt Kassel eine besondere Vorzugsstellung ein. Nicht genug damit, daß es rings in einem Kranz unterschiedlicher Mittelgebirgszüge und -massive eingebettet ist, es ist auch durch die Bau- und Planungslust der Fürsten, die hier residiert haben, mit zwei ausgedehnten Parkanlagen beschenkt worden, die als Gartenschöpfungen des 18. und 19. Jahrhunderts europäischen Ruf genießen. In der Flußaue der Fulda breitet sich der streng nach geometrischen Linien ausgeführte große Garten der Karlsaue aus und legt sich in voller Länge an den Stadtkörper an dort, wo die Bebauung am dichtesten ist. Die Stadt besitzt damit einen idealen Erholungsrückhalt, unmittelbar an der Innenstadt angelehnt und in wenigen Schritten vom Zentrum zu erreichen. Ihren besonderen Wert als innerhalb der Stadt befindliche Großgrünfläche hat die Karlsaue auch als Träger der Bundesgartenschau 1955 bewiesen. Damals konnte mit ihr zusammen die auf dem Hochufer über ihr mit neuen hellen Baukörpern erscheinende, wiedererstandene Innenstadt selbst als Ausstellungsgegenstand gezeigt werden.

Die andere große fürstliche Parkanlage nimmt den Osthang des Habichtswaldes ein, des Gebirgszuges, der — bis zu Höhen von 600 m ansteigend — das Kasseler Becken im Westen als eine hohe Mauer begrenzt. Dieser Park mit dem Höhepunkt im Herkules-Oktogon, mit den Kaskaden und dem Schloß Wilhelmshöhe, erweist seine Anziehungskraft weit über Hessen hinaus. Im Grünflächennetz der Stadt liegt er allerdings etwas exzentrisch, so daß er von der Innenstadt oder gar von den nordöstlichen Vierteln an der Holländischen Straße oder von den südöstlichen Vierteln an der Leipziger Straße nur mit einer längeren Straßenbahn- oder Omnibusfahrt zu erreichen ist (vgl. Abb. 27).

Damit ist ein Hauptanliegen der Grünflächenplanung in Kassel angeschnitten. Die Innenstadt und die westlichen Viertel sind reichlich und bevorzugt mit leicht erreichbaren, hervorragenden Grünflächen ausgestattet. Mit ihnen ist gewissermaßen ein Beispiel gegeben und ein Maßstab gesetzt, der nun auch für die anderen, nicht so gut bedachten Stadtgebiete angestrebt werden sollte. Im Norden bildet der Talzug der Ahne gute Ansatzpunkte. Der Lauf dieses Baches ist zwar im Bereich der Industrieanlagen nördlich der Innenstadt unsichtbar, er ist aber in der Nachkriegszeit in seinem unteren Anschnitt und seiner Mündung in die Fulda wieder freigelegt und durch die Anlagen auf dem Finkenherd, die von unerwünschten Notbauten befreit worden sind, wieder in einen ansehnlichen Zustand versetzt worden. Der Oberlauf der Ahne ist als Grünstreifen neu hergerichtet. Er durchzieht das Mischgebiet entlang der Holländischen Straße und lockert dieses langgestreckte Siedlungsband erfreulich auf. Ein tief eingeschnittenes Quertal, das Quellgrabental, ist bereinigt und im weiteren Ausbau begriffen. Eine ausgedehnte Erweiterung und Ergänzung wird dieser Grünzug erfahren, wenn die gemeinsam mit den angrenzenden Gemeinden des Landkreises geplanten Anlagen zu Füßen des hergerichteten Warteberges in der Nachbarschaft der alten Pariser Mühle ausgebaut und mit den hier vorgesehenen Sport- und Schwimmanlagen ausgestattet sein werden.

Damit erhielte der Norden seine große Freizeit- und Erholungsfläche. In ähnlicher Art soll auch das Lossetal im Osten der Stadt landschaftlich und freizeitförderlich ausgebaut werden. Mit dem langgezogenen Höhenrücken des Eichwäldchens, der das Tal begleitet, bietet dieser breite Wiesenzug gute Voraussetzungen dazu. Ein Wettbewerb hat mancherlei Gedanken und Anregungen für seine Ausgestaltung vermittelt. Auch hier müssen unerwünschte Bauanlagen aus der ersten Nachkriegszeit beseitigt werden. Ein Anfang davon ist gemacht, die ersten Sportstätten sind entstanden, und so wird man damit rechnen dürfen, daß das in der Planung niedergelegte Programm auch Zug um Zug in die Wirklichkeit umgesetzt wird.

Aus dem gleichen Bemühen um die Förderung der Freizeitbetätigung in Sport und Spiel ist auch der Plan entstanden, die umfangreichen Freiflächen der Waldauer Wiesen jenseits der Fulda diesen Zwecken dienstbar zu machen. Diese Flächen sind bisher als Flutgelände von der Bebauung frei gehalten, sie sind durch den Damm und die Geleise der Bahn nach Eschwege von dem baulichen Entwicklungsgebiet des Vorortes Waldau getrennt und bieten mit den Auskiesungsteichen besonders gute Vorbedingungen für den Ausbau dieses Geländes überwiegend für den Wassersport. Die Kiesgewinnung wird hier schon seit längerer Zeit auf dieses Ziel ausgerichtet; die damit gewonnenen Wasserflächen sollen zu einem großen See zusammengeschlossen werden, der alle Arten von Wassersport auszuüben gestattet. Daneben bleiben die jetzt schon vorhandenen Schulsportplätze bestehen, es wird aber alles von allgemein zugänglichem Grün umrandet und durchzogen sein. Eine besondere Vorleistung für die Erschließung und Erreichbarkeit dieses Gebietes ist in dem Bau der Brücke im Zuge der Damaschke-Straße erbracht, die dieses Gelände mit der Karlsaue, dem Aue-Stadion und den übrigen Sportstätten an ihrem Südwestende verbindet.

Dieses große Grün- und Sportflächenareal läßt sich über den Talzug des Parks Schönfeld und der Helleböhnsenke mit dem Habichtswald und dem Brasselsberg verbinden. Große Teile dieses Zuges sind schon hergestellt, andere bebauungsplanmäßig gesichert. Eine besondere eigenartige Lösung stellt die Durchdringung dieser Grünverbindung mit dem großen Westfriedhof dar, in der sich die Abzweigung in der Richtung des künftigen Erschließungsgebietes der Dönche und der Wohnstadt Brückenhof vollzieht. Diese große durchgehende Linie des Grünflächennetzes kann als Muster gelten für die Herausarbeitung der natürlichen topografischen Gliederung des in der Entwicklung begriffenen Stadtgebietes. An sie schließen sich alle die kleinen Grünadern an, die die einzelnen Wohnbaugebiete durchziehen, und man kann die Verästelungen verfolgen wie das Geäder auf einem Lindenblatt.

Eine besondere Aufgabe im Ausbau des Innenstadtgrüns ist in der Schaffung der Fuldauferpromenade zu sehen, weil erst durch sie die Lage der Stadt am Fluß sichtbar und erlebnisfähig wird. In alter Zeit reichte die Bebauung der Altstadt und der ihr gegenüber liegenden Unterneustadt bis ans Wasser heran mit Ausnahme der beschränkten Fläche der sogenannten „Ladeschlagd" auf der Altstadtseite, die dem Anlegen und dem Umschlag der Schiffe diente. Die völlige Zerstörung der Unterneustadt und der Entschluß, sie nur zum kleinen Teil wieder aufzubauen, leistete dem Gedanken Vorschub, der Stadt jetzt zu geben, was sie nie gehabt hat: die Uferpromenade, die eigentlich erst die Lage der Stadt am Fluß allgemein räumlich zum Bewußtsein bringt. Welch ein Zugewinn an städtebaulichem Reiz damit erschlossen ist, kann man am besten ermessen, wenn man auf alten Bildern feststellt, wie eigentlich allein die wenigen kurzen Augenblicke, die man für einen Gang über die Fuldabrücke benötigte, die Lage der Stadt am Fluß vor Augen führten, und wenn man bedenkt, daß die lange Front, die die Karlsaue am Fluß entlang aufweist, für die Wirkung vom Park aus abgeriegelt ist durch den Damm, der das Hochwasser abhalten muß (vgl. Abb. 35).

Die ersten Teile dieser Promenade sind inzwischen freigeräumt und hergestellt. Sie ziehen sich auf dem rechten Fuldaufer von der Hafenbrücke bis nahezu an die Löwenbrücke, den Fußgängersteg, der die sogenannte „Voraue" mit dem rechten Ufer verbindet. Größere Schwierigkeiten macht die Anlage der Promenade auf dem linken Ufer. Hier soll sie am Finkenherd an der Südostecke der Altstadt beginnen und sich zur Fuldabrücke hinziehen. Auf dem Gelände des städtischen Polizeiverwaltungsgebäudes am Altmarkt, das eine lange Wasserfront aufweist, ist sie schon baulich vorbereitet, in ihrer Fortsetzung muß sie aber an dem Rest der alten Schloßbefestigung, an dem „Rondell", vorbeigeführt werden. Das geht nur mit Hilfe eines Steges, der an das alte Mauerwerk anzuhängen wäre, und dieses fehlende Stück muß noch ausgeführt werden. Auf der rechten Seite ist die Fortsetzung der Uferpromenade von der Löwenbrücke bis zur Brücke an der Damaschke-Straße im Rahmen der Planung für das große See- und Erholungsgebiet der Waldauer Wiesen gesichert. Eine weitere Fußgängerbrücke ist vorgesehen im Zuge des Hauptquerweges der Karlsaue.

In Kassel ergibt sich aus dem reizvollen Rahmen der umgebenden Höhenzüge, aus der großartigen Vorleistung der umfangreichen Parkanlagen des 18. Jahrhunderts, aus den natürlichen Talzügen mit ihren Bachläufen ein Grünflächennetz, das das ganze Stadtgebiet durchzieht und die vorhandenen und geplanten Freizeitflächen ohne Einschaltung eines öffentlichen oder privaten Verkehrsmittels in kurzen Fußwegen erreichbar macht. Damit ist eine ideale Ausgangsposition gegeben, wie sie sich nicht so leicht wieder finden läßt. Es wird aber weiterer Anstrengungen bedürfen, um den so vielversprechend konzipierten Ausbau dieses großzügigen Grünsystems auch Zug und Zug zur Vollendung zu bringen und damit den Freizeitwert der Stadt zu erhöhen, der für ihre Zukunft immer bedeutungsvoller wird.

2. Freiburg

Die Stadt Freiburg gehört ebenfalls zu den Städten, die sich einer besonders bevorzugten landschaftlichen Lage erfreuen. Die Altstadt lehnt sich unmittelbar an den Fuß des Schloßberges an und beherrscht den Austritt des Dreisam-Tales in die Rheinebene. Im Süden wird ihr Landschaftsraum durch den Sternwald, den Lorettoberg und den Schönberg eingerahmt mit den dazwischen liegenden Öffnungen des Günters- und des Hexentals. In die Rheinebene hinaus dehnt sich die Niederung, durchzogen von der kanalisierten Dreisam und anderen Bachläufen, landschaftlich durch den Mooswald und den Lehener Berg bestimmt. Die alte Stadt konnte mit wenig Grün auskommen. Der Colombipark auf der Höhe einer alten Stadtbefestigung und der Stadtgarten, dazu der

Alleenring, waren ausreichend als Durchgrünung der Stadt, da man nur kurze Wege brauchte, um zu den benachbarten Höhen und ihren Waldgebieten zu kommen.

In dieser Genügsamkeit ist aber ein grundlegender Wandel eingetreten durch die bauliche Entwicklung der Stadt in den vergangenen Jahrzehnten dieses Jahrhunderts. Die Wohngebiete im Westen, jenseits der beiden Bahnlinien, sind nun soweit von dem Erholungsgebiet der Höhen im Osten und Süden entfernt, daß sie mit näher gelegenen Erholungsflächen ausgestattet werden müssen. Die bandartigen Wohnbaugebiete, die sich, der generellen Planung folgend, fächerförmig im Westen und Nordwesten der Stadt entwickelt haben und weiter ausgebaut werden, lassen Räume zwischen sich frei, die sich ebenso strahlenförmig von der Stadtmitte aus zur freien Landschaft hin bewegen. Auf dieser offenen Seite der Stadt ergeben sich so vier große Grünzüge: Der erste geht von der Innenstadt aus in Richtung auf St. Georgen. Der zweite umfaßt den Lauf der Dreisam. Er führt von der Innenstadt nach Lehen. Der dritte und der vierte ziehen sich hinaus zu den Wohnstädten Landwasser Süd und Landwasser Nord. Diese ausstrahlenden Grünzüge sind unter sich wieder durch Quergrüngürtel verbunden, die sich aus der inneren Planung der Wohnbausektoren ergeben (vgl. Abb. 30).

Die neuen Grünzüge dieses Systems dienen nicht etwa der Repräsentation, wie es die alten Parkanlagen vielfach taten, sie sind vornehmlich als soziale Anlagen zu betrachten, da sie nicht nur mit den Betätigungsflächen für alle Arten von Sport und Spiel ausgestattet sind, sondern auch vielerlei Einrichtungen des bürgerlichen Gemeinschaftslebens aufweisen. Die Gärten und Grünräume, welche Schulen, Kirchen, Altersheime, Bürgerhäuser umgeben, erweitern den Umfang des eigentlichen Grünzuges in abwechslungsreicher Erscheinung und vermitteln dem Fußgänger auf dem Wege zu seinen Zielen räumliche und landschaftliche Erlebnisse.

Als ein besonders bezeichnenden Beispiel für die Ausbildung dieses neuen sozialen Grüns kann der Grünzug Nr. 3 angesehen werden, der sich von der Innenstadt zur neuen Wohnstadt Landwasser Süd und zum Lehener Berg hinauszieht. In seinen Anfängen im Gebiet des Bahnhofsviertels muß er sich noch mit bescheidenen Maßen begnügen, aber kurz hinter der Güterbahnlinie kann er sich dann freier entfalten. Zwischen den Wohnbaugebieten Bischofslinde und Mooswald erweitert er sich dann beträchtlich und erhält durch den Flückiger See, einen großen Baggersee, einen besonderen Schwerpunkt. Im Bereich der Wohnstadt Landwasser Süd teilt er sich dann in die Rand- und Innengrünflächen dieses neu geplanten Baugebietes und endet vorläufig am Lehener Berg und am Moosweiher.

Die Flächen rings um den Flückiger See, der mit seiner weiten Wasserfläche, dem umgebenden Grün und der Rahmung durch den Kranz der gut abgestimmten Bebauung im Hintergrund ein charakteristisches neues Stadtbild abgibt, bilden ein reich ausgestattetes Zentrum für Freizeit und Erholung. Ein Fußballplatz, Tennisplätze, eine Rollschuh- und Eislaufbahn, Plätze für alle sonstigen Arten von Ballspiel bieten sich für die sportliche Betätigung an. Das schön eingerichtete Freibad am See hat sich als besonderer Anziehungspunkt erwiesen und soll in Kürze auch durch ein Hallenbad erweitert werden. Eine Kaffeeterrasse ist geplant mit Bootsverleih. Ein Jugendzeltplatz, ein Robinsonspielplatz sind vorgesehen, Leseecken, Skattische und Bocciabahnen sollen der älteren Generation zur Verfügung stehen. Zur Verstärkung des landschaftlichen Reizes ist auch geplant, den Flückiger See mit dem Moosweiher durch einen neu zu schaffenden Bachlauf zu verbinden.

Nach den Anregungen und Erfahrungen, die sich bei dem Ausbau dieses Grünzuges ergeben, soll auch der Grünzug Nr. 2, dessen Rückgrat die Dreisam bildet, mit allen denkbaren geeigneten Einrichtungen für die Freizeitbetätigung und Erholung ausgestaltet werden. Hier stehen unter Einbeziehung der heute noch dort befindlichen Rieselfelder weite Flächen zur Verfügung. Dieses Gebiet soll, wie es in Erwägung steht, mit einem „großangelegten Wassersport- und Erholungssee" ausgestattet werden, dem man eine Länge von zweieinhalb Kilometern geben könnte.

Wenn der von der Dreisam durchflossene Grünzug im westlichen Vorfeld der Stadt auch die besten Entfaltungsmöglichkeiten zur Verfügung hat, so ist doch sein Ursprung in der Innenstadt außerordentlich beengt. Von der Überquerung durch die Güterbahn im Westen bis zur Ortslage Oberau im Osten ist der Flußlauf von zusammenhängender Bebauung begleitet. Es würde wohl nahe liegen, die Dreisam mit ihren Ufern als innerstädtischen Landschaftsbestandteil mit reichlicheren Grünflächen auszustatten und zu diesem Zweck eine umfangreiche Freilegung der begleitenden Baublöcke im Sinne einer Stadtsanierung in die Wege zu leiten. Dem steht aber die andere wichtige Funktion dieses Streifens entgegen, nämlich seine Aufgabe als einer der Hauptträger des städtischen und überörtlichen Verkehrs, eine Funktion, die sich, wie die eingehenden Untersuchungen im Rahmen des Generalverkehrsplanes ergeben haben, auf andere Weise in der Fläche der verhältnismäßig schmalen Sohle des Dreisamtales nicht erfüllen läßt.

Die Dreisam, durch die Kanalisierung schon in eine Zwangsform gepreßt, muß es sich also gefallen lassen, zu beiden Seiten von den Richtungsfahrbahnen der Hauptbasislinie des Ostwestverkehrs eingefaßt zu werden. Teile dieses doppelten Verkehrszuges sind in der Schreiber- und Dreisamstraße auf dem einen und in der Lessing- und Schillerstraße auf dem andern Ufer neu ausgebaut. Man war sich aber bewußt, daß man unter diesen unvermeidlichen Verhältnissen doch etwas für den im inneren Stadtbereich Erholung suchenden Fußgänger tun müsse und hat den Gedanken gefaßt, in das Hochwasserprofil der Dreisam durch Abstufung einen Fußweg mit Bänken und bescheidenem Grünbesatz zu gewinnen. Um das zu erreichen, bedurfte es eines zähen Ringens mit der Wasseraufsichtsbehörde, aber der Hartnäckigkeit der Planer ist es doch gelungen, diesen Gedanken zu verwirklichen. Unterhalb der Schillerstraße ist das erste Stück dieser tiefer gelegten Promenade vollendet, die Bemühungen gehen aber weiter, um bei dem fortschreitenden Ausbau der Verkehrsanlagen auch diesen Uferweg, wenn möglich, in voller Länge anzulegen.

3. *Heilbronn*

Wenn in Freiburg die Arbeit an der Herrichtung der Dreisamufer noch in den Anfängen steckt, und wenn in Kassel noch mancherlei zu tun ist, bis die Konzeption für die Ausbildung der Fuldaufer und die Durchführung der Uferpromenade vollendet in die Wirklichkeit umgesetzt ist, so ist in Heilbronn die Neugestaltung der Neckarufer auf die ganze Länge des vom Neckarkanal abgetrennten Altlaufs des Flusses völlig fertiggestellt. Damit ist der Altstadt ein grüner Rahmen gegeben, den sie vorher nicht hatte. Er stellt mit seinen neu gewonnenen Ausblicken und Stadtbildern der Stadt und ihren Planern das beste Zeugnis aus. Mit dem Durchstich des Neckarkanals bei Böckingen konnte für den abgetrennten gewundenen Flußlauf die Eigenschaft als Schiffahrtsträger aufgegeben werden. Man konnte deshalb den Plan fassen, die Wasserfläche zu verschmälern und auf beiden Ufern durch eine Anschüttung von Trümmermassen, die aus der Zerstörung angefallen waren, eine hinreichend breite Promenade zu schaffen und sie mit Bäumen zu bepflanzen, die heute schon eine recht ansehnliche Allee bilden. Gegenüber der Altstadt, wo zwischen dem Fluß, der alten Floßgasse und dem Wilhelmskanal zwei

Inseln bestehen, ist unter Einbeziehung einer weiteren, der früheren Schaeuffelen'schen Insel, ein größerer „Wasserpark" geschaffen worden. Man hat die Insel- und die benachbarten Uferflächen von unansehnlicher gewerblicher Bebauung freigeräumt und eine höchst anziehende Erholungslandschaft ins Leben gerufen, in der das neue Hallenbad eingebettet ist (vgl. Abb. 36).

Am Südende der neu geschaffenen Flußpromenade liegt in dem Zwickel, der durch die Abzweigung des Neckarkanals vom alten Neckar entstanden ist, auf der Nordseite an der Theresienstraße das ausgedehnte Sportzentrum mit Stadion und anderen Sportplätzen und auf der Südseite das große Freibad auf der Neckarhalde, dem in den Wertwiesen noch umfangreiche Ergänzungsflächen zugeordnet sind. Auf der Böckinger Seite schließt sich das Sportgelände auf den Seewiesen an, das durch die Sontheimer und die Böckinger Brücke für die Besucher gut erschlossen ist (vgl. Abb. 37).

Diesem vielgestaltigen Neckargrün, das die Lage der Stadt am Fluß ihre volle Erlebniswirkung verleiht und die Altstadt unmittelbar mit der freien Landschaft des Flußtales im Süden in Verbindung bringt, stehen die Rebberge mit ihren bewaldeten Kuppen und ihren Weinberghängen im Osten gegenüber als eindrucksvoller Hintergrund, gegen den sich der Stadtkörper zwischen Fluß und Gebirge räumlich abhebt. In den Weinbergsgefilden und in den dahinter anschließenden Waldgegenden steht der Stadt eine vielgestaltige und ausgedehnte Erholungslandschaft zur Verfügung, die von vielen Stellen des Stadtgebiets bequem zugänglich ist. Auch hier hat man mancherlei getan, um es dem Fußgänger zu erleichtern, seine Erholung zu finden. Im Zuge einer allgemeinen Bereinigung dieses Gebietes sind alte Hohlwege mit Trümmerschutt aufgefüllt, Aussichtspunkte geschaffen und Wegeverbindungen verbessert. So stehen dem Spaziergänger viele neue Annehmlichkeiten und reizvolle Punkte zur Verfügung, von denen aus man auf die Stadt herab und zu den neuen Wohnbaugebieten auf dem anderen Flußufer hinübersehen kann.

Von den Höhen der Rebberge hinab strecken sich einige Grünzungen in die dichter bebauten Stadtgebiete hinein. Unter ihnen ist am besten ausgebaut und angelegt der langgestreckte Grünstreifen des Stadtparkes mit dem neu geschaffenen malerischen Pfühlsee, er läßt sich zum Trappensee mit dem hübschen Wasserschlößchen verlängern und weiter an den Bergen hin, am Köpferbach entlang, bis zum Ehrenfriedhof und zum Waldanfang fortführen.

Dieser Streifen, den man als das Hauptrückgrat des Grünflächensystems bezeichnen kann, soll nach der Planung seine direkte Verbindung mit der Innenstadt über den Zug der Baublöcke zwischen der Moltke- und der Karlstraße erhalten. In dieser Blockreihe befindet sich die zwei Blöcke umfassende freie Platzfläche an der Mönchsee-Halle und am Ausgangspunkt unmittelbar am Alleenring der Altstadt der Stadtgarten. Das Grün des benachbarten Kaiser-Wilhelmsplatzes und verschiedener in dieser Blockfolge befindlicher Schulen ist ebenfalls hinzuzuzählen, aber man wird auf die Dauer doch wohl auch daran denken müssen, weitere Innenblockflächen auszulichten und zu erschließen, wenn man diesen Zug im vollen Zusammenhang so ansehnlich herstellen will, wie er im Grünplan der Stadt dargestellt ist und wie es notwendig ist, um ihm die vorgesehene Funktion zu verleihen.

Als weitere Grünzungen bieten sich die Freiflächen an der Hallerstraße an, die man aber frühzeitig sichern müßte, und die Stahlbühlwiesen mit der Cäcilienwiese und dem Cäcilienbrunnen, ferner der zur Zeit mit Kleingärten besetzte Grünstreifen südlich der Sontheimer Landwehr, der im Zusammenhang mit dem Ausbau der neuen Wohnstadt

Sontheim Ost verlängert und bis zu den „sommerischen" und „winterischen Klingen" fortgeführt und neben der Stuttgarter Straße zum Waldanfang vorgetrieben werden sollte.

Ähnlich wie in Freiburg wird aber auch in Heilbronn im Westen auf der anderen Neckarseite ein neues Grünsystem zu entwickeln sein, und zwar in den Freiräumen zwischen den vorhandenen und im weiteren Ausbau begriffenen Wohnstädten von Böckingen und Neckargartach. Hier sollte rechtzeitig Vorsorge getroffen werden, daß die zwischen den Bauabschnitten liegenbleibenden Flächen im Laufe der Zeit landschaftlich aufgehöht und für ihren späteren Zweck als Erholungs- und Sportgelände vorbereitet werden. Denn diese Wohngebiete bedürfen der Naherholungsflächen, da das eigentliche Haupterholungsgebiet der Stadt, die Rebberge, zu weit entfernt liegen für die Bewohner dieser neuen Stadtteile, und man wird hier etwas Besonderes in die Wege leiten müssen, da diese Seite der Stadt durch ihr stetiges Anwachsen in Zukunft immer mehr Gewicht erlangen wird gegenüber den Stadtteilen im Osten auf der Altstadtseite, die wegen Raummangels zum Stillstand kommen.

4. Trier

In Trier tritt das bewaldete Gebirge gegenüber der alten Stadt auf dem anderen Ufer der Mosel nahe an den Fluß heran, ein ausgedehntes Wander- und Erholungsgebiet legt sich also auf die ganze Länge des bebauten Gebietes dem Stadtkörper zur Seite. Da diese landschaftlich so anziehenden Gefilde von der Stadt so leicht zu erreichen sind, hat man in der Vergangenheit keinen besonderen Anlaß gehabt, die Stadt selbst ausgiebiger mit Grünflächen auszustatten. Es standen ja auch außer den Uferwegen an der Mosel der Alleenring und der Palastgarten der ehemaligen kurfürstlichen Residenz für den kurzen Spaziergang zur Verfügung, und es war auch viel privates Grün in den Hausgärten und den ausgedehnten Freiflächen in den Kloster- und Spitalbereichen vorhanden.

Eine Wende zur Gewinnung eines neuen, der Betätigung in Sport und Freizeit gewidmeten Grün- und Freiflächensystems ist erst in letzter Zeit eingetreten. Mit dem Fortschreiten der Bebauung der östlichen Stadtgebietsflächen hinter dem Petrisberg zeichnen sich schon die ersten Ansätze zu diesem System in der Wirklichkeit ab. Die Technik des Bebauungsplans unserer Tage bringt es mit sich, daß in unmittelbarer Nachbarschaft zu den neu geschaffenen Wohnstätten auch die erforderlichen Naherholungsflächen mitgeplant und zugleich auch ausgeführt werden. Aus diesen Grünadern, die aus dem Innern der Baugruppen nach außen streben, und aus den umgebenden Randgrünflächen entsteht nun, mit der Bebauung fortschreitend, dieses neue Grünsystem, das im Norden aus dem Aveler Tal heraustritt und sich im Süden, in den Stadtteilen Heiligkreuz, St. Matthias und Feyen, fächerförmig nach Süden und Südosten aufgliedert (vgl. Abb. 24).

Es ist so ein südlicher Zweig zwischen St. Matthias und Feyen entstanden, der sich an die Bahnlinie anlehnt. Der dann folgende südöstliche Zweig im Zuge des Mattheiser Tales mit seinen Weihern und Baumbeständen ist schon in älterer Zeit angelegt und neuerdings fortgeführt und durch die großzügigen Anlagen des neuen Südbades besonders ausgezeichnet. Dieser Zweig soll auch dadurch noch hervorgehoben werden, daß im Anschluß daran in dem Freiraum zwischen den Ausläufern des Baugebiets Heiligkreuz und der Wohnstadt Mariahof der „Höhenpark Süd" als ein umfangreiches Erholungsgebiet neu angelegt werden soll, das auch die Verbindung zu den ausgedehnten

Waldungen des Mattheiser Waldes herstellt. Der dritte Zweig dieses neuen Grünsystems weist nach Osten und lehnt sich an den Nordrand der neuen Wohngruppen am Herrenbrünnchen, am Zielbrett und im Hüttchen an und trennt sie von der alten bandartigen Bebauung des tief eingeschnittenen Olewiger Tales.

Aus diesen beiden letzten Grünzügen und der nördlichen im Avelsbachtal wird sich ein weit nach Osten greifendes, bis zu den neu eingemeindeten Vororten Tarforst, Filsch, Irsch und Kernscheid reichendes Grünflächennetz entwickeln aus den Negativflächen, die zwischen den im Flächennutzungsplan ausgewiesenen Wohn-, Universitäts- und Kasernenbauflächen als Talsenken, als unbebaubare Hänge oder sonst als Trennflächen zwischen den Baugebieten freigehalten werden sollen. Es ergibt sich daraus etwa das gleiche Bild, das wir in Wolfsburg voll angelegt und ausgebaut vor uns haben, wahrscheinlich im Geländeausmaß nicht so üppig wie dort, aber im Prinzip doch durchaus gleichartig, durch die stärkere topografische Gliederung sogar noch von höheren Reizen, so daß einmal diese vom Flußtal als dem ursprünglichen Ort der Ansiedlung abgewandte Trierer Neustadt ein ideales Abbild der „aufgelockerten und gegliederten Stadt" vorweisen wird, ein Leitbild, das sich hier aus den Gegebenheiten sowohl des stadtentwickelnden Programms als auch aus der so stark ausgeprägten Gestalt des Untergrundes zwanglos und folgerichtig ergibt.

5. *Fulda*

In Fulda bildet die Fuldaniederung den wichtigsten landschaftlichen Ausgangs- und Anknüpfungspunkt für ein durchgehendes Grünflächennetz. Die Bedeutung dieser Fläche als nahe gelegene und leicht erreichbare Erholungslandschaft wird sich noch steigern, wenn einmal die städtische Entwicklung auf das gegenüberliegende westliche Gemeindegebiet mit dem Ausbau des Stadtteiles Neuenburg übergreifen wird. Dann wird diese Fläche eine Innenfläche im fortentwickelten Stadtkörper sein, und sie wird für das Stadtklima und das Erholungsbedürfnis der Bevölkerung umso wichtiger sein. In Erkenntins dieser künftigen Entwicklung hat die Stadt Fulda die Vorstellung, den gesamten Niederungsstreifen der Fulda zwischen der Langebrückenstraße und der Johannisaue südlich der Stadtgrenze zu einem Aue-Park auszubauen. Einen weiter weisenden Anfang dazu hat sie gemacht mit der Anlage des städtischen Sportbades an der Bardostraße, mit dem Bau des Stadions und der Schaffung weiterer Sportstätten an der Sickelser Straße und mit dem neu angepflanzten ausgedehnten Auepark zwischen der Johannis- und der Mainstraße mit dem romantischen Aueweiher. Es wird nicht schwer sein, die hier geschaffenen Anlagen mit der Zeit zu erweitern und fortzusetzen (vgl. Abb. 29).

Die Innenstadt selbst ist besonders im Norden reichlich mit Grünflächen ausgestattet. Der Schloßgarten, die Pauluspromenade, die Vorflächen zum Frauenberg, der Frauen- und der Kalvarienberg bilden ein zusammenhängendes Grüngebiet, das nicht nur als Naherholungsanlage, sondern auch für die Gliederung des Stadtkörpers und die Wirkung seiner Silhouette ausgesprochen wertvoll ist.

Eine neue Grünzone, die sich von Norden nach Süden auf die ganze Länge des Stadtgebietes zwischen die Bauflächen östlich der Eisenbahn und westlich der Gemeinde Petersberg hinzieht, ist das Grün, das die neugeschaffene anbaufreie Trasse der B 27 begleitet. Hier ist aus der Notwendigkeit des „Verkehrsgrüns", das durch die Eigenschaften der Anbau- und Kreuzungsfreiheit der Straße entsteht, die Tugend eines abwechslungsreichen, die Baugebiete gliedernden Erholungsraumes gemacht worden. Durch die Anfügung von Sportanlagen, Kleingartenflächen und von Schul- und Krankenhausgrün und durch die unterschiedlichen Höhenverhältnisse im einzelnen ist dieser Grünstreifen zu einem anziehenden Beispiel dafür geworden, wie man das sogenannte „Verkehrsgrün" auswerten kann, das überall in den Städten anfällt, wenn sie ihre Hauptverkehrslinien Zug um Zug anbau- und kreuzungsfrei ausbilden. Hier liegt eine neue Aufgabe der Grünplanung vor, die in der Richtung gelöst werden sollte, daß diese durch den Ausbau der Verkehrsanlagen zwangsläufig entstehenden Grünflächen für die Ausdehnung und den Ausbau des Grünflächennetzes sinnvoll nutzbar gemacht werden.

6. *Oldenburg*

In Oldenburg befinden sich die Grünflächen aus älterer Zeit in der Nähe der Altstadt und im Bereich der dichter bebauten Stadtteile im Süden und Westen davon. Die Wallanlagen, der Schloßgarten, der Park mit den Dobbenteichen und das Everstenholz genügten bis in die neueste Zeit dem Bedürfnis an öffentlichen Freiflächen, während die weit ins Vorfeld der Stadt hinausgreifende Einfamilienhausbebauung mit ihren reichlichen Hausgärten die Nachfrage nach weiteren Erholungsflächen kaum aufleben ließ. Zudem waren in den verschiedenen Waldflecken, die im Stadtbereich verteilt sind, wie dem Großen und dem Kleinen Bürgerbusch im Stadtteil Dietrichsfeld, der Flötenteichanlage im Stadtteil Nadorst und in den Etzhorner Büschen, Naherholungsziele gegeben, die als ausreichend betrachtet wurden (vgl. Abb. 28).

Eine neue Auffassung von der Bedeutung der Erhaltung ausgeprägter hervortretender Landschaftsteile hat sich erst in neuester Zeit nach dem Zweiten Weltkriege herausgebildet unter dem Einfluß des Bevölkerungszuwachses durch die Flüchtlinge und infolge der Umstellung in der Bautätigkeit des letzten Jahrzehnts vom Einfamilienhaus zum Geschoßwohnungshaus. In den größeren, neu geplanten Wohnbauabschnitten ergab sich die Notwendigkeit, für Spiel- und Sportflächen zu sorgen und die nun häufiger auftretenden Mehr- und Vielfamilienhäuser mit umgebendem Grün auszustatten. Dadurch bildeten sich schon erste Ansätze eines bis dahin in Oldenburg nicht bekannten Grünflächensystems, das sich nun in den verdichteten neuen Baugebieten entwickelt und aus ihnen hinausweist, wie etwa im Osten der Stadt, wo das Teilgrünflächennetz der Neubaugruppen von Donnerschwee den Anschluß an die freie Landschaft der Hunteniederung sucht.

Mit ihrem Fortschreiten weit hinaus in das Außengebiet gliedert sich die neue Bebauung in einzelne Streifen und gibt Gelegenheit, stärker als bisher auf die feineren topografischen Unterschiedlichkeiten im Untergrund des Stadtgebietes Rücksicht zu nehmen und sie in der Konzeption eines ausstrahlenden Grünsystems städtebaulich und landschaftlich wirksamer herauszuarbeiten. Der Wasserlauf der Haaren mit seiner Niederung und den Wasserrückhaltebecken wird mit dem weiteren Ausbau der Wohnviertel zu seinen beiden Seiten in Zukunft deutlicher abzugrenzen und durch lockere Bepflanzung landschaftlich aufzuwerten sein. Der Grünstreifen zwischen der neuen Wohnstadt Bloherfelde und dem Wohngebiet von Eversten wird mit seinen Wasserläufen in ähnlicher Art aufzuarbeiten sein und ebenso die Niederung der Hausbäke zwischen Eversten und der Hundsmühler Höhe.

Einer besonderen Aufmerksamkeit bedarf aber die Hunteniederung im Süden der Stadt zwischen Hundsmühlen und der bandartigen dichten Bebauung von Kreyenbrück und Bümmerstede. Hier ist eine eigenartige Marschlandschaft noch unverfälscht vorhanden, sie setzt sich auch außerhalb des Stadtgebietes in der Wardenberger Marsch, begleitet von den schön bewaldeten Neuosenbergen, fort. Dieses Gebiet sollte durch

Rad- und Wanderwege erschlossen und durch Ausflugsziele, wie Gaststätten, Freibäder und sonstige Sportanlagen, bereichert werden; allerdings wird man bei solchen Vorhaben mit einer gewissen Behutsamkeit vorgehen müssen, um den ursprünglichen Charakter dieser Landschaft nicht beeinträchtigen und verwischen zu lassen.

Ein neues großes Grüngebiet wird in Zukunft im Nordosten der Stadt entwickelt werden können. Dort bietet sich das unter Landschaftsschutz stehende Ipweger Moor zur Sandgewinnung für Straßen- und Deichbauten an. Die Abgrabungen für diese Vorhaben sollen so geleitet werden, daß ein großer See entsteht. Er kann der Mittel- und Anziehungspunkt eines vielfältig ausgestatteten Naherholungsgebietes werden, das auch von anderen Orten aus leicht erreichbar sein wird, da es in unmittelbarer Nähe des Knotenpunktes der Autobahn mit der Elsflether Straße (L 65) liegt. Dieses Gebiet wird ergänzt und ausgeweitet durch die bei Hochwasser überfluteten Polder, die die Hunte auf ihrer Nordseite begleiten. Sie bilden ein einmaliges Charakteristikum für Oldenburg und sind in ihrem Bestand gesichert durch den gesetzlichen Schutz als Hochwasserüberschwemmungsgebiet. Sie dehnen sich bis an das Hafengelände aus und stellen so die Verbindung mit der inneren Stadt her. Dadurch wird es auch möglich sein, das Erholungsgebiet Ipweger Moor von der Innenstadt und den östlichen Wohnvierteln her zu erreichen, ohne auf ein Fahrzeug angewiesen zu sein.

7. Wolfsburg

In Wolfsburg haben wir das gelungene Idealbild eines in jeder Beziehung ausgearbeiteten Grünflächennetzes vor Augen, das aus den Negativflächen zwischen den ausgewiesenen und ausgeführten Wohngebieten zusammenhängend angelegt ist. Hier hat man auch den Gegebenheiten der Bodengestalt und der Landschaft die erforderliche Aufmerksamkeit geschenkt und die Höhen des Klievers- und des Rabenberges wirksam in das neue Stadt- und Landschaftsbild eingearbeitet. Der Reiz der Wasserflächen für die Spiegelung von Grün und Bebauung ist voll ausgeschöpft; man hat alles in weiträumigen Linien gelassen und hat es glücklich vermieden, den großen Zug durch kleinliche Einzelheiten einzuengen.

Die öffentlichen Einrichtungen sind an den Rand der Grünflächen gelegt. Schul- und Krankenhausgrün verschwistert sich mit dem Großgrün, und so sind alle guten Vorbedingungen gegeben, um den Weg zur Schule, zum Krankenhaus, zur Kirche und zur Einkaufsquelle, unabhängig von der Fahrstraße, für den Fußgänger erlebnisreich zu gestalten. Allerdings machen sich auch Stimmen geltend, die die Länge dieser Wege und die Weitläufigkeit des aufgelockerten und so schön durch Grün gegliederten Stadtgefüges beklagen.

So berechtigt diese Kritik auch erscheinen mag, so kann doch nicht übersehen werden, daß wir es in der nun einmal in vorliegender Form ausgeführten Stadtgestalt von Wolfsburg mit einer charakteristischen und eigenständigen städtebaulichen Leistung zu tun haben, in der der vielfach als erstrebenswert empfohlene Begriff der Stadtlandschaft als Synthese von Natur und Bauwerk in beispielhafter Weise verwirklicht worden ist. Der Stadttyp, der sich in Wolfsburg so eindeutig ausgeprägt darstellt, wird auch noch seinen besonderen Höhepunkt erhalten, wenn erst das neue Theater von SCHAROUN am Nordhang des Klieversberges errichtet ist und in seiner hervorragenden Verbindung von Architektur und Landschaftsgestaltung der Stadt die weithin beherrschende Stadtkrone verleihen wird.

Das durchgehende, zusammenhängende Grünflächennetz der Stadt wird in Kürze noch durch einen besonderen Schwerpunkt von starker Anziehungskraft bereichert werden. Man will sich auch hier rechtzeitig auf den ansteigenden Bedarf an Einrichtungen einstellen, die zur Freizeitbetätigung anreizen und allen Arten von Sport und Spiel dienlich sein können. Im Osten der Stadt, in der Allerniederung zwischen der Öbisfelder Straße und dem Mittellandkanal, entsteht ein umfangreicher Wasserpark, der von der Aller durchflossen ist und einen über 2 km langen und 200 bis 500 m breiten See aufnehmen wird, der sich zur Zeit im Bau befindet (vgl. Abb. 38). Zwischen dem Laufe der Aller und dem See ist ein ausgedehntes Sportfeld geplant, wo neben einem Stadion zahlreiche Plätze für alle anderen Sportarten zur Verfügung stehen werden. Der See wird Gelegenheit bieten zu allen Arten von Wassersport. Eine Freibadeanlage mit allen Nebeneinrichtungen ist vorgesehen, fernen Uferflächen für die Ansiedlung der Ruder- und Segelsportvereine und für die Angler. Ein ausreichender Campingplatz ist ausgewiesen, und auch die Naturfreunde sind untergebracht. So sind alle Vorbedingungen geschaffen, um hier ein Freizeitzentrum entstehen zu lassen, das den gesteigerten Bedarf an solchen Einrichtungen, die wir erwarten, erfolgreich auffangen wird.

8. *Wanne-Eickel*

Im Vergleich zu Wolfsburg und den anderen Mittelstädten hat es Wanne-Eickel schwer, ein zusammenhängendes Grünflächennetz zu entwickeln. Die natürliche Gliederung des Stadtgebietes durch Niederungszüge und Bachläufe ist von der Industrieansiedlung gestört und von der sonstigen Bebauung überwuchert. Eine umgebende freie Landschaft gibt es nicht, da die Stadt ringsum von anderen Städten eingeschlossen ist. Es bleibt ihr also nichts anderes übrig, als sich innerhalb ihrer Grenzen so gut wie möglich einzurichten und den Erfordernissen der baulichen Entwicklung soviel Freiraum und Grün als nur immer möglich abzuringen.

Ansatzpunkte dazu hat sich die Stadt schon in früheren Zeiten geschaffen in den ansehnlicheren Inselgrünflächen des Stadtgartens in Wanne und des Volksgartens und des Sportparkes mit dem Stadion in Eickel. Einzelne Sportplätze mit umgebendem Grün, Friedhöfe und Kleingartengelände treten mit ihren Flächen hinzu. Die alten Kleinsiedlungen mit dem Grün ihrer dicht bepflanzten Gärten, die neuen Wohnbaugruppen mit den von ihnen eingeschlossenen Grünanlagen tragen ferner dazu bei, den ausgesprochen düsteren und trostlosen Eindruck einiger Stadtpartien durch freundlichere Bilder auszugleichen. Aus diesen Gegebenheiten hat die Stadt den Gedanken einer allgemeinen Durchgrünung des Stadtgebiets gefaßt mit dem Ziel, bei aller ihr notgedrungen aufgezwungenen Dichte der Bebauung doch so etwas wie eine in sich durchlüftete und gelockerte Stadtlandschaft zu erreichen, in der Bauwerk und Grün sich die Waage halten (vgl. Abb. 25).

In dieser Absicht bemüht sie sich, die Insellage der bedeutenderen Grünflächen aufzuheben, indem sie Verbindungen unter ihnen schafft. So findet der Stadtgarten in Wanne seine Ausstrahlung nach Süden in dem Promenadenzug des „Grünen Ringes"; der Sportpark in Eickel ist verbunden mit dem Katholischen Friedhof und der Kleingartensiedlung „Grüner Ring" durch einen 1 km langen Grünzug, der von kleinen Kleingartengruppen begleitet ist und mitten durch die Gartenstadt Eickel führt. Am großzügigsten ließ sich dieser Grundgedanke verwirklichen in dem Grünstreifen im Norden des Stadtteiles Wanne, der am Altersheim beginnt und über die Anlagen an der Franzstraße auf die große Freibadeanlage an der Oststraße zielt. Allerdings hindert die Bebauung an dieser Straße noch die direkte Verbindung mit diesem hervorragend ausgestatteten Freizeitgelände, man wird aber auf die Dauer nicht umhin können, dort eine entsprechende Öffnung für den unmittelbaren Anschluß der Grünflächen aneinander herzustellen. Ein ähnlich ausgestatteter Ausbau ist auch im Nordosten geplant im Anschluß an das Sportgelände des Horstplatzes und des Ostfriedhofs. Hier läßt sich in Verbindung mit dem Gartengrün der Kleinsiedlung „An der Ziegelei" und mit dem Innengrün der Wohnbaugruppe an der Karl-Bosch-Straße ein ausgedehnteres Grünsystem entwickeln.

Für die Bemühungen um ein „grünes Bild" der Stadt kann der Eindruck als besonders bezeichnend erscheinen, den man erhält, wenn man aus dem Hauptbahnhof auf den Vorplatz tritt. Alle vorgefaßten Vorstellungen von einer häßlichen, trostlosen Industriestadt werden hinweggewischt, wenn man von diesem Punkt aus nach allen Seiten ins Grüne sieht und überhaupt keine Stadt entdecken kann. Denn nach links dehnt sich das Grün an der Poststraße, und am Buschmannshof und geradezu zeigt sich der reiche Baumwuchs des Evangelischen Friedhofs. Mit dem neu angelegten Grünstreifen zur Claudiusstraße und dem alten Baumbestand auf dem Rathausplatz ist hier tatsächlich ein wohltuendes grünes Herz der Stadt vorhanden, in das man hineinblickt, wenn man den Hauptbahnhof verläßt. Diese grüne Herzzone darf denn auch als eine wichtige Vorleistung gewertet werden für den Plan, das neue fußläufige Stadtzentrum für Handel, Verwaltung und Kultur an dieser Stelle ins Leben zu rufen.

VI. Sanierungsplanung

Vorbemerkungen

Nachdem die Kriegszerstörungen des Zweiten Weltkrieges in den vergangenen 20 Jahren im großen und ganzen durch Neuaufbau und Wiederaufbau behoben sind, treten die Forderungen nach einer allgemeinen Stadterneuerung und im besonderen nach einer Sanierung überalterter oder sonst den heutigen Ansprüchen nicht mehr genügender Bausubstanz mehr und mehr in den Vordergrund. Wenn man die Bemühungen um die städtebauliche Gestaltung der Stadtentwicklung in allen ihren Zweigen als einen Weg zur allseitigen Stadterneuerung betrachten darf, so wendet sich die Arbeit auf dem Gebiet der Sanierung kleineren Teilbereichen zu und kann ihren Anstoß von verschiedenen Seiten erhalten. Der eigentliche Begriff der Sanierung trifft am ehesten zu auf die Sorge um die Erneuerung und den Ersatz für überalterten Baubestand, seien es nun einzelne herabgewirtschaftete Bauwerke, seien es ganze Baublöcke oder Stadtviertel. Ein etwas anders gelagerter Vorgang der Sanierung wird vielfach durch Verbesserungen und Veränderungen der Verkehrslinien bewirkt, wenn es sich um die Verbreiterung vorhandener und um Durchbrüche neuer Straßen handelt, bei denen die Beseitigung im Wege stehender Häuser erforderlich wird, gleichgültig, ob es sich um überalterten und abgängigen oder um durchaus noch brauchbaren Bestand handelt. In ähnlicher Lage sieht man sich auch bei der Schaffung und bei dem Ausbau innerstädtischer Grünflächen, wobei oft auch minderwertige gewerbliche Anlagen, die an falscher Stelle liegen, zu beseitigen sind. Als weiterer Gegenstand der Sanierung bieten sich die alten Dorfkerne an, die, im Vorfeld der Städte gelegen, vom Fortschritt der städtischen Bebauung erfaßt, ihrer eigentlichen Aufgabe als Träger der Landwirtschaft nicht mehr dienen und sich mehr schlecht wie recht neuen Zweckbestimmungen angepaßt haben. In diesen Gebieten wird meist auch eine Verbindung zwischen der Erneuerung und Umwidmung des Baubestandes und der Verbesserung der Verkehrsverhältnisse eintreten.

Auch das Gebiet der Denkmalpflege wird meist von diesen Arbeiten berührt. Die Zeugen der städtischen Vergangenheit, alte Bürgerhäuser, Reste der Stadtbefestigung oder andere für die Geschichte der Stadt bedeutsame Überbleibsel, werden vielfach gerade dort liegen, wo in der Nachbarschaft erneuerungsbedürftiger Baubestand nach dem Eingreifen der Stadt verlangt oder wo die Verbesserung der Verkehrsverhältnisse eine Ausweitung des Straßenraumes erforderlich macht. Hier wird man besonders in den von den Kriegszerstörungen heimgesuchten Städten mit aller Behutsamkeit vorgehen müssen, um die schützenswerten Baudenkmäler nicht unglücklich zu isolieren und ihnen bei der Neugestaltung ihrer Nachbarschaft alle Anpassung und Rücksichtnahme zukommen zu lassen, die sie oft als letzte übrig gebliebene Zeugen der geschichtlichen Vergangenheit der Stadt im Sinne der Kontinuität ihres Stadtlebens für sich beanspruchen müssen.

Das Bundesbaugesetz widmet dieser Seite der städtebaulichen Arbeit noch wenig Aufmerksamkeit. Es regt zwar an, Gebiete, die für die Sanierung in Frage kommen, im Flächennutzungsplan kenntlich zu machen, und gibt bei der Festlegung des Vorkaufsrechtes und der Umlegung Mittel zur weiteren Behandlung dieses Gebietes an die Hand. Mehr ins einzelne gehende Regelungen, die den Vorgang der Sanierung erleichtern, bietet das Städtebauförderungsgesetz, wenngleich seine in Kraft getretene Fassung manche Wünsche für eine zügige Handhabung offen läßt. Wenn auch die rechtlichen Grundlagen, die wir heute besitzen, nicht ausreichen werden, um die Arbeit an der Sanierung in ihren vielschichtigen Möglichkeiten zu erfassen und sie durch entsprechende Hilfsmittel zu fördern, so haben sich aber trotzdem die Städte dieser Aufgabe angenommen und Vorstudien dafür ausgearbeitet. Auch Einzelmaßnahmen sind bereits in Angriff genommen und auch schon durchgeführt, und so kann man feststellen, daß die Städte nicht erst abwarten, bis ihnen der Gesetzgeber die geeigneten Rechtsmittel an die Hand gibt, um mit dieser für ihren Bestand so wichtigen Arbeit zu beginnen, sondern daß sie im Rahmen der Freiwilligkeit und der Aktivierung des guten Willens ihre Versuche gemacht haben, um auf diesem Gebiet vorwärts zu kommen.

1. *Kassel*

Die Stadt Kassel hat schon in den dreißiger Jahren die Blicke auf sich gezogen durch ihre vorsichtige und gut abgestimmte Altstadtsanierung. Mit Ausnahme eines großen Durchbruchs beschränkte man sich damals auf eine Auskernung der im Laufe der Zeit mit minderwertigem Baubestand fast völlig überdeckten Baublöcke. Auf diese Weise blieben die geschlossenen Reihen der mehrstöckigen eindrucksvollen Fachwerkhäuser erhalten, sie wurden im Innern erneuert und mit besseren sanitären Anlagen versehen. Die ausgeräumten Innenblockflächen wurden zum Teil als brauchbare Hofflächen für das dort fortbestehende Handwerk und Kleingewerbe, zum Teil als Grünflächen und Kinderspielplätze hergerichtet. Mit der Verbesserung der Innstruktur der Häuser, an der sich die Stadt mit Förderungsbeträgen beteiligte, hob sich auch der Wohnwert des ganzen Viertels und das soziale Niveau der Bewohner, so daß damit der weiteren Abwertung der Altstadt Einhalt geboten war.

Die Zerstörungen des Zweiten Weltkrieges haben von all diesen Bemühungen nichts mehr übrig gelassen. Die Holzfachwerkstadt ist völlig abgebrannt, und so stand für den Neubau kein Trümmerfeld, sondern eine weite offene Freifläche bereit, aus der nur hier und da die ausgebrannten Mauern der Renaissance-Gebäude aus dem 17. Jahrhundert aufragten. Für eine vom Früheren völlig unabhängige Neuplanung war nun offensichtlich eine unbeschränkte Chance gegeben, und in dem Wettbewerb für den

Neuaufbau der Stadt fanden sich denn auch Lösungen, die an die Stelle der Altstadt ein Feld von Zeilenbauten setzen wollten, die nur die Himmelsrichtung und die Besonnung als Grundlage für ihre Ausrichtung und Stellung gelten ließen. Man hatte aber dabei übersehen, daß, zum mindesten in der damaligen wirtschaftlichen Situation der Stadt, die im Boden befindlichen Leitungen der Versorgung und der Abwässer einen damals hochgeschätzten Wert darstellten und daß man deswegen beim Neuaufbau doch wieder an das Grundnetz der die Altstadt durchziehenden Straßen und Gassen gebunden war. Das hat dann dazu geführt, daß der Aufbauplan für die Altstadt doch wesentlich traditioneller geriet, als man es erst im Sinne hatte. Dabei kann es noch als Glücksumstand betrachtet werden, daß die große mittelalterliche Stadterweiterung, die Freiheit, sehr ansehnliche Blockmaße aufweist und daß die drei parallel verlaufenden Hauptstraßen, die Oberste Gasse, die Mittelgasse und der Graben, auch im Verhältnis zur Himmelsrichtung günstig liegen. Ließ man nun noch die engen Quergäßchen in den Blöcken unbebaut, so ergab sich eine maßvolle Großräumigkeit, die den Wohnwert der neu erstellten Altstadt dem der weiter daußen neu errichteten Wohnbauabschnitte völlig anglich, besonders wenn man auch bedenkt, daß die Altstadt sich unmittelbar an die große Grünfläche der Karlsaue anschmiegt (vgl. Abb. 39).

Das Gebiet dieser Altstadt ließ sich nicht neu gestalten, ohne dabei zugleich auch die Verkehrsverhältnisse zu sanieren. Die südöstliche Längsseite des rechteckigen Innenstadtringes, zusammengefügt aus zwei ehemaligen, eng miteinander parallellaufenden Straßenzügen, legt sich an den Südostrand dieses Gebietes an, und die nordöstliche Seite führt als ein breiter, vier- bis sechsspuriger Durchbruch, die heutige Kurt-Schumacher-Straße, mitten hindurch. Dort, wo diese beiden Abschnitte des Ringes zusammenstoßen, liegt der großräumig ausgebaute, am höchsten belastete Verkehrsknotenpunkt der Stadt, der Altmarkt, auf einer Fläche, auf der früher außer der Freifläche des eigentlichen alten Marktplatzes das malerische Gassengewirr des Viertels am „Brink" mit seinen stattlichen Fachwerkhäusern gestanden hat.

Die Kurt-Schumacher-Straße teilt das Gebiet der Altstadt in zwei Teile, von denen jeder einen neuen Mittelpunkt erhalten hat: die westliche Hälfte im Entenanger, der aus der Erweiterung der alten Entengasse entstanden ist, und die östliche Hälfte im Pferdemarkt, dem die ehemalige Gasse gleichen Namens die Bezeichnung gegeben hat. Diese Plätze bilden jetzt mit ihren Grünanlagen, Spielflächen, aber auch mit ihren Autoabstellflächen die belebten Mittelpunkte dieser Altstadtteile, an denen sich auch ein lokal beschränktes wirtschaftliches Leben entwickelt hat.

Bei der Neugestaltung der Altstadt mußten auch Fragen der Denkmalpflege gelöst werden. Schon das Festhalten an dem alten Straßennetz kann als Schutz des alten Stadtgefüges betrachtet werden. Darüber hinaus mußte aber auch den wenigen erhalten gebliebenen bedeutenderen Baudenkmälern sowohl städtebaulich durch ihre Einordnung in die neu gestaltete Umgebung als auch architektonisch durch ihre bauliche Wiederherstellung Schutz und Pflege zuteil werden. So mußte die große alte Stadtkirche, die Martinskirche, gegen die Ringstraße hin durch Anhebung einer Terrasse und Abschirmung durch Mauern abgesondert werden. Auf ihrer der Altstadt zugekehrten Seite mußte der ihr vorgelagerte Martinsplatz gestaltet werden, und das Bauwerk selbst erhielt eine maßstabsteigernde Zutat in dem dagegengestellten bescheideneren Baukörper des neuen Pfarrhauses. Der Marstall, als Kleinmarkthalle ausgebaut und neuer Zweckbestimmung dienstbar gemacht, erhielt nach drei Seiten neue vorgelagerte und terrassierte Anfahrts- und Abstellplätze, die teils ober-, teils unterirdisch genutzt werden und reichlich Raum für die Bedürfnisse der Marktabwicklung bieten. Der Druselturm, einer der letzten Zeugen der alten Stadtbefestigung, erhielt durch einen beigelagerten kleinen Platz ebenfalls eine gute Einbindung und eine angemessene Steigerung in seiner Wirkung auf seine Umgebung.

In dieser Weise wurde die Altstadt städtebaulich und architektonisch neu gestaltet, und es wurden vorhandene Situationen durch aufmerksame Abstimmung in ihrer Wirkung für Raum und Bauwerk gesteigert. Mit dieser neu erstellten Altstadt hat man ein sehr bezeichnendes Beispiel für eine durchgeführte Sanierung vor Augen. Das gilt nicht nur für die sorgfältige städtebauliche Gestaltung, die die verschiedenen Spielarten der Sanierung umfaßt, das gilt auch für die Methoden, die man angewandt hat, um der Furcht vor Enteignung und persönlichem Verlust entgegenzuwirken, die den Begriff der Sanierung immer wieder beschattet. Wie es in den fünfziger Jahren nicht anders sein konnte, waren in erster Linie die gemeinnützigen Bauträger in der Lage, den Neuaufbau dieser Viertel zu finanzieren und durchzuführen. Das Liegenschaftsamt der Stadt hatte ihnen dazu in einer mühseligen Umlegung die Voraussetzungen geschaffen, indem erst durch Zusammenlegung und neuen Zuschnitt Bauplätze gebildet wurden, die in ihren Frontlängen den modernen Wohnungsgrundrissen entsprachen.

Für die Durchführung war den gemeinnützigen Bauträgern die Auflage gemacht worden, soweit wie irgend möglich Individualeigentum zu fördern. Der Neuaufbau der einzelnen Häuser wurde deshalb, wenn es irgend ging, als Betreuung für den ursprünglichen Eigentümer durchgeführt, und wo die Winzigkeit der ehemaligen mittelalterlichen Parzellen einen Neuaufbau nicht zuließ, blieb den Eigentümern der Wert ihres Besitzes doch in der Form von Dauerwohnrechten oder Renten erhalten.

Als eine Aufgabe ähnlichen Gepräges steht der Stadt Kassel die Sanierung der alten Dorfkerne in ihren Vororten bevor. Diese Überbleibsel der rein landwirtschaftlichen Umgebung der alten Stadt sind zum Teil schon weitgehend von städtischer Bebauung überwuchert worden, wie es in Wehlheiden mittwegs zwischen Stadt und Wilhelmshöhe und in Bettenhausen im Südosten der Stadt der Fall ist. Andere Dorflagen, wie Ober- und Niederzwehren im Südwesten und Harleshausen im Nordwesten, haben noch teilweise ländlichen Charakter; sie weisen noch im Betrieb befindliche landwirtschaftliche Gehöfte auf, und der Prozeß ihrer Umwandlung zeigt sich mitten im Aufbruch. Da die dichteren Stadtviertel des ausgehenden 19. Jahrhunderts durch die Kriegszerstörungen stark aufgelockert sind, fehlt in Kassel der Bedarf an Sanierungen in diesen Gebieten fast völlig, und das Schwergewicht der künftigen Erneuerungsarbeit liegt deshalb in den alten Dorfkernen.

Um dieser Aufgabe nahe zu kommen, hat die Stadt Sanierungspläne für die Dorflagen Harleshausen und Niederzwehren aufgestellt auf Grund von Untersuchungen, die sie zunächst mit eigenen Kräften durchgeführt hat. Als sich dann die Möglichkeit eröffnete, ein Sanierungsprojekt als Modellfall des Bundes anerkannt zu erhalten, ließ sie durch das Institut „Gewos" für Niederzwehren eine genaue Studie über die Gegebenheiten und Möglichkeiten ausarbeiten, die für den weiteren Verfolg dieses Objektes maßgebend sein wird.

Die hier vorliegende Sanierungsaufgabe stellt sich als eine Mischung von Verkehrssanierung und Gebäudesanierung dar. Der Ausbau der B 3, der Frankfurter Straße, und ihre Verflechtung mit örtlichen und regionalen Staßenzügen erfordert eine größere räumliche Freiheit und läßt sich ohne Fortnahme einer entsprechenden Anzahl von Gebäuden nicht so gestalten, daß der Verkehr zügig und sicher geleitet wird. Daneben muß Sorge dafür getragen werden, daß die Gruppe von landwirtschaftlichen Betrieben, deren Fortbestand wünschenswert und persönlich oder familiär gesichert ist, aus dieser Lage ausgesiedelt und an geeigneter Stelle in der weiteren Umgebung neu angesetzt wird. Schließlich muß der Bestand an Wohnhäusern und anderen Gebäuden dahin überprüft werden, ob er den heutigen Ansprüchen an Hygiene, Besonnung und anderen Qualitäten entspricht, und es muß überlegt werden, was aus den Hofanlagen werden soll, die nicht mehr landwirtschaftlich genutzt werden.

Für die Beantwortung der hier anstehenden Fragen hat das „Gewos"-Institut eine Bewertungsskala von 25 Wertpunkten aufgestellt, nach denen der Bestand kritisch betrachtet wird. Es hat sich herausgestellt, daß nur 11 % der vorhandenen Wohnungen abbruchreif sind, die Notwendigkeit der Sanierung liegt also nicht so sehr im Zustand der Gebäude, sondern in der falschen, nicht mehr gültigen Struktur des ganzen Gebietes.

Die Umgrenzungslinie des Sanierungsgebietes ist so angenommen, daß nicht nur gerade die verbesserungsbedürftigen Ortsteile davon eingeschlossen sind, sondern auch die schwach oder nicht bebauten Randzonen, damit man Ersatzgrundstücke beschaffen kann für solche, die ganz oder zum größten Teil der Ausweitung der Verkehrsanlagen zum Opfer fallen, und solche, deren Bebauung stark reduziert werden muß. Diese Randzonen sind als „Reines Wohngebiet" ausgewiesen, die übrigen als „Allgemeines Wohngebiet", während entlang der Frankfurter Straße „Mischgebiet" und „Kerngebiet" angeordnet ist.

Auch in Niederzwehren handelt es sich neben der wirtschaftlichen Bedeutung, die diese Umwandlung hat, auch um eine reizvolle städtebauliche Aufgabe. Der hoch gelegene Kirchplatz mit seiner Gebäudegruppe und dem charaktervollen mittelalterlichen Kirchturm verlangt besondere gestalterische Rücksicht. Es ist deshalb ein engerer Wettbewerb in Aussicht genommen, um diesem mittleren Teil ein gut geformtes Aussehen zu geben. Die Freilegung der Verkehrsräume reißt das Gefüge der Bebauung auf weite Strecken auf, es müssen dafür neue Wandungen und Fassungen geschaffen werden. Dabei wird aber auch insofern auf eine Strukturveränderung zu dringen sein, als die bisher schon dort vorhandenen Ansätze zu einem wirtschaftlichen Nebenzentrum zusammengefaßt und zu einem neuen in sich geschlossenen Bereich ausgestaltet werden, der sich nicht mehr wie bisher zu beiden Seiten der belebten Verkehrsstraße ausbreiten sollte., sondern auf der westlichen Seite, unterhalb des Kirchenhügels, neu anzulegen sein wird.

Bei der Durchführung dieses Vorhabens will man den Versuch machen, ein Obereigentum an einzelnen Teilflächen des Umlegungsgebietes zu bestellen und die Entschädigung der Eigentümer als Ansprüche an Grundstücks- und Geschoßflächen festzulegen. Daneben bemüht man sich im Einzelfall um freiwilligen Verkauf an die Stadt oder die beteiligten gemeinnützigen Bauträger. Auf diesem Wege haben sich auch schon Erfolge eingestellt: Einzelne Häuser und Grundstücke konnten angekauft, im Wege stehende Gebäude bereits abgerissen werden. Umlegungs- und Tauschverträge wurden mit einer Klausel versehen, die es ermöglichen soll, Vorteile und Erleichterungen, die sich nach dem Erlaß des Städtebauförderungsgesetzes ergeben sollten, auch für die abgeschlossenen Fälle noch nachträglich dienstbar zu machen.

2. *Heilbronn*

In Heilbronn ist die Aufgabe der Sanierung in gleicher Weise gestellt wie in Kassel. Auch hier ist im Wiederaufbau der Altstadt ein Musterbeispiel für eine allseitig ausgeformte Sanierung geschaffen worden, und auch hier besteht die Aufgabe, die künftig

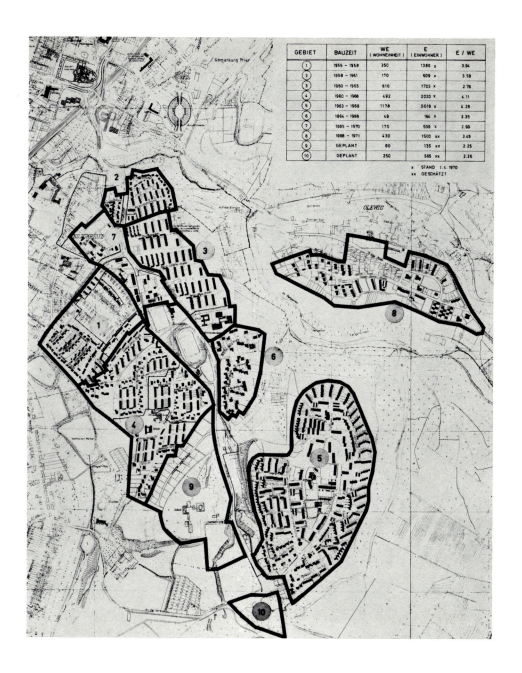

Abb. 32: Trier. Südöstliche Stadterweiterung.
Wohnbebauung Heiligkreuz — Mariahof — Hill, vgl. S. 62

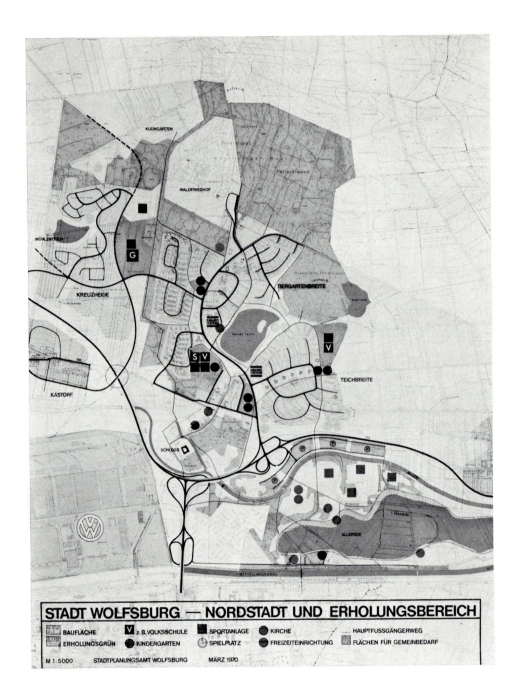

Abb. 33: Wolfsburg. Nordstadt und Erholungsbereich, vgl. S. 74

Abb. 34: Wolfsburg. Wohnstadt Detmerode mit dem Detmeroder Kreuz, vgl. S. 74

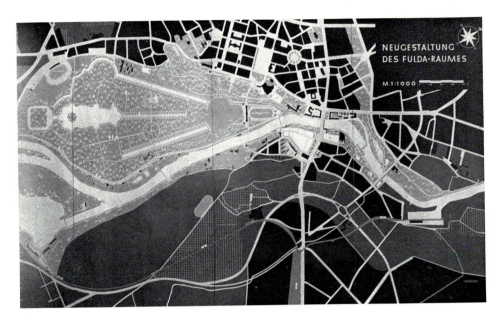

Abb. 35: Kassel. Neugestaltung des Fuldaraumes, vgl. S. 79

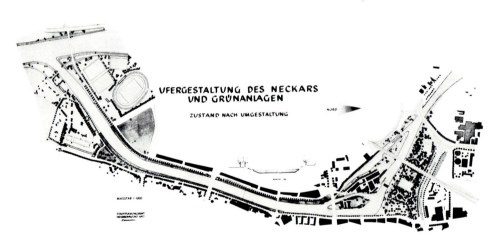

Abb. 36: Heilbronn. Ufergestaltung des Neckars und Grünanlagen, vgl. S. 82

Abb. 37: Heilbronn, Luftbild der Neckaraue mit der neuen Neckarufergestaltung, vgl. S. 82
Freigegeben d. Reg. v. Obb. 64/

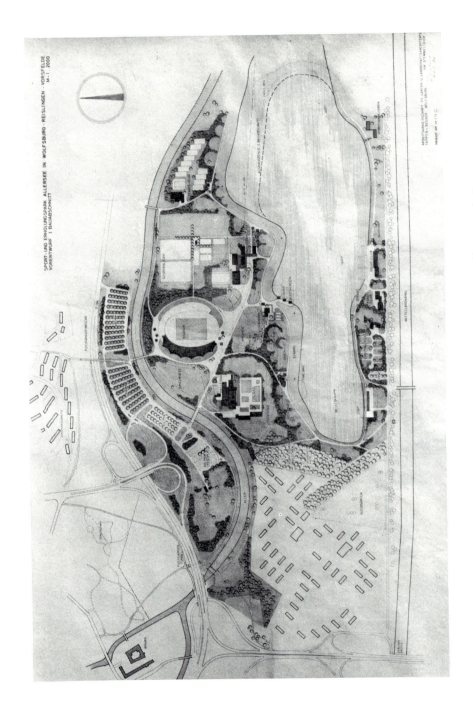

Abb. 38: Wolfsburg. Sport- und Erholungspark Allersee, vgl. S. 87

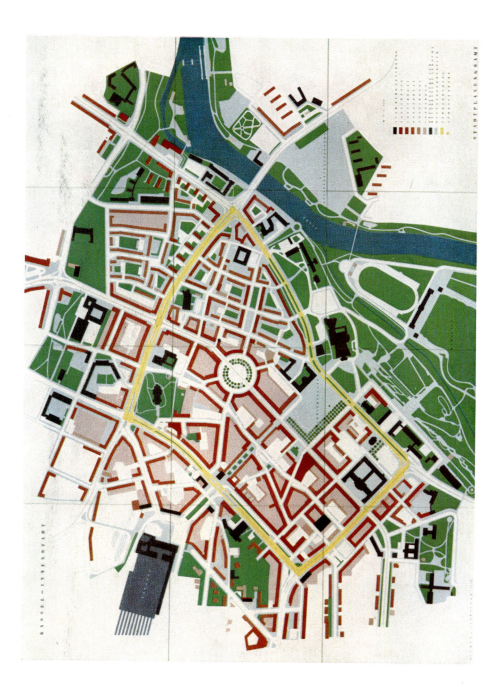

Abb. 39: Kassel. Bebauungsplan der Innenstadt, vgl. S. 90

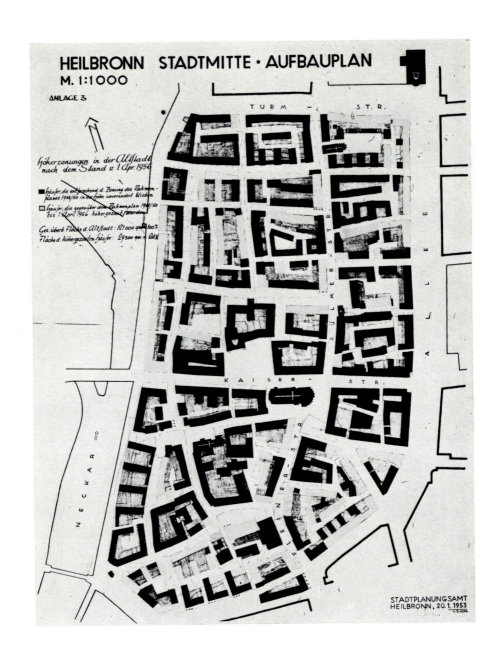

Abb. 40: Heilbronn. Aufbauplan der Stadtmitte, vgl. S. 93

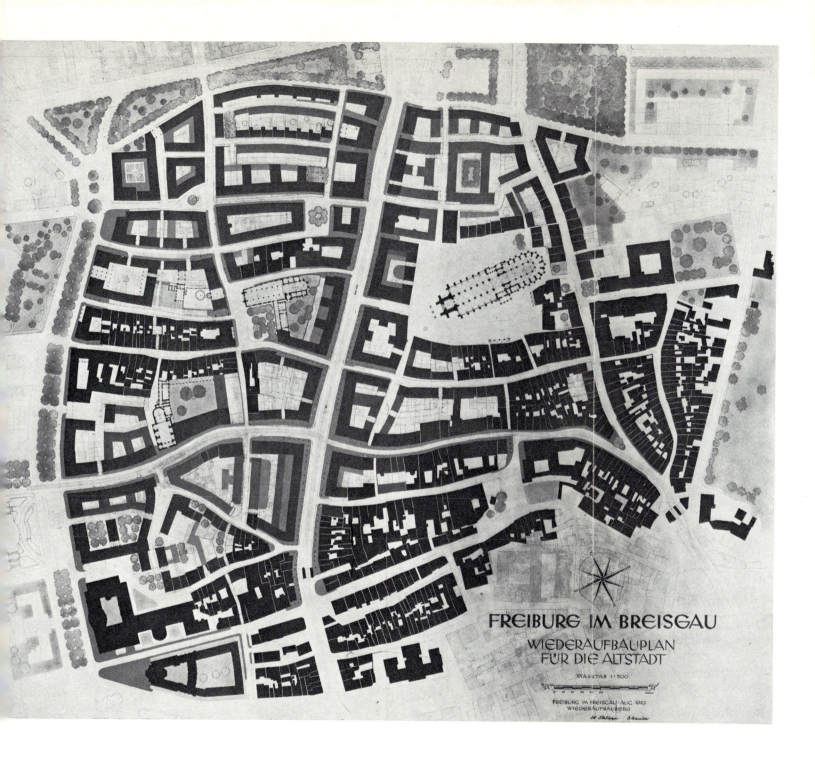

Abb. 41: Freiburg. Wiederaufbauplan für die Altstadt, vgl. S. 97

Geographisches Institut
der Universität Kiel
Neue Universität

zu bewältigen ist, in der Sanierung der alten Dorfkerne im Süden der Stadt und im Westen auf dem anderen Neckarufer. Das Areal der Altstadt ist kleiner als in Kassel. Haben wir dort eine Länge von 1000 m und eine Breite von 600 m, so haben wir hier eine Länge von 750 m und eine Breite von 400 m. Dieser geringeren Ausdehnung entspricht auch ein engermaschiges Straßen- und Gassennetz des alten Stadtgrundrisses und ein dichteres Parzellengewirr in den Bauflächen. Auch hier war die größtenteils aus Holzfachwerkhäusern bestehende Altstadt bis auf die Kirchen und die wenigen sonstigen historischen Profanbauten, die in Stein errichtet waren, vernichtet worden, aber auch hier wagte man sich nicht von dem alten Stadtgrundriß zu entfernen, einmal aus der Bewertung der im Boden liegenden Leitungen heraus, zum andern aus dem grundsätzlichen Bestreben, „den vielen Geschädigten den Rest ihres Eigentums zu erhalten, der ihnen aus der Zerstörung ihrer in der Altstadt liegenden Häuser geblieben ist."

Es wurde deshalb ein Bebauungsplan für den Neuaufbau der Altstadt aufgestellt, an dem die Professoren GONSER und VOLKHARDT mitgewirkt haben. Den zuvor geäußerten Auffassungen zufolge wurden die Forderungen „maßvoll" gehalten, die an die Verbreiterung der Straßen, an die Schaffung von Parkplätzen, von Durchbrüchen und anderen etwa wünschenswert erscheinenden Veränderungen zu stellen waren. In dem Plan, der nach diesen Richtlinien erarbeitet worden ist, wurden die Hauptstraßenzüge durch ihre Verbreiterung deutlich hervorgehoben: die Allerheiligen-, die Fleiner- und die Sülmerstraße als Nordsüdlinien, die Kaiser-, die Lohtor- und die Zehntgasse als Ostwestlinien. In den von diesen Grundlinien abgeteilten umfangreicheren Quartieren wurden durch eine weitere Differenzierung in den Straßenbreiten größere Blockeinheiten gebildet, während die engen Gäßchen und Durchgänge, von denen sie vielfältig durchschossen waren, nur insoweit ausgenutzt und wiederverwendet wurden, als sie der inneren Erschließung dieser größeren Blockeinheiten dienen konnten. Dabei sind viele Straßenfronten, die früher beidseitig mit Häusern bestanden waren, nur einseitig neu besetzt worden, so daß sich nach dem Blockinneren hin Höfe und Grünflächen schaffen ließen. Da die Geschoßzahl von zwei, drei und vier Geschossen beibehalten wurde, ist bei dieser neuen eingeschränkten Bebauungsweise die große Dichte, die ehemals hier herrschte, fast auf die Hälfte ihres früheren Ausmaßes herabgesetzt worden (vgl. Abb. 40).

Auf Grund dieses Planes wurde nach den geltenden gesetzlichen Bestimmungen in einer sorgfältig vorbereiteten Umlegung in mühseliger Kleinarbeit die neue Bodenordnung geschaffen, die es ermöglichte, die gestalterischen Absichten des Aufbauplans zu verwirklichen und damit eine Veränderung herbeizuführen, die sich bei aller traditionellen Haltung doch genügend weit von dem früheren Zustand entfernt. Die Abkehr von der allseitig geschlossenen Umbauung der Baublöcke, die Einfügung einzeln stehender und aufgereihter Häuser, die Ausweitung und Einbeziehung früher schon vorhandener Plätze und Winkel in die Neugestaltung, das alles hat auch im einzelnen wieder zu reizvollen Stadtbildern geführt, die glücklicherweise nicht den Ehrgeiz haben, „das alte Heilbronn" wieder erstehen zu lassen, die aber der Stadt auch heute wieder ihr eigenes, vielfach anheimelndes Gepräge geben.

Dazu trägt die Wiederherstellung der wenigstens in ihren Grundmauern erhalten gebliebenen historischen Baudenkmäler wesentlich bei. Ihre Stellung im mittleren und südlichen Bereich der Altstadt fügt sie zu einer lose zusammenhängenden Gruppe aneinander, die mit ihren Höfen und Durchgängen eine Vorstellung dessen vermitteln, was in Heilbronn trotz guter Voraussetzungen bisher versäumt worden ist: von der Schaffung einer fußläufigen innersten Stadt, wie sie schon in den Planungen von Professor VOLKHARDT vorgesehen war, aber leider nicht verwirklicht worden ist, bis auf den vorsichtig tastenden Versuch mit der Gustav-Binder-Straße und dem Hafenmarkt, der städtebaulich gut gelungen ist und zu weiteren Schritten in dieser Richtung durchaus ermutigen könnte.

Die Durchgrünung der Altstadt ist verhältnismäßig sparsam. Sie tritt etwas reicher in den Baublöcken im Norden und im äußersten Süden der Altstadt auf, die überwiegend als reine Wohnanlagen neugestaltet worden sind. In den übrigen Bereichen würde man aber doch gerne hier und da einen Baum oder Baumgruppen in den noch immer eng genug bebauten Straßen- und Platzräumen antreffen, wo man das Grün zwischen den Steinwänden vermißt. Man mag sich aber immerhin mit diesem Zustand abfinden, da im Osten die Grünanlagen des Stadtgartens, des Kaiser-Wilhelm-Platzes und des Alten Friedhofs leicht erreichbar sind, auf der Westseite aber die neu geschaffenen Freiflächen am alten Neckarlauf und auf den Inseln der Altstadt einen vollkommenen grünen Rahmen verleihen.

Der Wiederaufbau der Altstadt stellt sich als ein Sonderfall der Sanierung dar. Demgegenüber fallen die Sanierungsaufgaben, die in den alten Dorfkernen der Vororte anstehen, zwar wesentlich weniger ins Gewicht, sie sind aber gleichwohl für die Verbesserung des Stadtgefüges nicht ohne ihre eigene Bedeutung. Die Ortslagen von Neckargartach und Böckingen weisen Ansätze lokaler Zentrumsfunktionen auf und bilden den Übergang zu den hinter ihnen liegenden neuen Wohnbaugebieten. Sie sind deshalb in verkehrlicher Hinsicht dieser Aufgabe anzupassen durch Verbesserung vorhandener und Schaffung neuer Verbindungen zwischen dem westlichen Außengebiet und der Innenstadt jenseits des Flusses. Man wird aber auch gestalterisch für eine bessere Herausarbeitung und eine entsprechende Ergänzung der zentralen Einrichtungen sorgen müssen. Vorhandene Grünanlagen sollten mit dem Grün der neueren Baugebiete verbunden werden, die Gruppen schöner alter Häuser, wie in Neckargartach, sollten erneuert und gepflegt und die allgemeinen Wohnverhältnisse durch behutsame Auflockerung verbessert werden.

Das gleiche Programm empfiehlt sich auch für Sontheim, dessen Ortsmitte durch die Gebäudegruppe „Auf dem Bau" einen städtebaulich dankbaren Ansatzpunkt bietet, und ferner für den neu eingemeindeten Vorort Klingenberg. Die Sanierungsgebiete in den genannten Ortskernen sind im Flächennutzungsplan kenntlich gemacht. Eingehende Einzeluntersuchungen über den Qualitätszustand des Baubestandes sind eingeleitet, um eine Grundlage dafür zu gewinnen, wie die in Aussicht genommenen Verbesserungen und Veränderungen bebauungsplanmäßig festgelegt werden sollen; es wird demnach noch eine Zeitlang dauern, bis man diese als notwendig und wünschenswert erkannten Sanierungsarbeiten in Angriff nehmen und durchführen wird.

3. Trier

In Trier läßt sich die anstehende Aufgabe der Stadterneuerung und -sanierung in drei Abschnitte zerlegen: Den ersten Abschnitt bildet die Erneuerung des engeren, wirtschaftlich und kulturell bedeutenden Gebietes der Altstadt, das im Herbst 1971 in einen gut funktionierenden fußläufigen Bereich mit allen Nebeneinrichtungen für die Belieferung und den ruhenden Verkehr umgewandelt worden ist. Diese Anlage und ihre Einzelheiten sind im Rahmen des Themas „Innenstadtgestaltung" ausführlich behandelt (vgl. Abb. 6). Den zweiten Abschnitt bildet die Sanierung der übrigen Flächen der Altstadt innerhalb des Alleenvierecks, wobei sich die Bereiche des ersten und zweiten Abschnittes durchdringen. Der dritte Abschnitt behandelt auch in Trier — wie in Kassel und Heilbronn — die Sanierung der Dorfkerne, und hier im besonderen die der neu eingemeindeten Vororte im Osten des bisherigen Stadtgebietes, die der Stadt als Folgelast der Übernahme dieses Zuwachses auferlegt ist.

In der vorliegenden Darstellung haben wir es vornehmlich mit dem zweiten Abschnitt der in Trier anstehenden Aufgabe zu tun, und wir dürfen es als ein für ihn charakteristisches Merkmal bezeichnen, wenn die Untersuchungen, die hierfür im Gange sind, unter das Thema „Wohnen in der Innenstadt" gestellt sind. Wenn damit auch eine Einschränkung der Aufgabe angedeutet ist, so geht doch aus dem ins einzelne aufgegliederten Programm für die Erforschung der im zweiten Abschnitt zu erfassenden Bestände deutlich hervor, daß man sich trotzdem der Einordnung in eine Gesamtvorstellung von der Stadterneuerung bewußt ist und daß man die planerisch niederzulegenden Vorschläge für die Verbesserung der Wohnverhältnisse mit denen des ersten Abschnittes abstimmen und verflechten muß. Die Betrachtung der Qualitätsverhältnisse in der Altstadt läßt den besseren Zustand und die belebtere Nutzung in den wirtschaftlich bedeutenderen Hauptstraßenzügen der Simeon-, der Brot- und Fleischstraße klar erkennen, demgegenüber sinkt das bauliche und das Nutzungsniveau in den anschließenden Seitenstraßen merklich ab. Damit ist das Bedürfnis nach Verbesserung und Veränderung gerade an diesen Stellen deutlich in den Vordergrund gerückt.

Die Arbeit, die hier einsetzen muß, ist aber durch vielerlei Bindungen erschwert, die aus dem Wert des historischen Erbes hervorgehen. Die verzwickte mittelalterliche Parzellenteilung steht überall einer Bildung von Baugrundstücken im Wege, die nach modernen Grundrißabmessungen zugeschnitten sein müssen. Der vielfach verwahrloste Aufbaubestand zeigt oft überraschende Spuren beachtenswerter mittelalterlicher Architektur, sei es in Fachwerk oder Mauerwerk, und viele Bauwerke, die heute untergeordneten Zwecken dienen, verraten in ihrer architektonischen Haltung, daß sie als behäbige Bürgerhäuser des 17. und 18. Jahrhunderts einst wesentlich bessere Tage gesehen haben als heute.

Wenn man also auch die Aufgabe auf das Thema „Wohnen in der Innenstadt" beschränkt, so bleibt die Aufgabe, die hier ihrer Lösung harrt, doch eine besonders anspruchsvolle und vielfältige. Die Stadt Trier hat für diese Arbeit ein wissenschaftliches Team gewonnen, das unter der Leitung von Professor ERICH KÜHN, Aachen, an der Ausführung eines „Forschungsprogramms zur Untersuchung der Stadterneuerungs- und Sanierungsbedürfnisse im Stadtgebiet Trier" arbeitet. Dieses Forschungspogramm, das von der Stadt Trier aufgestellt wurde, gliedert sich in drei Teile: Der erste Teil umfaßt die Aufnahme des baulichen, gewerblichen und soziologischen Bestandes innerhalb der Altstadtstruktur und die Ermittlung des Flächenbedarfs. Der zweite Teil gibt Aufschluß über die Erneuerungs- und Sanierungsnotwendigkeiten, die sich aus der Bewertung des Bauzustandes ergeben. Daraus will man Planungsvorschläge und Kostenschätzungen entwickeln, um Anhalt zu haben, wie man künftig vorgehen muß, um zu einer Verwirklichung des Geplanten und als notwendig Erkannten zu kommen. Schließlich soll im dritten Teil ein Überblick darüber gegeben werden, welche Erneuerungs- und Sanierungsarbeiten im gesamten Stadtgebiet zu erwarten sind.

In diesem Teil sollen dann auch die Ergebnisse und Erfahrungen dargestellt werden, die in den bis dahin ausgeführten Maßnahmen gewonnen worden sind. Denn man will nicht erst das Ende all dieser Untersuchungen abwarten und ist dort, wo es sich um abgegrenzte Einzelmaßnahmen handelt, wie bei der Hornkaserne auf dem gegenüberliegenden Ufer der Mosel, sofort schon an die Arbeit gegangen, um als vordringlich erkannte Notstände vorweg zu beheben. So wurden in den letzten zehn Jahren für abgerissene Notquartiere und Sanierungsvorhaben mehr als 1 000 Ersatzwohnungen gebaut. Ein von 1967 bis 1970 laufendes Vierjahresprogramm sah bereits die Beseitigung von 150 schlechten Wohnungen vor. Ab 1971 soll ein zweites Vierjahresprogramm im gleichen Umfang anlaufen.

Aus dem vorliegenden Forschungsprogramm sind auch schon wichtige Planunterlagen ausgearbeitet worden. So ist ein Plan aufgestellt, der die Geschoßzahl der vorhandenen Bauwerke angibt, ferner ein Plan, der die Zahl der Wohnungen für die einzelnen Grundstücke enthält, und schließlich ein Plan, in dem alle Betriebe des Gewerbes, des Handels und des Handwerks eingetragen sind. Daneben stehen die Angaben über den historischen und künstlerischen Wert des alten Baubestandes, soweit er erkennbar ist.

Man ist also auf gutem Wege, das Arbeitsgebiet so offenkundig und übersichtlich zu machen als es irgend geht. Da sich schon überschläglich übersehen läßt, daß die durch die Sorgfalt der Untersuchungen zutage tretenden Notwendigkeiten zum Handeln und zum Einsatz bedeutenderer Mittel verpflichten, hat sich die Stadt bemüht, den laufenden Forschungsauftrag als Modelluntersuchung vom Bund anerkennen zu lassen und hat dabei Erfolg gehabt, so daß ihr Bundes- und Landesmittel bei ihren Bemühungen um Stadterneuerung und Sanierung behilflich sind.

Über die Mittel hinaus, die zur Sanierungsarbeit im engeren Sinne erforderlich sind, werden aber weitere finanzielle Belastungen entstehen bei der Sorge um die Erhaltung des historischen Erbes, das in Trier in so reichem Maße vorhanden ist. Auf Schritt und Tritt begegenen einem dort die Zeugnisse eines künstlerisch wertvollen und erhaltensbedürftigen historischen Baubestandes, und es wird einer aufmerksamen, aber auch opferbereiten Einstellung bei Stadtverwaltung und Stadtvertretung bedürfen, um auf diesem Gebiete das Mögliche zu tun.

Gute Beispiele für die Erhaltung und Pflege des historisch wertvollen Erbes zeigen sich in der Simeonstraße, wo hinter den gut erhaltenen Fassaden einer Anzahl von ehemaligen Bürgerhäusern verschiedener Zeitalter jetzt Geschäftshäuser eingerichtet sind. Hier konnte aber immerhin die wirtschaftliche Kraft der Besitzer in den Dienst des Denkmalschutzes gestellt werden. Das ist leider in den Seitenstraßen, wo es sich mehr um wirtschaftlich schwache oder ganz und gar unzulängliche Besitzer handelt, wesentlich schwieriger und wird sich ohne verlorene Zuschüsse kaum zu auch nur mäßigen Erfolgen führen lassen. Immerhin kann die Baupflege in den alten Häusergruppen „Zurlauben" und an der Kranenstraße am Moselufer als ein Beispiel beachtet werden, wie man auch mit erschwinglichen Mitteln den Reiz und den architektonischen Charakter eines solchen kleinen Altstadtbereichs wieder herstellen kann. Man sollte bei diesen Bestrebungen nicht vergessen, daß solche Arbeiten auch im Dienste des Fremdenverkehrs stehen und geeignet sind, den Freizeitwert einer Stadt beträchtlich zu steigern.

Der dritte Abschnitt des Trierer Sanierungsprogramms, die Erneuerungsarbeit an den alten Dorfkernen, ist zwar im dritten Teil des Forschungsprogramms enthalten und dort näher umrissen. Da aber die Arbeit an der Altstadt so bedeutend vordringlicher ist, so werden die Untersuchungen und Planungen für diese Gebiete noch auf sich warten lassen müssen. Immerhin kann man wohl als Beispiel für eine solche Vororterneuerung auf Pfalzel hinweisen, das historische Städtchen auf dem anderen Moselufer, wo die ehemalige Klosterkirche mit ihrer Umgebung und die alte Befestigungsanlage mit ihren Rundbastionen und Gräben denkmalpflegerisch und städtebaulich sorgfältig herausgearbeitet sind.

4. Freiburg

In Freiburg ist die Arbeit auf dem engeren Gebiet der Altstadtsanierung, wie in Trier, unter das Thema „Mehr Wohnraum in der Altstadt" gestellt. Man hat auch hier wahrgenommen, daß sich in großen Teilen der Altstadt eine Abnahme des Wohnungsbestandes und ein Strukturwandel zugunsten des Handels und der sonstigen tertiären Bereiche vollzogen hat und weiter fortschreitet. Dabei haben sich in dem Rechteck innerhalb der Ringstraßen durchaus noch Viertel erhalten, in denen der Wohncharakter sichtbar vorherrscht. Um aber die Altstadt auch weiterhin für das Wohnen anziehend zu erhalten, hat sich die Stadt unter dem oben angegebenen Thema ein besonderes Sanierungsprogramm gestellt, das sie in den kommenden Jahren weiter ausarbeiten und in die Wirklichkeit umsetzen will (vgl. Abb. 41).

In der Verfolgung dieses Zieles hat man sich überlegt, wie man der fortschreitenden Umwandlung von Wohnräumen in Geschäftsräume erfolgreich begegnen könnte, und man stellt sich dafür drei Möglichkeiten vor: Man denkt daran, mit den Mitteln der Bauordnung Wohnbereiche zu bestimmen, in denen das unerwünschte Aufkommen von geschäftlichen Einrichtungen und Büros durch gesetzliche Beschränkungen ausgeschlossen ist. Ferner faßt man die Förderung anspruchsvoller Wohnungen in Neubauten ins Auge, die der historisch empfindlichen Umgebung anzupassen wären, die aber „in ihrer Grundrißgestaltung so eindeutig auf das Wohnen ausgerichtet sind, daß ihre Umwandlung in gewerbliche Räume nicht lohnend ist". Und schließlich könnte man sich im Bereich des historisch wertvollen Altbaubestandes die Mühe machen, einsichtsvolle Einwohner „mit einem urbanen Wohnbedürfnis" und „mit einem Schuß Romantik" daran zu interessieren, „in alten stilvollen Häusern durch komfortablen Innenumbau niveauvolle und attraktive Altstadtwohnungen" zu schaffen.

Diese Bestrebungen, in der Altstadt eine „Wohnrenaissance" herbeizuführen und nachdrücklich zu fördern, müssen mit einer entsprechenden Behandlung des Verkehrs Hand in Hand gehen. Die bevorzugten Straßenzüge müssen von lästigem Verkehr befreit, aber reichlich mit Abstellflächen und Garagen versehen werden. Straßenkappungen, Stichstraßen, Hofbildungen werden unerläßlich sein, um befriedete Räume anzubieten. Als ein Beispiel der Planung für solch eine anspruchsvollere Wohngruppe kann die Terrassenanlage gelten, die man etwa im Zuge der Schoferstraße in der Form einer Überbauung der östlichen Ringstraße, der Schloßbergstraße, als Zugang zu den höher gelegenen Teilen des Schloßberges oberhalb der neu geschaffenen Stützmauer errichten will.

Bei dieser Art der Sanierungsarbeit wird die Rücksicht auf die historische Substanz immer wieder als oberstes Gebot zu beachten sein. Denn die Stadt Freiburg steht auch heute noch unverändert auf dem Grundriß aus der Zähringerzeit und verwaltet ein reiches hisotrisches Erbe, das teils vorhandenen, teils neuen Zwecken lebensvoll angepaßt ist. Man wird also das Neue, das man neben und zwischen das Alte stellen will, mit besonderer Sorgfalt einstimmen und angleichen müssen, um die erwünschte und notwendige Erneuerung in den gegebenen Maßstab einzufügen und auch in der architektonischen Sprache der Gegenwart dem „genius loci" gerecht zu werden.

Zu den besonderen Aufgaben, die in dieser behutsamen Weise zu lösen sind, gehören die Altstadtviertel in der Südostecke der Innenstadt: der Bereich um die Konviktstraße und um die „Insel". Die Konviktstraße bildet die Mittelrippe in dem Dreieck zwischen Herrengasse, Schoferstraße und Schloßbergstraße. Für die Neugestaltung dieses Viertels sind mancherlei Untersuchungen angestellt. Sie sind von der Sorge getragen, den Osten der Altstadt vor einem qualitativen Absinken zu bewahren, seine Anziehungskraft zu stärken und ihn durch Anreicherung seiner Struktur zu beleben. Eine reine historisierende Rekonstruktion würde einen musealen leblosen Eindruck hervorrufen, den man hier auf jeden Fall vermeiden muß. Man hat an dieser Stelle, weil städtischer Besitz vorhanden ist, an die Errichtung eines mehrgeschossigen Parkhauses gedacht, dieser Vorschlag ist aber auf vielfachen Widerstand gestoßen. Mehr Aussicht auf weitere Verfolgung könnte der Plan der Terrassenwohnanlage haben, der bereits erwähnt ist. Mit ihr könnte der Anfang einer Umwandlung im Sinne der geschilderten „Wohnrenaissance" in diesem Viertel gemacht werden, es müßten nur weitere Förderungsmaßnahmen folgen, die den Wohnwert dieses Viertels heben könnten, wie etwa eine stärkere Durchgrünung und eine verkehrliche Befriedung. Das Viertel um die „Insel" ist durch die als Museen dienenden ehemaligen Klosterbauten, die Höhenunterschiede, die kleinen Plätze und die Wasserläufe sehr reizvoll gegliedert, aber auch hier müßten die gleichen Erneuerungsarbeiten in die Wege geleitet werden wie im Bereich der Konviktstraße. Es ist dies infolge der differenzierten Gegebenheiten eine sehr lohnende Aufgabe, die auch nachhaltigen Erfolg verspricht.

Wesentlich schwieriger erscheint dagegen die immer wieder erhobene Forderung nach einer Sanierung der Dreisamzone zwischen der Güterbahn und der Karthäuserstraße. Hier geht es nicht nur darum, dem Fluß, der die Stadt durchfließt, die ihm gebührende städtebauliche Fassung zu geben, es müssen auch die angrenzenden Viertel, besonders das südliche von Wiehre, einer systematischen Erneuerungsarbeit unterworfen werden. Die Umgestaltungsarbeiten, die an der Dreisam zu verfolgen sind, finden sich in den Darstellungen über die Verkehrs- und die Grünplanung eingehend behandelt, es sind dabei typische Vorgänge der Verkehrs- und der Grünsanierung geschildert. Bei den südlich anschließenden Baublöcken der Stadtteile Ober-, Mittel- und Unterwiehre geht es um ein ausgedehntes Mischgebiet, das an Überfüllung leidet und sich durch die Abwanderung der Bevölkerung aus beengtem und veraltetem Wohnbestand verändert. Ein solches Gebiet legt sich abwertend zwischen die Innenstadt und die ansehnlicheren Vororte; es bedarf deshalb der besonderen Pflege, damit den kleineren und mittleren Betrieben, die dort angesiedelt sind, die erforderliche Förderung zuteil wird, denn sie können nicht in die für die größeren Gewerbebetriebe und die Industrie vorgesehenen Sondergebiete verpflanzt werden. Der Auflockerungs- und Pflegedienst, der hier einsetzen muß, um den Unternehmungen den richtigen Lebensraum zu sichern, ist eine wichtige Aufgabe der Baupflege und der Stadterneuerung, die in dem Maße, als es erforderlich wäre, noch gar nicht vorbereitet und in Angriff genommen worden ist. Demgegenüber erscheinen die in Stühlinger und im Bereich westlich des Stadtteils Haßlach anstehenden Erneuerungsarbeiten von geringerem Gewicht und werden wohl vor den dringenderen Sanierungsarbeiten in der Atltstadt und in Wiehre vorläufig noch zurückstehen müssen.

5. *Fulda*

Für Fulda sind schon wichtige Vorgänge der Stadterneuerung und Sanierung in die Darstellungen der Innenstadt- und der Verkehrsplanung einbezogen. Die Arbeiten am Universitäts- und am Borgiasplatz, die Anlagen am Heertor und am Peterstor, auch als Erfolge der Denkmalpflege bemerkenswert, brauchen deshalb hier nur noch einmal erwähnt zu werden. Daneben bestehen aber auch Aufgaben der Sanierung im engeren Sinne, es sind deshalb auch besondere Sanierungsgebiete im Flächennutzungsplan ausgewiesen. Es handelt sich dabei um zwei Gebiete im Rahmen der Innenstadt: einmal die zu eng bebauten Blöcke in ihrer Südwestecke zwischen dem Gemüsemarkt und der Heiliggeistkirche, zum anderen um die enggedrängte Bebauung zu beiden Seiten der Langebrückenstraße (vgl. Abb. 7). Außer diesen beiden zur Innenstadt gehörigen Gebieten sind die Ortsmitten der alten dörflichen Vororte Neuenberg im Westen auf der anderen Seite der Fulda und Horas im Norden der Stadt für die Sanierung vorgesehen.

Bei den Gebieten in der Innenstadt geht es um die Erneuerung überalterten Baubestandes, um die Auflockerung der übermäßigen Dichte und Enge und um die Erhaltung schützenswerter historischer Einzelbauten. Bei der Sanierung an der Langebrückenstraße spielt die Anpassung an den gesteigerten Raumbedarf des Verkehrs hinein, so daß hier auch stärkere Eingriffe nötig werden. Um eine weitergreifende Auslichtung zur Verbesserung der Verkehrsverhältnisse handelt es sich bei der Sanierung des alten Dorfkerns von Horas, da von hier aus die neue Wohnstadt auf dem Aschenberg erschlossen und mit der Innenstadt verbunden wird. Dagegen steht in Neuenberg in erster Linie eine Verbesserung im Baubestand und in der Qualität der Wohnungen an. Die Einzeluntersuchungen für diese vier Sanierungsvorhaben sind im Gange. Sowie sich auf neuer gesetzlicher Grundlage die Möglichkeiten einer Finanzierungshilfe abzeichnen, wird man darauf vorbereitet sein, die etwa erreichbare Ausweitung der eigenen Mittel in Anspruch zu nehmen und die praktische Sanierungsarbeit zu beginnen.

6. Oldenburg

In Oldenburg machen die Arbeiten an der Umwandlung der Altstadt in einen Fußgängerbereich den Hauptanteil des anstehenden Programms für die Stadterneuerung und Sanierung aus. Sie sind in der Darstellung der Innenstadtgestaltung ausführlich behandelt. An dieser Stelle braucht deshalb nur darauf verwiesen zu werden, im besonderen vielleicht noch auf die Tatsache, daß auch die Gestaltung des Raumes zwischen dem Schloßbereich und der Altstadt in dem eindrucksvollen Platzgefüge des Berliner Platzes als ein Sanierungserfolg insoweit anzurechnen ist, als man dort den Aufkauf und den Abbruch einer Gruppe von alten Fachwerkhäusern und Gebäuden der alten Hofhaltung auf sich genommen hat, um die Fläche für die Platzanlage und den Bauplatz für das neue Hallenbad zu gewinnen (vgl. Abb. 4).

Als weitere Sanierungsgebiete kommen das sogenannte „Kuhviertel" nördlich des Pferdemarktes in Frage und im Süden der Altstadt der alte Dorfkern von Osternburg. Er befindet sich in einem so schlechten und ungeeigneten Zustand, daß er gänzlich umstrukturiert werden muß. Um Vorschläge für den Neuaufbau dieser alten Ortsmitte zu erhalten, wird ein öffentlicher Ideenwettbewerb vorbereitet. Anstelle von etwa 175 Wohnungen in überalterter, einstmals für den bäuerlichen Bedarf errichteter Bausubstanz können an dieser Stelle 700 bis 800 neue Wohnungen gebaut werden. Sie liegen in guter Verbindung zur Innenstadt. Mit der baulichen Erneuerung zusammen soll auch die Hauptverkehrsstraße dieses Viertels auf vier Spuren ausgebaut werden.

Darüber hinaus bestehen zur Zeit keine weiteren Sanierungsschwerpunkte, weil sich, im großen und ganzen gesehen, die baulichen und Wohnverhältnisse in Oldenburg auf einer erfreulichen Qualitätshöhe bewegen. So bleiben nur eigentlich die Einzelfälle zu beheben, die im Bereich der Wohnungsaufsicht bekannt werden und in ihrer Art auch eine fortlaufende Sanierungsarbeit darstellen, die aber auch ihrerseits besondere Aufmerksamkeit und ständige Pflege verlangt.

7. Wanne-Eickel

In Wanne-Eickel haben sich die vielfach im Stadtgebiet verstreuten Kriegszerstörungen im Sinne einer allgemeinen Erneuerung des Baubestandes ausgewirkt. Man kann deshalb beobachten, daß das Ortsbild an vielen Stellen heller und freundlicher erscheint, als es früher der Fall war. Infolge der besonderen Strukturverhältnisse, die in Wanne-Eickel vorliegen, haben alle städtebaulichen Arbeiten, die auf die Stadtgestaltung Einfluß nehmen, ihren bestimmenden Anteil an der Stadterneuerung und Sanierung, seien es Bauten der Gemeinde, wie Schulen, Kindergärten, Verwaltungsstellen, seien es Veränderungen oder Neubauten im Gemenge des vorhandenen Baubestandes. Auf diesem Gebiet liegt also das Schwergewicht der Einwirkung im Sinne der allgemeinen Stadterneuerung vornehmlich in den Händen der Bauberatung und der Bauaufsicht, die in engem Kontakt mit der Stadtplanung wirken und in der täglichen Kleinarbeit von Baugesuch zu Baugesuch die Mühe auf sich nehmen muß, die vielen einzelnen Impulse zu einem abgestimmten Gesamtbild der erneuerten Stadt zusammenzufügen (vgl. Abb. 25).

Daneben bestehen aber auch Gebiete, in denen außer der Objektsanierung eine Flächensanierung unerläßlich erscheint. Im Flächennutzungsplan sind zwei solcher Gebiete ausgewiesen: Sie liegen beide im Süden der Stadt nahe beieinander. Das westliche von ihnen zieht sich an der Bochumer Straße hin von der Königsgruber Straße bis zur Dahlhauser Straße, es ist als Mischgebiet ausgewiesen. Das andere, umfangreichere, liegt weiter östlich zwischen der Dahlhauser Straße und dem „Sassenberg" und reicht in südlicher Richtung bis zur Magdeburger Straße an der Stadtgrenze. Dieses Gebiet soll weiterhin als Wohngebiet genutzt werden.

Diese Flächen sind mit Einzelbauten und Gruppen alter Arbeiterhäuser aus der Entstehungszeit der Industrie besetzt und in ihrem offensichtlich schlechten Zustand als erneuerungsbedürftig erkennbar. Sie sind aber nicht die einzigen Flächen, die einer Sanierung bedürfen und von der Stadt dafür ausersehen sind. Im Flächennutzungsplan finden sich an mehreren Stellen ausgedehnte Flächen, die in eine gewerbliche Nutzung umgewidmet sind, während sie nicht nur mit älteren, sondern vielfach auch mit neueren Wohnbauten besetzt sind. Auf die ausgedehnten Flächen zu beiden Seiten des Rhein-Herne-Kanals ist in der Darstellung der Industrieplanung schon hingewiesen. Als weitere Beispiele solcher Umwidmungen wären die Gebiete im Nordosten zu erwähnen, wo an der Dorstener Straße in der Nachbarschaft der neuen Abfahrt von dem Emscherschnellweg ein Kleingartengebiet, das zu einer wilden Siedlung ausgeartet ist, und an der Ackerstraße ein geringwertiges Wohngebiet in Gewerbegebiet umgewandelt werden sollen. Ferner soll die Wohnsiedlung „Hauge Löchte" an der Feldkampstraße und die ihr gegenüber liegende Kleingartenanlage für die Erweiterung der Stickstoffwerke „Hibernia" aufgegeben werden.

Diese Umwandlungsabsichten sind der bisher herrschenden Vorstellung von der Notwendigkeit der Verbreiterung der gewerblichen Grundlagen der Stadt entsprungen. Da sich aber die Auffassungen, die sich aus der bisherigen Steuergesetzgebung ableiten, infolge der Finanzreform zugunsten einer höheren Bewertung von Wohngebietsflächen wandeln werden, so wird sich in Zukunft wohl auch in Wanne-Eickel die Grundtendenz der Planung, die zunächst noch auf eine Erweiterung der Gewerbegebiete ausgerichtet war, mehr als bisher auf die Verbesserung der Wohnverhältnisse richten, und das wird wieder Einfluß haben auf die weitere, ins einzelne gehende Entwicklung des Sanierungsprogramms der Stadt. Man wird dabei wohl darauf kommen, auf einige der geplanten

Umwandlungen in Gewerbegebiet zu verzichten, weil man sonst in die Verlegenheit geriete, nicht recht zu wissen, wo man die Ersatzwohnungen für die weichende Wohnbevölkerung errichten soll, da Erweiterungsflächen der bisherigen Wohnbaugebiete in ausreichendem Maße nicht nachzuweisen wären.

Ein Sanierungsprogramm, das sich zunächst auf die dringlichsten Fälle und Flächen beschränken könnte, ist bisher noch nicht ausgearbeitet worden. Die Unterlagen, die als Grundlage für die Ausweisung und Abgrenzung der Gebiete verschiedener Nutzung im Flächennutzungsplan gedient haben, die Bestandsaufnahmen und die ihnen voraufgegangenen örtlichen Erhebungen, reichen nicht aus, um aus ihnen das Sanierungsprogramm in allen erforderlichen Einzelheiten zu entwickeln. Es wird also nicht zu umgehen sein, auch in Wanne-Eickel, wie in den anderen Städten, die speziellen Untersuchungen in Angriff zu nehmen, die zur Vorbereitung der anstehenden Sanierungsverfahren unerläßlich sind.

8. *Wolfsburg*

In Wolfsburg kann keine Rede sein von der Sanierung überalterten Baubestandes. Hier entstehen Erneuerungsaufgaben im Zusammenhang mit dem Ausbau der Verkehrsanlagen, im besonderen bei der Umwandlung planglacher Knotenpunkte in solche mehrerer Ebenen, wie es im Generalverkehrsplan vorgesehen ist an der Fallerslebener Straße und an der Braunschweiger Staße bei der Verknüpfung mit der Siemens- und der Heinrich-Heine-Straße am Eingang zur Innenstadt. Beim Ausbau dieser Knotenpunkte werden einige Häuser aufgegeben und durch Neubauten an anderer Stelle ersetzt werden müssen.

Sollte sich die Stadt entschließen, dem Plan für die Umwandlung der Porschestraße zu einem Fußgängerbereich näher zu treten, so werden sich Sanierungsarbeiten an der Bebauung der Westseite der Porschestraße ergeben, wo sich der Wunsch einstellen wird, die bescheidenen Wohnhäuser mit ihren kleinen Läden im Erdgeschoß zu attraktiveren und leistungsstärkeren Geschäftshäusern umzubauen.

Als dritte Sanierungsaufgabe, die vornehmlich auf das Gebiet der Denkmalspflege übergreift, ist die Wiederherstellung der alten Gutsarbeiterhäuser am Rothenfelder Markt zu erwähnen, mit der man sich bemüht, auf den Zustand der Gegend hinzuweisen, der vor der Errichtung des Volkswagenwerkes und der Stadt Wolfsburg hier anzutreffen war. Dem gleichen Bestreben dienen auch die Bereinigungsarbeiten an den Nebengebäuden beim Schloß Wolfsburg, die von wertlosen Anbauten aus neuerer Zeit befreit werden. Aber das sind alles Arbeiten, die im Vergleich mit den in den anderen betrachteten Städten auf Lösung drängenden Sanierungsaufgaben nur geringfügig sind und nicht sehr anspruchsvoll und bedeutend erscheinen, und so nimmt die Stadt Wolfsburg auch auf diesem Gebiet eine Sonderstellung ein, die sie von den anderen Städten abhebt.

VII. Planung über die Stadtgrenzen hinaus

Vorbemerkungen

Die bauliche Entwicklung der acht betrachteten Städte hat die heute bestehenden Stadtgrenzen erreicht und meistens auch schon weit überschritten. Einen Sonderfall bildet Wanne-Eickel, das von sechs Städten umgeben ist und sich notgedrungen auf sich selbst beschränken muß. Aber auch eine Stadt mit einem so ausgedehnten Gemarkungsbereich wie Oldenburg stößt mit den Ausläufern ihrer Entwicklung an die Stadtgrenzen an und dringt auch schon hier und da über sie hinaus. Diese fortschreitende Ausdehnung zwingt dazu, sich mit den angrenzenden Nachbargemeinden in Verbindung zu setzen und sich Vorstellungen darüber zu machen, wie man gemeinsam die weiteren Regungen des Wachstums und der Strukturwandlung gestalten will.

Außer den Berührungspunkten, die sich so von Gemeinde zu Gemeinde ergeben, kommen in diesem Zusammenhang aber noch andere überörtliche Gesichtspunkte in Betracht. Nach dem Bundesbaugesetz ist die Ortsplanung der Landesplanung anzupassen; die Gemeinden und Städte müssen sich also vertraut machen mit den Gedanken und Zielen, die das Land in dem betreffenden Landesteil verfolgt, in dem die Gemeinde liegt. So kommen die Anregungen zur Ausbildung der Planung sowohl von oben von der Regierung als auch von unten aus den wechselseitigen nachbarlichen Beziehungen der Gemeinden untereinander zum Tragen. Durch die Landesplanungsgesetze der Länder ist das Gewicht und die Bedeutung dieser überörtlichen Abstimmung und der zwischengemeindlichen Zusammenarbeit hervorgehoben. Sie ist den Gebietskörperschaften zur Pflicht gemacht, sie wird aber auch unter dem Druck der örtlichen Verhältnisse ganz allgemein als notwendig und wünschenswert angesehen.

So hat sich das Berdürfnis eingestellt, nicht nur gerade die Probleme zu lösen, die im Einzelfall diesseits und jenseits der Grenze einheitlich behandelt werden müssen, sondern darüber hinaus hat sich das Bewußtsein für die Notwendigkeiten des größeren Raumes, der Region, an der die Städte und Gemeinden in ihrem Umland teilhaben, in immer stärkerem Maße entwickelt. Hierzu haben gemeinsame Nöte, wie die Trinkwasser-, die Stromversorgung, die Abwasser-, die Müllbeseitigung, fördernd beigetragen und den Sinn für ein gemeinsames Handeln gestärkt. Aus den Erfahrungen mit den Zweckverbänden, zu denen man sich für solche Sonderaufgaben zusammengeschlossen hatte, zog man die Vorbilder, wie man nun wohl auch die Planungen für die Zukunft in solcher Art gemeinsam betreiben könnte.

Einen weiteren Anlaß dazu erhielt man durch die Abstimmung und Übernahme der sogenannten „Fachplanungen" der Landesbehörden, in denen überörtliche Beziehungen geregelt werden: die Planungen für den Ausbau des Netzes der Bundes- und Landesstraßen, für den Ausbau von Wasserstraßen und andere vom Bund und von den Ländern aufgestellte Planungen, bei denen es auch darauf ankam, sie mit den örtlichen Interessen und Absichten in Einklang zu bringen. Auch diesen Planungsbehörden gegenüber kann sich ein gemeinsam bekundeter Wille besser durchsetzen als eine Einzelgemeinde.

So vorteilhaft in solchen Fällen der Zusammenschluß der gleichmäßig interessierten Gemeinden erscheint, so hinderlich machen sich aber ihre gegenseitige Rivalität und das Bewußtsein geringerer Größe und schwächeren Gewichts geltend, wenn man daran gehen will, sich fester aneinander zu binden. Besonders die Furcht vor dem „Imperialismus" der zentralen Stadt gegenüber den angrenzenden Gemeinden hat sich da als vielbeklagte Belastung erwiesen, deren Ausgleich und Beseitigung dem guten Willen manches Kopfzerbrechen macht. Die kleine Nachbargemeinde, ja selbst der umgebende oder angrenzende Landkreis gleichen Namens kann sich nicht der Besorgnis erwehren, von der „mächtigen" zentralen Stadt unter Druck gesetzt zu werden, ein Verhältnis, das sich z. B. im Falle Kassel erst dann erleichterte, als der Landkreis Kassel durch die Ansiedlung des Volkswagenwerkes in Altenbauna aus der Rolle des armen in die des reichen Vetters hinüberwechselte und so zum gleichgewichtigen Partner in allen gemeinsam zu lösenden Fragen wurde.

Die emotionellen Belastungen, die auf dem Gebiete der gemeindlichen Zusammenarbeit hinderlich hervortreten, werden sich wohl abbauen lassen, wenn sich die neue Verteilung der Steuereinnahmen nach der Steuerreform auswirkt. Die Gewerbesteuer wird dann ihres Monopols als Ernährer der Gemeinden entkleidet, und das Interesse an der Wohnbevölkerung wird wachsen. Die Rivalitätskämpfe um die Industrieansiedlung fallen dann fort, und man kann vorurteilsfreier den sich selbst entwickelnden Richtungen der Strukturumwandlung nachgeben.

Es wird aber auch viel zu einer Milderung gegenseitiger Spannungen beitragen, wenn sich die zentralen Orte selbst lebhafter als bisher dafür einsetzen, Nebenzentren in ihrer Nachbarschaft bestehen zu lassen und im Rahmen der Gebietsplanung aufzuwerten, und wenn sie überhaupt die Gemeinden dabei unterstützen, ihre Eigenständigkeit auch im größeren Verbande lebendig zu erhalten. Das ist sogar bei dem engsten Zusammenschluß, der denkbar ist, bei der Eingemeindung, durchaus möglich und wird auch von einem gemeinsamen Stadtparlament mit Erfolg zu verwirklichen sein. Insofern sollte man auch endlich die Abneigung gegen Eingemeindungen aufgeben, die besonders dort, wo es sich um eine nahtlose Fortsetzung der städtischen Ausdehnung handelt, viel unmittelbarer und wirkungsvoller zu einer gemeinsamen, allen Stadtteilen förderlichen Verwaltungsarbeit führt als ein Zusammenschluß ohne die geschlossene Machtbefugnis der gemeindlichen Selbstverwaltung.

Da aber zunächst noch der Widerwille gegen diese engste Form des Zusammenschlusses allgemein lebendig ist, da aber auch ferner in vielen Fällen eine Eingemeindung nicht durchaus notwendig erscheint, so behalten doch die anderen Formen des Zusammenschlusses auch weiterhin ihre Bedeutung. Da ist zunächst die loseste Vereinigung, die „Arbeitsgemeinschaft" oder die „Planungsgemeinschaft" in der Form einer gegenseitigen Vereinbarung oder eines eingetragenen Vereins, deren man sich bedient, wenn man möglichst vorsichtig sein will, wenn man also ruhig einmal miteinander reden und planen, aber am liebsten sich doch zu nichts verpflichten will, was gegebenenfalls den eigenen freien Willen einengen könnte. Solche Arbeitsgemeinschaften finden sich sehr häufig, sie haben aber meist keinen wirklich nachhaltigen Erfolg, weil sie harten Entscheidungen nicht gewachsen sind.

Besser steht es dann schon um Planungsverbände, wie sie im Bundesbaugesetz vorgesehen sind und wie sie z. B. im Rahmen der „Planungsgemeinschaft Breisgau" als festere Untergliederungen nach dem Zweckverbandsgesetz ins Leben gerufen sind. Die Zusammenschlüsse in dieser Form beginnen sich schon im Breisgau in der praktischen zwischengemeindlichen Arbeit zu bewähren. Sie sind ebensogut geeignet, die von der zentralen Stadt Freiburg ausgehenden Impulse aufzunehmen und fortzubilden, wie sie auch in der Lage sind, der Stadt gegenüber die Eigenständigkeit der Partnergemeinden und die aus ihren eigenen Regungen hervorgehenden Tendenzen zu behaupten.

Dem gleichen Bestreben entspringen auch die freiwilligen Zusammenschlüsse zu größeren Gemeinden, wie sie sich in letzter Zeit im Umland der Stadt Kassel gebildet haben. Nachdem sich als Folge der Neuansiedlung des Volkswagenwerkes in Altenbauna die davon betroffenen Nachbargemeinden zur Stadt „Baunatal" zusammengeschlossen haben, sind nun auch andere Gemeinden diesem Beispiel gefolgt und haben sich freiwillig miteinander vereinigt, um als größere Gemeindeverbände der zentralen Stadt und dem Landkreis gegenüber bedeutenderes Gewicht zu erlangen. So haben sich im Norden der Stadt bereits zwei solcher Großgemeinden gebildet, und es steht zu erwarten, daß noch weitere solche Zusammengemeindungen in naher Zukunft vor sich gehen werden.

1. Freiburg

Die Stadt Freiburg hat es schon früh in der Nachkriegszeit erkannt, daß sie die ihr aus ihrer Lage zuwachsenden überörtlichen Aufgaben nicht erfüllen kann, ohne die Abstimmung und enge Zusammenarbeit mit dem Umland. Sie hat sich im Jahre 1956 mit dem Landkreis Freiburg und dem nördlich anschließenden Landkreis Emmendingen zur „Planungsgemeinschaft Breisgau" zusammengeschlossen in der Form einer öffentlich rechtlichen Vereinbarung mit dem Ziel, die Grundlagen der Region Breisgau zu erforschen und einen Regionalplan auszuarbeiten, der alle Regungen der Entwicklung untereinander abstimmt und Hinweise gibt, wie die planerischen Voraussetzungen zu schaffen sind für die weitere Zukunft in diesem Raum.

Die Planungsgemeinschaft unterhält ein eigenes Planungsbüro, das sich der ihm gestellten Aufgabe mit Nachdruck gewidmet hat, so daß es möglich war, im Jahre 1964 eine erste Fassung des Regionalplans zu veröffentlichen und zur Diskussion zu stellen. Der Grundgedanke dieses Planes will der Ausuferung der Bebauung in die Fläche der Niederung zwischen Stadt und Kaiserstuhl und entlang den Vorbergen des Schwarzwaldes entgegenwirken. Es soll sich deshalb die fortschreitende Bebauung aller Nutzungsarten bandartig beschränkt halten, und es sollen die dazwischen liegenden Flächen als Freiräume von unerwünschter Industrieansiedlung und vor der Zersiedlung mit Wohnhäusern bewahrt werden. Diese Freihaltezonen sollen der von allen Seiten bedrohten, lebensfähigen Landwirtschaft erhalten bleiben, sie sollen aber auch als Landschaftsteile und Naherholungsgebiete einen besonderen Schutz erhalten.

Nach diesen Grundgedanken ist das künftige Bild der Ansiedlungsflächen in ein System entsprechend breiter Bänder gebracht, die sich an den Vorbergen des Schwarzwaldes entlangziehen, nach Osten tiefer in die Täler hinein, nach Westen in die Rheinebene hinausstrahlen und sich um die Inselerhöhung des Kaiserstuhls herumlegen. Damit ist zugleich auch der Grundgedanke fortgeführt, der dem Flächennutzungsplan der Stadt Freiburg seine typische Gestalt mit den von der Innenstadt ausgehenden Baugebietsbändern gegeben hat (vgl. Abb. 42).

Da sich aus dem Regionalplan festumrissene Vorstellungen über die Gestaltung der fortschreitenden Entwicklung ergeben, stellte sich bald auch das Bestreben heraus, seine Zielsetzungen und Anregungen in dem engeren Rahmen der örtlichen Planungen zu verwerten und verbindlich zu machen. Zur besseren Bewältigung dieser Aufgabe schlossen sich deshalb die in den Siedlungsbändern vereinigten Gemeinden mit ineinandergreifenden Funktionen zu Planungsverbänden nach § 4 des Bundesbaugesetzes und nach dem Zweckverbandsgesetz zusammen.

Eine Anzahl dieser Verbände stoßen unmittelbar an die Stadt Freiburg an: im Osten der Planungsverband „Dreisamtal" (Zartener Becken), im Norden der Verband „Glottertal", im Süden die Verbände „Hexental" und „Batzenberg und Schönberg", im Westen, als Fortsetzung der neuen Wohnstadtbänder von Freiburg, die Planungsverbände „Bötzingen" und „March".

Diese Verbände haben sich die Aufgabe gegeben, gemeinsame Flächennutzungspläne aufzustellen und die künftig erforderlich werdenden Anpassungen und Veränderungen gemeinsam vorzunehmen. Sie stimmen die örtlichen Planungen mit denen der Planungsgemeinschaft Breisgau ab und wollen auch selbst Bebauungspläne im Rahmen der von ihnen betreuten Siedlungsflächen ausarbeiten. Da die genannten Verbände die Stadt Freiburg zum Nachbarn haben und der von der zentralen Stadt hinausdrängenden

Entwicklung besondere Beachtung schenken müssen, hat sich der Wunsch ergeben, eine engere Arbeitsgemeinschaft zwischen der Stadt und diesen Verbänden zu bestellen. Man denkt an eine öffentlich rechtliche Vereinbarung, um ständig und fortlaufend an der gemeinsamen Abstimmung aller entscheidenden Maßnahmen zu arbeiten. Man ist bestrebt, auf diese Weise „ein neues Modell für den Ausgleich der Interessen zwischen Stadt und Land" ins Leben zu rufen.

Diese enge Arbeitsgemeinschaft zwischen der Stadt und ihren Nachbargemeinden und -verbänden hat schon gute Erfolge erzielt. Die Abstimmung und die Fortführung der Siedlungsbänder im Westen über die Stadtgrenze hinaus ist schon in der Darstellung über die Wohngebietsplanung enthalten, auf die Ausweisung weiterer Industrieansiedlungsflächen jenseits der Grenze in Hochdorf und Hugstetten ist in der Darstellung über die Industrieplanung hingewiesen. Durch die verbindlichen Vereinbarungen, die die Stadt mit ihren Nachbargemeinden getroffen hat, und durch die laufenden gemeinsamen Beratungen über die jenseits der Stadtgrenzen forzuführenden Planungen ist hier in großem Umfange die Gewähr gegeben, daß die im Regionalplan der Planungsgemeinschaft Breisgau und in den gemeinsam aufgestellten Flächennutzungsplänen der Verbände und der Stadt niedergelegten Planungsvorstellungen und Entwicklungsziele in die Wirklichkeit umgesetzt werden, ohne durch Kompromisse dem Grundgedanken entfremdet zu werden.

2. *Heilbronn*

Im Raum Heilbronn hat sich auch das Bestreben geregt, das Umland um die Stadt und insbesondere das Neckartal aktiver in die Planung einzubeziehen. Die Ausstrahlungen von Stuttgart und seinem Wirtschaftsraum liegen weit genug enfernt, so daß sich eine eigene Region rings um die Stadt Heilbronn abzeichnet. Der Wille, zu festeren Vorstellungen zu kommen über die künftige Entwicklung dieses Gebietes, hat zur Bildung der „Regionalen Planungsgemeinschaft Württembergisches Unterland" geführt, die als eingetragener Verein ihren Sitz in Heilbronn hat. Die Stadt selbst hat sich ein eigenes Instrument zur Bearbeitung der hier anstehenden Fragen in der „Planungsgruppe Stadtentwicklung" geschaffen, um die Zusammenarbeit mit der Planungsgemeinschaft zu erleichtern.

Die Partnerschaften sind in dieser Region dadurch vereinfacht, daß sich der Landkreis Heilbronn in einer beträchtlichen Ausdehnung ringförmig um den Stadtkreis herumlegt, man hat es also bei dem engeren Planungsraum nur mit zwei Kreisen zu tun. Über die Gestalt des künftigen Verdichtungsraumes in diesem Planungsgebiet haben sich sowohl die Stadt wie auch der Landkreis Gedanken gemacht. Der Landkreis versteht darunter den Mittelstreifen des gemeinsamen Gebiets mit den zu beiden Seiten des Neckars liegenden und den daran anschließenden Gemeinden, die das dazu erforderliche Hinterland bilden. Von der Stadt ist der angestrebte Entwicklungsraum durch einen Kreis bezeichnet, der mit einem Radius von 10 km um den Marktplatz geschlagen ist. Die beiden Gebietsvorstellungen decken sich nicht ganz, da der städtische Vorschlag eine allseits konzentrische Entwicklung meint, während das Bild, das der Landkreis abzeichnet, sicherlich wohl zutreffender auf eine bandartige Entwicklung deutet und damit der wirtschaftlichen Achse, die der Großschiffahrtsweg des Neckars bildet, in höherem Maße gerecht wird (vgl. Abb. 43).

Immerhin nähert sich der Vorschlag der Stadt insofern demjenigen des Landkreises, als er die Bildung einer Zone engerer Zusammenarbeit vorsieht. In diese bezieht er auch die südlich und westlich an den Stadtkreis anschließenden Gemeinden ein, offensichtlich in der Absicht, die Wohngebietsplanung, die im Flächennutzungsplan der Stadt niedergelegt ist, sinnvoll über die Grenzen hinaus fortzusetzen. Demgegenüber sollte eine weitere Zone tatsächlich engster überörtlicher Zusammenarbeit geschaffen werden, um das Projekt der Verlegung des Neckarlaufs im Norden auf den Flächen der zum Landkreis gehörigen Gemeinden Neckarsulm, Ober- und Untereisesheim und Bad Friedrichshall vorzubereiten und zur Durchführung zu bringen (vgl. Abb. 44 im Kartenanhang am Schluß des Bandes). Hier geht es um einen einzigartigen Fall einer Planung, die über die Stadtgrenze hinausgreift. Seine Bedeutung für die Stadt ist in der Darstellung über die Industrieplanung gebührend hervorgehoben. Für die Verwirklichung dieser Aufgabe würde sich sicher auch ein festerer und verbindlicherer Zusammenschluß mehr lohnen, als es eine bloße Arbeitsgemeinschaft in der Form eines eingetragenen Vereins bieten kann. Vorbilder dazu bestehen in diesem Wirtschaftsgebiet bereits in der Form von Wasser- und Gasversorgungsverbänden, die seit langem praktisch wirksam sind, und man sollte nicht zögern, die wirtschaftlichen, rechtlichen und verwaltungsmäßigen Voraussetzungen zu schaffen, um den großzügigen Plan der Verlegung des Großschiffahrtsweges und der Erschließung des neuen Ansiedlungsgebietes für Industrie und Gewerbe im Norden der Stadt der Verwirklichung näher zu bringen.

3. *Kassel*

In Kassel ist es bisher in der „Allgemeinen Planungsgemeinschaft" nur zu einem losen Zusammenschluß mit den angrenzenden und weiter abliegenden Landkreisen gekommen. Mit dem Landkreis Kassel, der die Stadt in einem Dreiviertelkreis umschließt, haben sich in der praktischen städtebaulichen Arbeit soviele Berührungspunkte und gemeinschaftlich zu verfolgende Aufgaben ergeben, daß die Zusammenarbeit immer enger geworden ist. Mit dem am Habichtswald angrenzenden Landkreis Wolfhagen besteht ein enges Arbeitsverhältnis auf dem Gebiet des Naturparks Habichtswald. Mit den entfernter liegenden Landkreisen ergeben sich nur hier und da einzelne Abstimmungen von Fall zu Fall (vgl. Abb. 45).

Mit dem Landkreis Kassel war insbesondere der Flächennutzungsplan der Stadt Kassel zu beraten, damit er in Einklang kam zu denen der benachbarten Gemeinden. Auch der Generalverkehrsplan behandelt das Gebiet beider Kreise, ebenso das Grundlagengutachten des Instituts „Prognos", das von beiden Kreisen in Auftrag gegeben wurde. Dagegen wurden viele Einzelheiten der Planung — die Fortführung von Straßen- und Grünverbindungen, die Ausweisung gemeinsamer gleichgearteter Nutzungsflächen, Vereinbarungen über gemeinsame Abwasserbeseitigung u. ä. — im wechselseitigen Austausch mit angrenzenden Gemeinden geregelt, und zwar als Einzelfälle zwischengemeindlicher Zusammenarbeit.

Unter den Planungspartnern rings um die Stadt Kassel steht die neugegründete Stadt Baunatal obenan. Sie weist beim fortschreitenden Ausbau des Volkswagenwerks eine sehr lebhafte Entwicklung auf und macht alle Anstrengungen, um als ein neues Nebenzentrum Gewicht zu erlangen. Ihre Ausstrahlung wirkt auch auf das südwestliche Stadtgebiet von Kassel zurück. Die Wohnbauanlagen in Oberzwehren, die Siedlungen am Schenkelsberg und am Mattenberg, die neue Wohnstadt Brückenhof, sind gewissermaßen dem Volkswagenwerk zugewandt, so daß sich in dieser Zone die Ausstrahlungen des Hauptzentrums Kassel und die des Nebenzentrums Baunatal gegenseitig überdecken. Das bringt auch eine engere Abstimmung der Verkehrsverbindungen herüber und hinüber mit sich und die sicher beispielhafte Lösung auf dem Gebiete der Schulplanung durch den Bau einer höheren Schule, die der Landkreis Kassel auf dem Gebiete der Stadt Kassel in Oberzwehren errichtet.

Als besonderen Fall zwischengemeindlichen Einverständnisses darf an dieser Stelle die Planung für das neue Industriegebiet auf dem ehemaligen Flugplatz Waldau nicht übergangen werden, auf den schon in der Darstellung der Industrieplanung hingewiesen ist. Hier hat sich die Stadt Kassel mit den Gemeinden Lohfelden und Bergshausen zu einer gemeinsamen Planung zusammengefunden, die inzwischen schon diesseits und jenseits der Grenze zur praktischen Durchführung kommt.

Die Schaffung des Ersatzplatzes für den aufgegebenen Flugplatz darf ebenfalls als ein Erfolg freiwilliger zwischengemeindlicher Zusammenarbeit bewertet werden. Es war wegen der bewegten topografischen Verhältnisse im Umland der Stadt Kassel außerordentlich schwierig, Flächen ausfindig zu machen, die genügend eben und ausgedehnt waren, um eine solche Anlage aufnehmen zu können. Die Randlage der Stadt im Lande Hessen machte sich dabei insoweit geltend, als bei der Suche nach einem geeigneten Platz auch Gelände in den benachbarten Teilen des Landes Niedersachsen in Betracht gezogen werden mußte. Schließlich einigte man sich aber mit den zuständigen Genehmigungsbehörden über eine Fläche auf der Gemarkung der Gemeinde Calden im Landkreis Kassel nördlich der Stadt. Die Bedenken, die zunächst von den umliegenden Gemeinden und in ihrem Interesse vom Landkreis erhoben wurden, konnten beschwichtigt werden, und so steht jetzt der neue Flugplaz in Calden für die Erfüllung seiner überörtlichen Aufgaben fertig da als ein Zeugnis für den Erfolg gemeinsamer Anstrengungen von Stadt- und Landkreis.

Die angeführten Beispiele zeigen, wie man auch ohne die festere Bindung durch einen Verband zu gemeinschaftlich erarbeiteten planerischen Lösungen und sogar zu praktischen städtebaulichen Leistungen kommen kann. Diese Erfolge sind im besonderen auf den engen persönlichen Kontakt der verantwortlichen beteiligten Kräfte, seien es Mitglieder der Körperschaften oder der Verwaltung, zurückzuführen. Ob man auch in Zukunft mit einer solchen Arbeitsweise von Fall zu Fall auskommen kann, wird man abzuwarten haben. Immerhin besteht auch im Raum Kassel ein Vorbild engster gemeinsamer Zusammenarbeit zwischen Stadt- und Landkreisen im Zweckverband „Naturpark Habichtswald", der sich in der Verwaltung seiner finanziellen Mittel und seiner praktischen Durchführungsarbeit sehr gut bewährt hat. Nach diesem Muster und nach den guten Erfahrungen, die man mit dieser Einrichtung gemacht hat, wäre es sicherlich denkbar, auch in der Region Kassel zu einem engeren Zusammenschluß wenigstens derjenigen ihrer Teile zu kommen, die in einer lebhafteren Entwicklung vorwärts drängen.

Eine gewisse Verbesserung in den hierfür gegebenen Voraussetzungen ist in letzter Zeit angebahnt. Am 18. März 1970 ist der Raumordnungsplan des Landes Hessen durch die Landesregierung festgestellt worden. Er sieht die Bildung der „Region Nordhessen" vor, die den gesamten nördlichen Landesteil einnimmt und die Stadt Kassel als Vorort dieser Region bestätigt. Die Trägerschaft der Regionalplanung ist auf die „regionale Planungsgemeinschaft" übertragen, die alle im Gebiet der festgesellten Region liegenden Kreise umfaßt und die bis dahin vorhandene, unverbindliche „Allgemeine Planungsgemeinschaft" ablöst. Es ist damit zu rechnen, daß dieser neue Zusammenschluß in Kürze feste rechtliche Formen erhalten und mit Befugnissen ausgestattet wird, die die Zusammenarbeit ihrer Mitglieder fördert und verdichtet und sowohl dem Ausgleich der Interessen und Wünsche der Gemeinden untereinander wie auch der Verwirklichung der übergeordneten Ziele der Raumordnung dienlich sein wird.

4. Fulda

In Fulda hat sich das städtebaulich zu betreuende Baugebiet weit über die Stadtgrenzen ausgedehnt. Die in baulichem Zusammenhang mit der Stadt stehenden Randgemeinden, an ihrer Spitze das sehr ansehnliche Petersberg, haben ein bedeutendes Gewicht der Stadt gegenüber und verteidigen ihre Eigenständigkeit mit zähem Bemühen gegen die immer wieder auftretenden Hinweise auf die Notwendigkeit eines engeren Zusammenschlusses und schließlich der vollständigen Vereinigung durch Eingemeindung. Die Stadt Fulda ist deshalb darauf angewiesen, mit ihrer Entwicklung zunächst nach Norden auf den Aschenberg und nach Westen in die Ortslage Neuenberg auszuweichen. Das enthebt sie aber nicht des Zwanges, ständig, wenigstens in Einzelfällen, mit den angrenzenden, mit ihr verwachsenen Gemeinden ins Reine zu kommen und dringende städtebauliche Aufgaben gemeinsam zu lösen. So hat sie auf dem Gebiet der südlichen Nachbargemeinden Grundbesitz erworben, und es ist zu kleinen Flächenausweitungen des Stadtgebietes gekommen, besonders um die wirtschaftlichen Grundlagen der Stadt durch Erschließung neuer Industrie- und Gewerbeflächen auszudehnen (vgl. Abb. 29).

Bei all diesen Bemühungen steht allerdings die immer wieder auflebende Abneigung unter den Partnern hinderlich im Wege. Da aber die Stadt heute in höherem Maße, als es ihre absolute Größe vermuten läßt, Funktionen für das weitere Umland zu tragen hat, so ist sie bestrebt, den Widerständen der unmittelbaren Nachbarn die Gemeinsamkeiten des größeren Raumes entgegenzusetzen. Sie hat es sich angelegen sein lassen, das Bewußtsein für die Zusammengehörigkeit und den Gleichklang der Interessen in der weiteren Umgebung zu wecken, und so ist es im Jahre 1966 zur Gründung der „Planungsgemeinschaft Osthessen" gekommen, in der die Landkreise Fulda, Hünfeld, Lauterbach und Schlüchtern mit der Stadt Fulda als Mittelpunkt vereinigt sind. Die damit abgesteckte Region „Osthessen" umfaßt das Gebiet zwischen den Gebirgsstöcken des Knülls, der Rhön, des Vogelsberges und des Spessarts.

Diese regionale Aufgliederung kann noch nicht als endgültig und abgeschlossen betrachtet werden. Im Landesentwicklungsplan des Landes Hessen ist zwar auch eine Region Osthessen enthalten, sie ist aber nicht als selbständige Einheit gedacht, sondern als Untergliederung einer Region „Mittelhessen", die auch den Raum Marburg und den Raum Gießen-Wetzlar umfaßt. Man begründet diese Zusammenschlüsse mit der Absicht, die ostwestlich verlaufenden Beziehungen auszubauen und einer Isolierung der östlichen Randzone entgegenzuwirken. Die damit umrissenen Vorschläge sind auf mancherlei Widerspruch gestoßen; die endgültige Festlegung befindet sich deshalb weiterhin im Gespräch, und man bleibt bemüht um eine Abgrenzung der Regionen, die auf die örtlichen Verhältnisse und Wünsche so gut wie möglich abgestimmt ist.

Immerhin ist auch schon durch die bestehende Planungsgemeinschaft eine neutralere, höhere Ebene für die Erwägung von Wünschen und Plänen geschaffen worden. Ihre Wirkung zeigt sich bereits auch in einem gewissen Abbau der im innersten Bereich dieser Region herrschenden Spannungen. Als Ergebnisse dieses Wandels in der Einstellung gegenüber notwendigen zwischengemeindlichen Abstimmungen wird man die Bildung eines Zweckverbandes zur Errichtung eines Hallenbades, ferner eines Abwasserverbandes und schließlich auch die Aufstellung einer gemeinsamen Krankenhaus- und Schulplanung werten dürfen. Man wird diese Leistungen aber auch als Schritte begrüßen können, die zu einem engeren Einverständnis der nächst Betroffenen führen müssen. Denn bei der Größenklasse der Stadt Fulda und der mit ihr zu einem einheitlichen Stadtkörper zusammengewachsenen Nachbargemeinden würde eine Gesamtstadt, die von *einer* Verwaltung und *einer* Vertretungskörperschaft regiert würde, nur eine Bevölkerungszahl von rd. 65 000 Einwohnern haben, sie würde also noch immer eine so beschränkte Größe aufweisen, daß sie für die Verwaltung, aber, was wohl noch wichtiger ist, auch für jeden einzelnen Bürger noch völlig frei überschaubar und in ihren Regungen erkennbar bleiben wird.

5. *Trier*

Den gleichen Nöten und Spannungen, mit denen sich die Stadt Fulda auseinanderzusetzen hat, ist auch die Stadt Trier ausgesetzt gewesen, solange sie sich mit der losen Vereinigung mit ihren Nachbargemeinden in der „Planungsgemeinschaft Trierer Tal" behelfen mußte. Diese Arbeitsgemeinschaft war zwar als Zweckverband gegründet worden, sie bestand aber fünfzehn Jahre lang, ohne daß die erste Grundlage für eine gemeinsam abgestimmte Planung zustande gekommen wäre, nämlich der gemeinschaftliche Flächennutzungsplan, der die Gemeindegebiete aller Mitglieder umfaßt. Es zeigt sich darin deutlich, daß es bei widerstreitenden Interessen und Absichten fast unmöglich ist, mit einer losen Arbeits- und Planungsgemeinschaft zu durchgreifenden Ergebnissen zu kommen und daß ein solches Instrument ohne hoheitsrechtliche Beschlußmöglichkeiten und ohne Ausführungsbefugnisse nicht in der Lage ist, zu praktischen, die Entwicklung maßgebend gestaltenden Ergebnissen zu gelangen.

In Trier kam noch eine besondere Schwierigkeit hinzu. Die Stadt hatte immer fühlbarer an den Lasten des zentralen Ortes und der überörtlichen Funktionen zu tragen, während ihre wirtschaftliche Grundlage äußerst knapp bemessen war; dagegen entwickelte sich die Ansiedlungsfläche für Industrie und Gewerbe in den Nachbarorten, gestärkt noch durch den vom Lande geförderten Hafen- und Straßenbau, verhältnismäßig recht günstig. Es waren also Lasten und Gewinne im Bereich der Planungsgemeinschaft Trierer Tal höchst ungerecht verteilt.

Da sich die Landesregierung an der Verbesserung der Wirtschaftslage im Trierer Tal schon weitgehend beteiligt hatte, beschloß sie, das Gleichgewicht in diesem Raum dadurch wieder herzustellen, daß sie ihn zu einem einheitlichen Verwaltungsgebiet zusammenschloß. Durch Landesgesetz wurden im Jahre 1969 die im Flußtal gelegenen Gemeinden Ehrang/Pfalzel und Teile von Kenn sowie die Orte Ruwer und Eitelsbach im Norden und die Gemeinde Zewen im Süden, ferner die im Osten auf den Hunsrückhöhen gelegenen Orte Tarforst, Filsch, Irsch und Kernscheid mit der Stadt Trier vereinigt (vgl. Abb. 15). Damit vergrößerte sich das Stadtgebiet auf das Doppelte seiner bisherigen Ausdehnung, und die Bevölkerung wuchs um 20 000 auf 105 000 Einwohner an. Mit dieser Eingemeindung hat die zentrale Stadt die Gebiete zugeordnet erhalten, die sie für die Stärkung ihrer Wirtschaftslage, aber auch für den fortschreitenden Ausbau ihrer Wohngebiete und die Ansiedlung ihrer neugegründeten Universität benötigt. Sie wird also in Zukunft in der Lage sein, auf der Grundlage des neu geschaffenen Gemeindegebiets die besonderen Leistungen zu erfüllen, die ihr durch ihre Eigenschaft und ihre Bevorrechtung als zentraler Ort einer allseits freiliegenden Region auferlegt sind.

6. *Wolfsburg*

Die Stadt Wolfsburg war ursprünglich geplant als ein in sich ausgebildeter, nach allen Seiten freiliegender Stadtkörper, umgeben von einer Freiflächenzone, die ihn von dem Baubestand der angrenzenden Gemeinden trennte. Die bauliche Entwicklung der Stadt Wolfsburg ist aber über den zuerst geplanten Umfang hinausgediehen und nahe herangerückt an die beiden bedeutenderen Nachbarn, die kleinen Städte Fallersleben und Vorsfelde. Da diese Gemeinwesen ebenfalls an der vom Volkswagenwerk bestimmten Vorwärtsentwicklung teilgenommen haben, weisen sie auf ihren Gemarkungsflächen ähnlich gestaltete, größere neue Wohnanlagen auf, wie sie rings um die älteren Viertel von Wolfsburg entstanden sind. Da aber auch die übrigen kleinen Nachbargemeinden baulichen Auftrieb erhalten haben, so wird die Abstimmung dieser Einzelentwicklungen im Raum der Stadt Wolfsburg immer dringender (vgl. Abb. 46).

Man versucht es auch hier zunächst mit einer losen, nicht zu verbindlichen Zusammenarbeit. Die Stadt hat sich mit den Nachbargemeinden zu einer „Arbeitsgemeinschaft Stadt- und Umlandplanung" zusammengeschlossen. Als erste Ergebnisse dieser Bemühungen können der gemeinschafliche Generalverkehrsplan und der Gesamtschulplan gelten; an einem Flächennutzungsplan, der das gesamte Umland einbezieht, wird gearbeitet. Das große reichgestaltete Erholungsgebiet „Allerpark" wird von der Stadt zusammen mit der Gemeinde Vorsfelde ausgebaut. Mit Fallersleben gemeinsam ist die Müllbeseitigung organisiert.

Wie dringend nötig eine solche Arbeitsgemeinschaft ist, zeigt die wilde bauliche Entwicklung, die in den kleinen Gemeinden außerhalb der Stadt um sich gegriffen hat, z. B. in Mörse im Südwesten, wo die zerflatterte, ungeregelte Schar kleiner Neubauten unmittelbar neben den großen Bauanlagen von Detmerode und Westhagen herumschwirrt und dem Stadtrand, entgegen aller Planung, das unklare und aufgelöste Bild verleiht, das man so vielfach bei unseren Städten antrifft. Hier wird man bewußt ordnend und planend eingreifen müssen. An dieser schwierigen Aufgabe wird die „Arbeitsgemeinschaft Stadt- und Umlandplanung" ihre Bewährungsprobe abzulegen haben. Da ihr aber nur guter Wille und Überredungskunst zur Verfügung stehen, wird sich möglicherweise bei der Bemühung um die Behebung dieser Unstimmigkeiten der Mangel an Durchschlagskraft erweisen, dem eine nur lose Arbeitsgemeinschaft immer unterworfen sein muß, und man wird vielleicht zu der Einsicht gelangen, daß diese neuen, über den ursprünglich vorgesehenen Umfang der Stadt hinausgehenden baulichen Entwicklungen nur mit den Mitteln eines verbindlicheren Zusammenschlusses mit Erfolg in dem gleichen Sinne zu gestalten sind wie die früheren auf dem zentralen Stadtgebiet.

Neue Möglichkeiten, zu einer intensiver gestaltenden Ordnung in der baulichen Struktur des Umlandes der Stadt Wolfsburg zu kommen, zeichnen sich in den Vorschlägen ab, die das Land Niedersachsen für eine Neugliederung des Raumes Wolfsburg ausgearbeitet und im Herbst des Jahres 1970 zur Diskussion gestellt hat. Nach den darin enthaltenen Vorstellungen soll die Stadt Wolfsburg um die Flächen der rings an sie anschließenden kleineren Gemeinden vergrößert werden, während die Nachbarstädte Fallersleben und Vorsfelde mit den östlich, westlich und nördlich an sie anschließenden Gemeinden zu Großgemeinden von 15 bis 20000 Einwohnern zusammengefügt werden sollen. Auch aus den im Norden und Osten angrenzenden Dörfern sollen Großgemeinden gebildet werden, so daß die Stadt Wolfsburg im Westen, Norden und Osten von fünf neugeschaffenen Großgemeinden umgeben sein würde. In Erwägung gezogen ist ferner, die im Süden an die Stadt angrenzenden Gemeinden ihr zuzuschlagen, obwohl man das noch für „problematisch" betrachtet. Man könnte aber annehmen, daß dieser Gedanke der Einsicht entsprungen ist, daß man der Stadt Wolfsburg durch die Bildung der benachbarten Großgemeinden trotz der geringen Gebietserweiterung im Nordosten und Nordwesten eine starke Einengung ihres Entwicklungsspielraums zumutet und daß man ihr als Ausgleich nach Süden hin weitere Ausdehnungsmöglichkeiten eröffnen will (vgl. Abb. 47).

Den Notwendigkeiten einer stärkeren Verbindlichkeit für die Abstimmung der städtebaulichen Struktur in der Schwerachse des Raumes Wolfsburg, die in der verdichteten Zone Fallersleben — Innenstadt Wolfsburg — Vorsfelde vorhanden ist, kommt dieser Vorschlag zur Neugliederung der Gemeindeverhältnisse bedauerlicherweise wenig entgegen. Man wird deshalb weiterhin auf guten nachbarlichen Willen angewiesen sein, um auch in den Randgebieten außerhalb der Stadt Wolfsburg eine städtebauliche Struktur zu erreichen, die der im Stadtgebiet Wolfsburg vorhandenen Qualität entspricht. Man sollte auf dem Wege nach diesem Ziel Mühe und Kosten nicht scheuen, denn in Wolfsburg haben wir ein wohlausgeprägtes Beispiel einer gestalteten Stadtlandschaft vor uns, das in seiner vollendeten Art einmal sogar Denkmalswert beanspruchen darf. Es würde nicht angehen, es durch die mangelhaft geregelten Wucherungen in den Nachbargemeinden verderben zu lassen. Deshalb muß alles versucht werden, auch die Umlandgemeinden in den in Wolfsburg selbst vorgebildeten Rahmen einer allseits durchgestalteten Stadtlandschaft einzubeziehen und ihre bauliche Entwicklung nach den gleichen Prinzipien zu formen, wie die der zentralen Stadt.

7. Wanne-Eickel

Die Stadt Wanne-Eickel gehört seit 50 Jahren dem „Siedlungsverband Ruhrkohlenbezirk" an. Man ist hier also seit langem gewohnt, die eigene städtebauliche Arbeit auf die überörtlichen Richtlinien und Planungen abzustimmen, und man hat auch in den Verwaltungen der sechs Städte, von denen Wanne-Eickel umgeben ist, maßgebliche Partner, die selber im gleichen Rhythmus arbeiten und die gleichen Leitgedanken in ihrer Planung verfolgen. Diese enge Verflechtung, um nicht zu sagen Verklammerung, mit den Nachbarstädten macht es aber notwendig, über die generellen überörtlichen Bindungen hinaus in der städtebaulichen Tagesarbeit ständig mit der jeweils betroffenen Nachbarstadt zu verhandeln und zu beraten, damit die „nahtlos verbundene Stadtlandschaft", in der man miteinander leben muß, so homogen verwoben wird, daß man eben diese Nähte der eigentlichen Stadtgrenzen in der Örtlichkeit nicht mehr gewahr wird (vgl. Abb. 48).

Die Bedeutung dieser Verwaltungsabgrenzung wird auch dadurch verwischt, daß Anlagen, die auf den Gebieten der Nachbarstädte errichtet sind, zur unerläßlichen Ausstattung und Abrundung der auf dem eigenen Stadtgebiet von Wanne-Eickel vorhandenen Einrichtungen gehören; so liegen etwa wichtige durchgehende Verkehrsverbindungen, ohne die das Straßennetz von Wanne-Eickel nicht genügend funktionsfähig wäre, jenseits der eigenen Stadtkreisgrenze, und auf anderen Gebieten des kommunalen Lebens ist es nicht anders.

Das bringt eine gewisse Abhängigkeit mit sich von dem, was außerhalb der eigenen Grenzen geschieht, es führt aber auch zu gesteigerter Aufmerksamkeit und sollte notgedrungen zu einem lebhaften Informationsaustausch führen, damit die Planungen diesseits und jenseits der Grenzen nicht nur auf den Absichten der eigenen Stadt beruhen, sondern sich nach den Bedürfnissen der Nachbarstadt ausrichten. Da in diesen Verhältnissen kein Raum geboten ist für eine extensive Entwicklung, wird sich in Wanne-Eickel die städtebauliche Arbeit, bei aller Rücksicht auf die Nachbarschaft, nach innen kehren und sich mehr der Verbesserung, dem Umbau und der Sanierung zuwenden als den Schwerpunkten, in denen sie an der Gestaltung der Zukunft der Stadt zu wirken hat.

8. Oldenburg

Ist in Wanne-Eickel die Einordnung in die überörtliche Planung und die Verwertung ihrer Hinweise in der eigenen städtebaulichen Arbeit für die Stadt förmlich zur zweiten Natur geworden, so macht in Oldenburg der weitgefaßte Umkreis der eigenen Stadtgrenzen und die einsame Lage der Stadt in dem weiten norddeutschen Niederungsraum die Abstimmung auf eine überörtliche Planung nicht so dringlich. Die städtische bauliche Entwicklung, auch die der neuesten Zeit, hat in der Umgrenzung des Stadtgebiets noch kaum eine ernstliche Einschränkung erfahren. An wenigen Stellen erreicht sie die Stadtgrenze, an ein, zwei Punkten, wie etwa bei Hundsmühlen, greift die zusammenhängende Bebauung über sie hinaus (vgl. Abb. 28).

Trotzdem ist hier und da schon der Wunsch nach einer Ausweitung des Stadtgebiets und nach der Eingliederung benachbarter Gemeinden laut geworden. Man begründet ihn mit dem Hinweis, es sei ratsam, diejenigen Teile aus den Randgemeinden mit der Stadt zu vereinigen, die nach dem letzten Kriege zwar außerhalb der Stadtgrenze, aber auf die Stadt bezogen entstanden sind und von den Ortskernen der betreffenden Gemeinden kilometerweit entfernt liegen. Allerdings wird es schwer halten, solche Umgemeindungswünsche dem Streben der Nachbargemeinden nach Erhaltung und Stärkung ihrer Selbständigkeit abzuringen. Die Stadt wird auch immer dem Gegenhinweis auf die großen Baulandreserven gegenüberstehen, die im Bereich der heute geltenden Stadtkreisgrenzen vorhanden sind.

Es sollte aber auch im Interesse der eigenen Baustruktur der Stadt Oldenburg daran gedacht werden, einer solchen nach außen drängenden Tendenz einen bewußteren Willen zu stärkerer Konzentrierung entgegenzustellen. In den neuen Wohnbauanlagen von Donnerschwee im engeren Stadtgebiet und in der neuen Wohnstadt Bloherfelde im Außengebiet sind die Beispiele gegeben, wie man der seit langem wirksamen extensiven Entwicklung durch eine sinn- und maßvolle Verdichtung entgegenwirken kann, und so sollte es sich die städtebauliche Zukunftsarbeit angelegen sein lassen, schon im Interesse einer vernünftigen Verkehrswegelänge, die Bebauung, wo es zu erreichen ist, einer vertretbaren Verdichtung zuzuführen. Man braucht dabei nicht gleich das Schreckgespenst der „Steinwüste" vor sich zu sehen, man wird diese städtebauliche Verdichtungsarbeit auch durch das Filter des „Oldenburger Maßstabes" und des „Oldenburger Lebensgefühls" paßgerecht formen, man wird sich aber dadurch sicherlich auch dazu überreden lassen, zunächst einmal zu versuchen, sich in seinen eigenen Grenzen einzurichten und mit dem, was man so reichlich überkommen hat, in einer wohlabgestimmten und ausgewogenen Neugestaltung hauszuhalten.

Schlußbetrachtungen

Die Behandlung der Grundlagen und Entwicklungstendenzen der städtebaulichen Struktur der acht zum Vergleich stehenden Mittelstädte bietet einen umfassenden Überblick über ihre Bemühungen, ihre Gegenwart und Zukunft städtebaulich zu gestalten nach den Weisungen, die sie aus der Erforschung ihrer Daseinsvoraussetzungen und der Ermittlung ihrer Erwartungswerte erhalten haben. Die fortlaufende Arbeit an der Planung für alle Entwicklungsregungen ihres städtischen Lebens zeigt sich als ein Kompendium aller theoretischen und praktischen Gedanken, die sich zur gegenwärtigen Zeit im Gespräch befinden. Dabei kann man beobachten, daß sich die Stellung der Probleme überall vollkommen gleich anläßt. Jede Stadt sieht sich den gleichen Aufgaben gegenüber, sie hat auch in dieser Hinsicht die gleiche Ausgangsstellung, sei es in bezug auf die Quellen ihrer finanziellen Ausstattung, sei es in bezug auf die politische Ordnung und die gesetzlichen Hilfsmittel. Erst auf dem Wege der ins einzelne gehenden Planung und ihrer Durchführung verzweigen sich die Möglichkeiten und Lösungsarten für die Bewältigung der einheitlich gestellten Aufgaben. Die vorangegangenen Darstellungen der einzelnen Wirkungsgebiete im Rahmen der Gesamtgestaltung haben ein Bild vermittelt von der Vielfältigkeit, in der sich die Verwirklichung ursprünglich übereinstimmender Gedanken bewegt und wie die besonderen örtlichen Verhältnisse auf eine Abwandlung und die Herausbildung eigentümlicher Varianten hindrängen.

Neben den topografischen und historischen Gegebenheiten, die zunächst als Einfluß nehmend ins Auge fallen, sind es die wirtschaftlichen und kulturellen Kräfte, die an der individuellen Ausprägung des Leitbildes beteiligt sind. Aber auch die Aufgeschlossenheit der demokratischen Gremien und der wohlausgerüstete Wille der Verwaltung müssen ihr Teil zu dieser Eigenständigkeit in der Entwicklung beisteuern und sich bemühen, das einmal als maßgebend und erstrebenswert erkannte Leitbild der eigenen Zukunft folgerichtig und im höchst möglichen Ausmaß zur Verwirklichung zu bringen. Gerade bei dieser letzten Phase dieses Vorganges stellt sich oft die Gefahr ein, daß aus bestimmtem, eng gefaßtem Interesse heraus Ablenkungen und Verfälschungen des Leitbildes angestrebt werden. Da bedarf es der vollen Erkenntnis dieser Gefahr, um Störungen der einmal vorgezeichneten und beschlossenen Ausrichtung durch bequeme, aber abwertende Kompromisse zu verhindern.

Eine ähnliche Gefahr liegt auch in der Scheu, die sich hier und da bei Verwaltungen und Beschlußgremien kundtut, das Wirkungsmaß der gesetzlichen Hilfsmittel des Städtebaus in vollem Umfang anzuwenden. Aus einer solchen nachlässigen Haltung können fühlbare Mängel entstehen, die die gesamte Bürgerschaft belasten. Man braucht nur an die Handhabung der Bestimmungen über die Schaffung von Einstellplätzen für Kraftwagen zu denken, und man wird sich an die Schäden erinnern, die in den meisten Städten aus einer unzureichenden Anwendung dieser Rechtsmittel für die Allgemeinheit bereits entstanden sind.

In der Grundauffassung, der die städtebauliche Arbeit in den acht Städten folgt, machen sich auch heute noch die Gedanken und Ziele geltend, die im Entwicklungsgang der Disziplin des Städtebaus in der Zeit zwischen den beiden Weltkriegen ausgebildet worden sind. Sie haben im Jahre 1933 in der „Charta von Athen" und nach dem Zweiten Weltkrieg in dem Leitbild von der „gegliederten und aufgelockerten Stadt" ihren fest umrissenen Ausdruck gefunden. Sie werden aber heute vielfach als nicht mehr zeitgemäß und zutreffend betrachtet und lebhaft kritisiert. Die hermetische Trennung der Gebietsarten ist heute nicht mehr so zwingend wie früher, wo Gewerbeanlagen sich häßlich und störend im Gegensatz zu den übrigen Stadtvierteln abhoben. Das Beispiel Oldenburg zeigt, daß man heute bei Automation und Elektrizität Gewerbeanlagen höchst ansehnlich gestalten kann und sie dann auch nicht in dem Maße wie bisher zu isolieren braucht. Das setzt allerdings auch ein besonderes Maß von Verständnis und gutem Willen bei den Unternehmern voraus und eine geschickte Hand bei Bauberatung und Bauaufsicht.

Ein weiterer schwerwiegender Vorwurf wendet sich gegen die Auflockerung um jeden Preis. Dieses Ideal ist noch als Reaktion gegen „Steinwüste" und „Mietskaserne" zu verstehen und hat heutzutage viel von seinen früheren Voraussetzungen verloren. Die praktisch verfolgte Auflockerung brachte eine viel zu extensive bauliche Ausnutzung der Außengebiete mit sich und eine übermäßige Verlängerung der Verkehrswege. Im Interesse der Erhaltung und Stärkung der öffentlichen Nahverkehrsmittel und einer Kürzung der Wege von und zur Arbeitsstätte kann an diesem Leitgedanken nicht mehr festgehalten werden. Die architektonischen und städtebaulichen Vorschläge aus jüngster Zeit zeigen aber auch, daß es durchaus befriedigende Lösungsmöglichkeiten gibt, zu einer angemessenen Verdichtung zu kommen, ohne die gewohnten Ansprüche an Sonnenlicht und Luft und den Ausblick ins Grüne einzuengen.

Bei den acht Städten liegen die Verhältnisse in dieser Beziehung noch recht günstig. Sie sind nicht so augedehnt, daß sich schon merkliche Mißverhältnisse ergeben, sie sind auch in der Gestaltung ihrer Außengebiete mit Erfolg bemüht, eine maßvolle Verdichtung der Bebauung zu erreichen. Sie zeigen sich also den neuen gewandelten Auffassungen gegenüber aufgeschlossen, soweit es im Interesse einer strafferen Zusammenfassung ihrer baulichen Ausweitung zu vertreten ist. Demgegenüber wird die andere Forderung, die sich auf die Herausarbeitung einer deutlich sichtbaren Gliederung des Stadtkörpers richtet, trotz der kritischen und ablehnenden Beurteilung, die sie hier und da gefunden hat, in der städtebaulichen Arbeit der acht Städte auch weiterhin beachtet. Da die meisten von ihnen im Mittelgebirge liegen, wird ihnen die Wohltat einer einprägsamen Gliederung ihres Stadtkörpers von vorn herein schon durch die Topografie ihres Stadtgebietes geboten. Die Flußtäler, die umgebenden Höhen mit ihren Taleinschnitten und Hochflächen sorgen dafür, daß das Baugebiet nicht zu einer einförmigen Masse zusammenwächst. Aber auch dort, wo die ebene Landschaft diese Gefahr befürchten lassen könnte, müht man sich doch, die Stadtteile gegeneinander durch Freiräume abzugrenzen und so dem Bürger ein faßliches Bild seiner Heimatstadt herauszuarbeiten. Das läßt sich in Oldenburg beobachten, wo in der neueren Entwicklung die einzelnen Ortslagen durch Niederungsstreifen getrennt werden, und ähnlich auch in Freiburg, wo der Leitgedanke des bandartigen Ausbaus der Siedlungsflächen eine ausschwämmende Flächenbedeckung verhindern soll.

Der Ausprägung solcher Gedanken für die Gestaltung der gegenwärtigen und zukünftigen Strukturentwicklung kommt der Umstand entgegen, daß es sich bei den acht Städten um solche handelt, denen man die „günstigste Stadtgröße" zubilligen kann. Sie sind als Vororte ihrer Region reichlich ausgestattet mit zentralen Einrichtungen der Verwaltung, der Wirtschaft, der Bildung und Kultur und können sich darin getrost mit den entfernter liegenden „großen" Städten messen. Sie sind aber noch so „klein", daß man sie in all ihren inneren Beziehungen und in ihren Ausstrahlungen auf den umgebenden Raum erfassen kann. Sie vermögen deshalb auch als Gemeinwesen ein intensiveres und der Bürgerschaft wohlbewußtes Leben zu führen und haben meist auch einen hohen Freizeitwert, der den der großen Städte weit übertrifft.

Die Städte dieser günstigen Größe sind glücklicherweise so übersichtlich, daß man sie in allen Teilen ihres Stadtkörpers kennen und beobachten kann, und die Bemühungen der Planung und der Verwaltung um die bauliche Pflege und Durchgestaltung der einzelnen Stadtviertel läßt sich noch zu sichtbaren Erfolgen führen. Damit ist auch zugleich eine Frage des Maßstabs angeschnitten: Eine Stadt von der günstigen Größe zwischen 150 000 und 250 000 Einwohnern hat noch einen „menschlichen Maßstab", sie ist in ihren Räumen, in ihrer Aufgliederung, in der Einrahmung durch ihre landschaftliche Umgebung durchaus erfaßbar und gehört sozusagen noch in ihrer Ganzheit jedem einzelnen Bürger, weil er sie eben noch kennt und in seiner Vorstellung tragen kann.

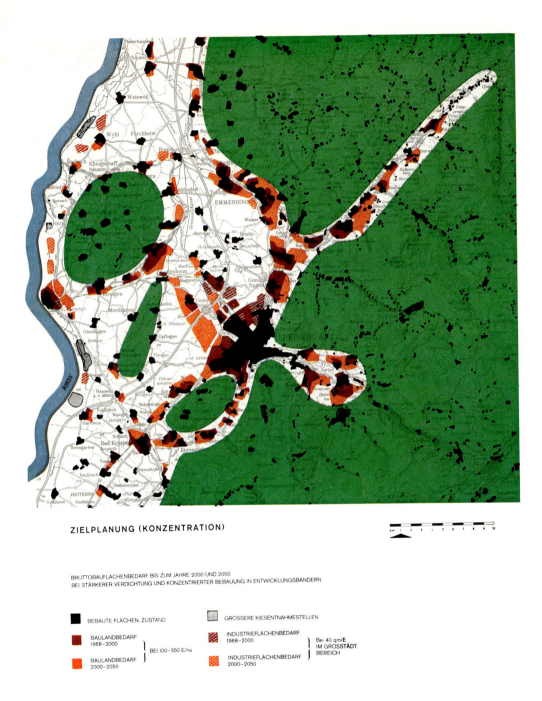

Abb. 42: Freiburg. Entwicklungsplan der Planungsgemeinschaft Breisgau, vgl. S. 104

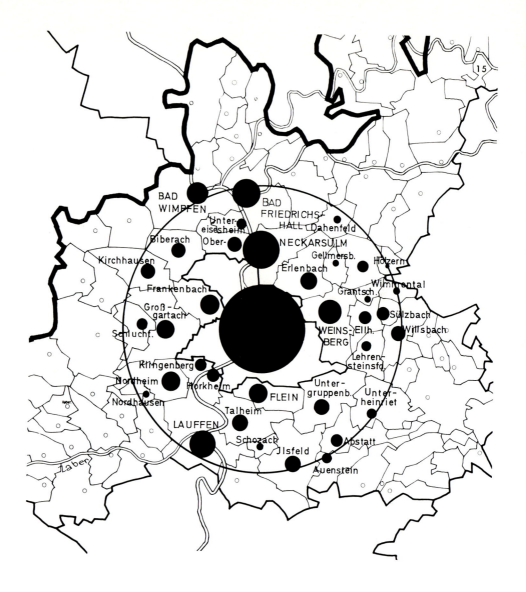

Abb. 43: Heilbronn. 200 000 Einwohner im 10-Kilometer-Umkreis des Heilbronner Marktplatzes, vgl. S. 105

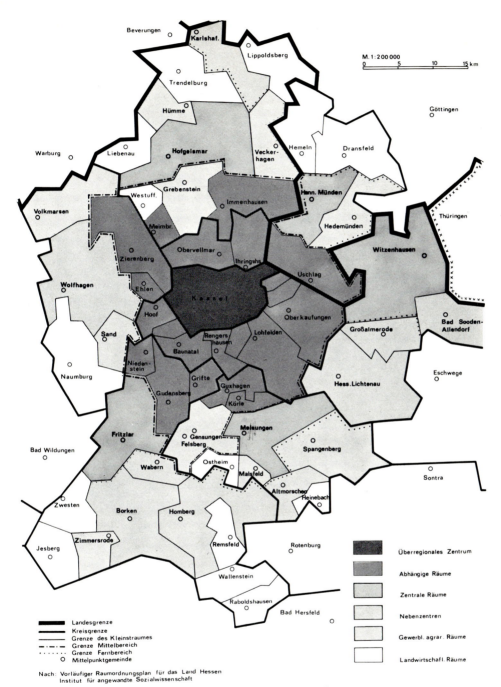

Abb. 45: Kassel. Regionalplan, vgl. S. 106

Abb. 46: Wolfsburg. Stadtteil Detmerode von Westen mit Regenrückhaltebecken. Im Vordergrund die Gemeinde Mörse als Beispiel mangelnder Planung im Vorderfeld der Stadt, vgl. S. 110

Frei Reg.-Präs. Darmstadt Nr. 1184/68

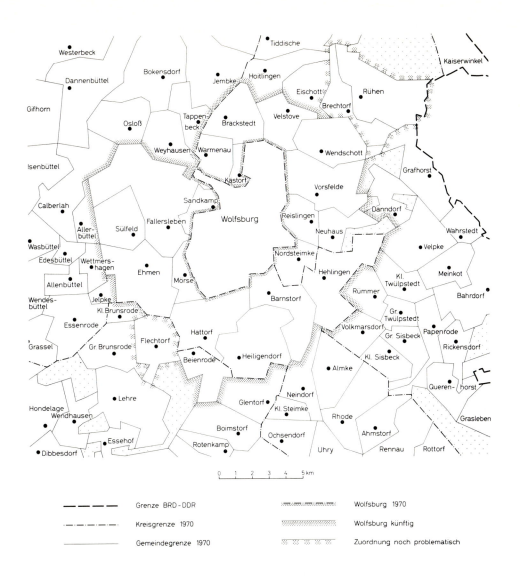

Abb. 47: Raum Wolfsburg. Kommunale Neugliederung, vgl. S. 110

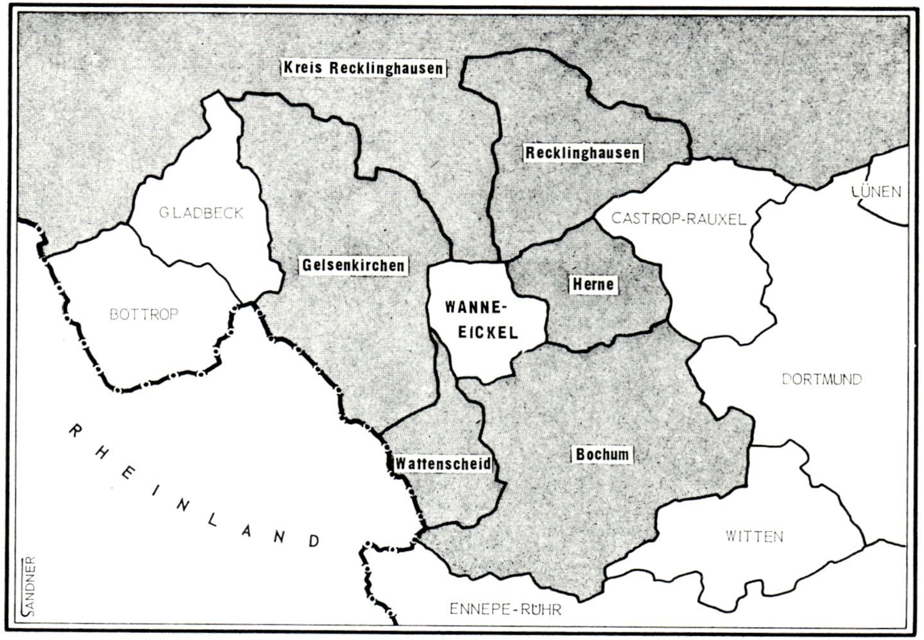

Abb. 48: *Wanne-Eickel. Kreisgrenzen, vgl. S. 111*

Es ist von großem Interesse für die Arbeit der Verwaltung an der Pflege und Fortbildung der städtebaulichen Struktur, zu wissen, wie der Bürger über seine Stadt denkt, ob er mit der Arbeit auf diesem Gebiet zufrieden ist, ob er sich wohlfühlt oder abgestoßen. Die Stadt Kassel hat sich durch ein einschlägiges Forschungsinstitut über diese Frage unterrichten lassen und glücklicherweise eine günstige Beurteilung durch ihre Bürger gefunden. Aber was hier zu einem bestimmten Zeitpunkt zutreffend war, darf kein Anlaß sein, die Verfolgung der gesteckten Ziele ermatten zu lassen. Denn im allgemeinen kann man feststellen, daß der Sinn der fortlaufenden städtebaulichen Planung und Baupflege viel zu wenig begriffen wird. Man muß deshalb auch die Mittel zur Unterrichtung der Bürgerschaft und zur Gewinnung ihrer Mitarbeit auf diesem für das Wohlbehagen jedes Einzelnen so wichtigen Gebiet weiter ausbilden und für die Öffentlichkeitsarbeit neue und ansprechende Formen finden. Das „Stadtspiel" in der Wohnstadt Detmerode in Wolfsburg kann in dieser Hinsicht als nachahmenswertes Beispiel herangezogen werden, wie man alle Schichten und Altersklassen der Bewohner mit den Fragen der Stadt- und Umweltgestaltung in Beziehung bringt und die Verantwortung deutlich macht, die bei der Lösung städtebaulicher Aufgaben zu tragen ist.

Die Aufklärungsarbeit über Sinn und Ziele der städtebaulichen Wirksamkeit einer Stadt muß ständig in Gang gehalten werde. Die Aufstellung von Stadtplankästen und -vitrinen, in denen Pläne und Modelle an belebten Verkehrspunkten zur Betrachtung vorgewiesen werden, ferner die in nicht zu langen Zeiträumen wiederholten Ausstellungen, die in Plänen, Fotos und Modellen immer wieder über den Fortschritt in der Entwicklung der städtebaulichen Struktur der Stadt unterrichten, sind empfehlenswerte Mittel, die dazu beitragen, die Bürgerschaft in weitestem Ausmaß darüber zu informieren, was in ihrer Stadt geschieht und was für ihre Zukunft vorgesehen ist. Aber das allein genügt noch nicht. Es muß auch Zwiesprache mit dem Bürger gehalten werden. Bürgerversammlungen im Zentrum und in den Stadtteilen müssen von Zeit zu Zeit Gelegenheit geben, mit der Denkweise und den Wünschen der Einwohner vertraut zu werden, und besonders die gewählten Vertreter der Bürgerschaft sollten es sich angelegen sein lassen, keine Quelle zur eigenen Unterrichtung und eigener Urteilsbildung außer acht zu lassen. Denn neben den zuständigen Ämtern und Organen der Verwaltung tragen die Angehörigen der Vertretungskörperschaften die Verantwortung für die Qualität der städtebaulichen Arbeit, da sie die Beschlüsse zu fassen haben, die den von der Verwaltung angestrebten und vorgeschlagenen Maßnahmen Rechtskraft verleihen und sie für die Verwirklichung freigeben.

Dieses hohe Maß an Verantwortung wird von den Beteiligten nicht immer in seiner schwerwiegenden Bedeutung voll erkannt. Es wäre deshalb zu wünschen, daß sich im besonderen die gewählten Vertreter der Bürgerschaft in ausreichendem Maße dem Studium der Voraussetzungen und der Technik der Stadtplanung und der Stadtentwicklung widmen und sich mit den Ergebnissen der Grundlagenforschung ihrer Stadt und mit den daraus abzuleitenden Zukunftsprognosen vertraut machen würden, denn sie müssen in ständigem Bemühen darum besorgt bleiben, sich für die Verantwortung fähig zu machen, die sie bei der Vorbereitung und der Fassung ihrer Beschlüsse zu tragen haben.

Hierin liegt eine durchaus reizvolle kommunalpolitische Aufgabe, deren erfolgreiche Bewältigung den Beteiligten sichtbar zur Ehre gereicht. Denn die Städte von der Größenklasse der acht Städte, die wir hier näher kennengelernt haben, sind noch so überschaubar, daß man gute Leistungen auf dem Gebiete der Umwandlung, der Verbesserung und der Ausweitung ihrer städtebaulichen Struktur auch noch dem Einfluß und dem Wirken einzelner Persönlichkeiten in Verwaltung und Parlament zueignen kann, daß man also noch weiß, von wem zukunftsweisende Ideen und Anregungen gegeben worden sind und wessen fachlich-künstlerische Handschrift sich in der Pflege älterer und in der Gestaltung neuer städtebaulicher Strukturen niedergeschlagen hat. Insofern liegt eine starke Anziehungskraft in der Mitwirkung an dieser vielfältigen kommunalen Aufgabe, die immer wieder namhafte Fachpersönlichkeiten anlocken und junge Menschen faszinieren wird. Und so wird es nicht ausbleiben, daß diese Städte, die wir nun so eingehend untersucht haben, sich auch weiterhin in ihrem erneuerten und ihrem neuen Gewande als allseitig durchgestaltete städtebauliche Werke ausweisen und nach den Qualitäten, die ihre Leistungen in dieser Gestaltungsarbeit erreichen, von ihren eigenen Einwohnern und von auswärtigen Betrachtern gewertet werden.

Literatur- und Quellenverzeichnis

A. Zu den Grundlagen und Entwicklungstendenzen der städtebaulichen Struktur allgemein:

JANSEN, HERMANN: Vorschlag zu einem Grundplan für Groß-Berlin. Darin: Allgemeines über Städtebau. München 1910.
TAUT, BRUNO: Die Stadtkrone. Jena 1919.
JANSEN, HERMANN: Stadtbaukunst der Neuzeit. Österreichs Bau- und Werkkunst. Wien 1924.
HEGEMANN, WERNER: Das Steinerne Berlin. Berlin 1930.
KNELLER, FRIEDRICH: Die Sammeltangente. Leipzig 1931.
SCHUMACHER, FRITZ: Strömungen in deutscher Baukunst seit 1800. Leipzig 1935.
BANGERT, WOLFGANG: Baupolitik und Stadtgestaltung in Frankfurt a. M. Würzburg 1937.
SCHUMACHER, FRITZ: Probleme der Großstadt. Leipzig 1940.
WETZEL, HEINZ: Wandlungen im Städtebau. Stuttgart 1942.
HÖGG, HANS: Die „Magistralen" des Stadtverkehrs. In: Die Baurundschau, H. 17/18, Hamburg 1947.
MITTELBACH, HEINZ ARNO: Vom Städtebau zur lokalen Raumordnung. Stuttgart 1947.
KAMPFFMEYER, HANS MARTIN: Die Charta von Athen. Die neue Stadt. Frankfurt a. M. 1948.
REICHOW, HANS BERNHARD: Organische Stadtbaukunst. Braunschweig 1948.
FEUCHTINGER, MAX ERICH: Wiederaufbau und Stadtverkehr. In: Bauen und Wohnen, H. 2/3. Ravensburg 1948.
Der Stadtplan geht uns alle an. Herausgeg. vom Verband für Wohnungswesen, Städtebau und Raumordnung. Bad Godesberg 1955.
RAUDA, WOLFGANG: Raumprobleme im europäischen Städtebau. München 1956.
GÖDERITZ, JOHANNES / RAINER, ROLAND / HOFFMANN, HUBERT: Die gegliederte und aufgelockerte Stadt. Tübingen 1957.
HILLEBRECHT, RUDOLF: Zusammenhänge zwischen Verkehr und Städtebau. In: Mitteilungen der Deutschen Akademie für Städtebau und Landesplanung, 1957.
HALLBAUER, WILHELM: Strukturwandel in Stadt und Umland. Abhandlungen der Akademie für Raumforschung und Landesplanung, Bd. XXXIV, Hannover 1958.
Beiträge zur Stadterneuerung und Sanierung. Mitteilungen der Deutschen Akademie für Städtebau und Landesplanung, 1959.
Das Parkproblem in den Städten. Herausgeg. vom Automobil-Club der Schweiz. Bern 1960.
Erneuerung unserer Städte. Neue Schriften des Deutschen Städtetages, H. 6. Stuttgart 1960.
BAHRDT, HANS PAUL: Die moderne Großstadt. Reinbek 1961.
Grüne Charta von der Mainau. Herausgeg. von der Deutschen Gartenbaugesellschaft. Konstanz 1961.
WEDEPOHL, EDGAR: Deutscher Städtebau nach 1945. Essen 1961.
Beobachtungen zur Stadtentwicklung. IFAS-Institut für angewandte Sozialwissenschaft. Bad Godesberg 1962.

Die Stadt und ihre Region. Neue Schriften des Deutschen Städtetages, H. 8, Stuttgart 1962.
Die Stadt muß leben. Neue Schriften des Deutschen Städtetages, H. 9, Stuttgart 1962.
Abhandlungen zum neuen Städtebau und Städtebaurecht. Institut für Städtebau und Wohnungswesen München. Tübingen 1962.
Die Bauleitplanung der Gemeinden. Freiherr-vom-Stein-Institut des Hessischen Gemeindetages. Mühlheim am Main 1962.
BANGERT, WOLFGANG: Leitsätze des Städtebaus. In: Mitteilungen der Deutschen Akademie für Städtebau und Landesplanung, 1962.
KRAUS: Landesplanung und Städtebau in ihrer gegenseitigen Verflechtung und Abhängigkeit. Abhandlungen der Akademie für Raumforschung und Landesplanung, Bd. 42, Hannover 1963.
JACOBS, JANE: Tod und Leben großer amerikanischer Städte. Berlin 1963.
SIMON, HANS: Das Herz unserer Städte. 3 Bände. Essen 1963, 1965, 1967.
Erholungswesen und Raumordnung. Forschungs- und Sitzungsberichte der Akademie für Raumforschung und Landesplanung, Bd. XXV, Hannover 1963.
BANGERT, WOLFGANG: Der menschliche Maßstab – die Sorge für den Fußgänger im Verkehr. In: Städtehygiene, H. 12, Hamburg 1963.
Die Verkehrsverhältnisse in den Gemeinden. Bericht der Sachverständigenkommission. Bonn 1964.
Tendenzen der Raumentwicklung in unserer Zeit. Forschungs- und Sitzungsberichte der Akademie für Raumforschung und Landesplanung, Bd. XXXI, Hannover 1965.
Stadtregionen in der Bundesrepublik Deutschland 1961. Forschungs- und Sitzungsberichte der Akademie für Raumforschung und Landesplanung, Bd. XXXII, Hannover 1965.
SILL, OTTO: Stadtstruktur und Stadtverkehr. In: Mitteilungen der Deutschen Akademie für Städtebau und Landesplanung, 10. Jg., Essen 1966.
HILLEBRECHT, RUDOLF: Städtebau heute? – von Ebenezar Howard bis Jane Jacobs. Mitteilungen der List-Gesellschaft. Fasc. 5, Nr. 9. Tübingen 1966.
BANGERT, WOLFGANG: Raumplanung aus kommunaler Sicht. In: Schriften der Evgl. Akademie in Hessen und Nassau, H. 66, Frankfurt a. M. 1966.
Dichteprobleme in Landesplanung und Städtebau. Mitteilungen der Deutschen Akademie für Städtebau und Landesplanung. Sonderausgabe. Essen 1967.
Die Freiflächen in Landesplanung und Städtebau. Mitteilungen der Deutschen Akademie für Städtebau und Landesplanung. Sonderausgabe. Essen 1968.
Die Mittelstadt. 1. Teil. Beiträge zur vergleichenden Stadtforschung. Forschungs- und Sitzungsberichte der Akademie für Raumforschung und Landesplanung, Bd. 52, Hannover 1969.
Zwischen Stadtmitte und Stadtregion. Berichte und Gedanken, Rudolf Hillebrecht zum 60. Geburtstag. Herausgeg. von der Deutschen Akademie für Städtebau und Landesplanung. Stuttgart 1970.
HOLLATZ, JOSEF WALTER: Deutscher Städtebau 1968. Essen 1970.

B. Zu den Grundlagen und Entwicklungstendenzen der städtebaulichen Struktur der einzelnen Städte:

1. *Freiburg*

SIEGMUND-SCHULTZE, JUTTA: Über den Dächern von Freiburg. Freiburg, ohne Jahr.
Freiburg und der Kaiserstuhl. 6. Ausgabe von: Baden, Monographien seiner Städte und Landschaften. Hrsg. von Eberhard Knittel. Karlsruhe 1958.
SCHLIPPE, JOSEF: Freiburgs Baudenkmäler und ihre Wiederherstellung. Einwohnerbuch der Stadt Freiburg 1959/60.
MUHL, HELMUT: Freiburg – Stadt in Gärten und Blumen. Einwohnerbuch der Stadt Freiburg 1960.
GYSLER, HERMANN: Flächennutzungsplan der Stadt Freiburg. I. Strukturbericht. Freiburg 1964.
Planungsgemeinschaft Breisgau: Planungsziele des Regionalplans Breisgau. Umdruck 1964.
Planungsgemeinschaft Breisgau: Regionalplan 1964. Text und Karten.

Planungsgemeinschaft Breisgau: Halbjahresbericht 1964/I-II. Darin: SCHÜTTE, W.: Regionalplanung im Breisgau. — GYSLER, HERMANN: Die Stadt Freiburg und ihre Entwicklung. — ZENS, HERMANN: Gedanken zum Entwicklungsplan der Stadt Freiburg i. Br.
Planungsgemeinschaft Breisgau: Halbjahresbericht 1965/I. Darin: ZENS, HERMANN: Die zentrale Großstadt in ihrer Region. — WEHRLE, K.: Die Durchführung des Regionalplans und die Bildung von Planungsverbänden.
Stadtplanungsamt Freiburg: Zur Ordnung des ruhenden Verkehrs in Freiburg i. Br. Erläuterung zum Gesamtparkierungsplan. Manuskript.
Freiburg. In: Welt am Oberrhein, H. 5, 1966.
Freiburger Informationen, H. 1. 1968. Darin: Freiburg und seine Region — die Schwarzwaldhauptstadt ist Zentrum im Dreiländereck. — UTZ, BERNHARD: Es grünt so grün ... Zur Grünplanung in Freiburg.
SCHAECHTERLE, K. H. / HOLDSCHUER, G.: Verkehrsuntersuchung Freiburg i. Br. 1968.
Generalverkehrsplan für die Stadt Freiburg i. Br. Kurzbericht. Umdruck 1968.
Stadtplanungsamt Freiburg: Freiburg, die Entwicklung der Stadt nach dem Zweiten Weltkrieg. Manuskript.
ZENS, HERMANN: Einzelhandel und Städtebau aus der Sicht des Planers. Vortrag 1968.
ZENS, HERMANN: Stadt und Region. Grundsätze und Strukturen für eine zukunftsgerechte Regionalplanung. Planungsgemeinschaft Breisgau, Jahresbericht 1968.
EVERS, HANS: Monographie der Stadt Freiburg. In: Die Mittelstadt, 2. Teil, Forschungs- und Sitzungsberichte der Akademie für Raumforschung und Landesplanung, Hannover, in Vorbereitung.

2. Fulda

Fulda und die Rhön. Sonderausgabe der Monatsschrift „Bayernland". Ohne Jahr.
SCHUBERT, HELLMUT: Generalverkehrsplan Fulda. Textband und Bildband. 1960.
Verwaltungsbericht der Stadt Fulda 1964/65. Darin: NÜCHTER, HANS: Städtebauliche Entwicklung Fuldas.
RÖLL, WERNER: Die kulturlandschaftliche Entwicklung des Fuldaer Landes in der Frühneuzeit. Gießener geographische Schriften, H. 9, 1966.
Bauverwaltung Fulda: Angaben zum Dokumentarbericht „Deutscher Städtebau 1967". Manuskript. 1967.
Fulda — Porträt einer modernen Stadt mit großer Tradition. Vier Jahre Kommunalpolitik 1964—1968. Broschüre. 1968.
SCHUBERT, HELLMUT: Generalverkehrsplan Fulda. 1. Fortschreibung. 1969.
Großer Hessenplan. Landesentwicklungsplan, hrsg. vom Hessischen Ministerpräsidenten. Wiesbaden 1970.
RÖLL, WERNER und DANNEBERG, HARTMUT: Monographie der Stadt Fulda. In: Die Mittelstadt, 2. Teil. Forschungs- und Sitzungsberichte der Akademie für Raumforschung und Landesplanung, Hannover, in Vorbereitung.

3. Heilbronn

MEYLE, PAUL: Probleme des Wiederaufbaus in Heilbronn. Amtsblatt für den Stadt- und Landkreis Heilbronn, Nr. 47, 1952.
Stadt Heilbronn: Verwaltungsberichte 1953—1966.
ZIMMERMANN, WILLI: Heilbronn, die werdende Großstadt. Aufsatz. 1955.
Stadtplanungsamt Heilbronn: Notizen über die Stadt- und Baugeschichte von Heilbronn. Manuskript. 1957.
ZIMMERMANN, WILLI: Die Heilbronner Weinberge, ein Teil der Stadtlandschaft — ihre Neuplanung und Umgestaltung. Amtsblatt für den Stadt- und Landkreis Heilbronn, Nr. 50. 1957.
ZIMMERMANN, WILLI: Die Allee. Aufsatz. 1958.
HARBERS: Heilbronn — Wiederaufbau 1945 — 1957. In: Die Bauzeitung — Deutsche Bauzeitung, H. 2, Stuttgart 1958.

Swiridoff, Paul und Rombach, Otto: Heilbronn. Schwäbisch Hall 1959.
Oehme: Heilbronn. Aufsatz. 1960.
Zimmermann, Willi: Das neue Heilbronn. Vortrag. 1961.
Zimmermann, Willi: 25 Jahre Stadtplanungsamt Heilbronn. Aufsatz. 1961.
Stadtkreis — Landkreis — Heilbronn. Statistisches Landesamt Baden-Württemberg. Stuttgart 1962.
Stadtplanungsamt Heilbronn: Flächennutzungsplan 1965 der Stadt Heilbronn. Erläuterungsbericht und Anlagen. 1965.
Heilbronn. Stuttgart 1966.
Heilbronn. Hrsg. Stadt Heilbronn — Verkehrsamt. 1968.
Hellwig, Herbert: Die Stadt Heilbronn und ihr Hinterland. Heilbronner Vorträge, H. 2, Heilbronn 1968.
Planungsgruppe Stadtentwicklung Heilbronn: Heilbronn — Entwicklung als Oberzentrum. Broschüre. 1969.
Plenz, Helmut: Heilbronn wird Großstadt. Wohnanlage auf der Schanz. In: Neue Heimat, H. 6, 1969.
Kühn, Arthur: Monographie der Stadt Heilbronn. In: Die Mittelstadt, 2. Teil. Forschungs- und Sitzungsberichte der Akademie für Raumforschung und Landesplanung, Hannover, in Vorbereitung.

4. *Kassel*

Bangert, Wolfgang: Die Stadtplanung und ihre Durchführung. Amtl. Mitteilungsblatt der Stadt Kassel. 1949.
Kassel — Zehn Jahre Planung und Aufbau. Wirtschaftsmonografien, Folge 9. Stuttgart 1955. Darin: Bangert, Wolfgang: Kassel — Zehn Jahre Planung und Aufbau. — Bormann, Kurt: Staatliches Bauen in Kassel.
Köberich, Johann: Das Parkplatz-Problem in der Stadtplanung. In: Fundamente, H. 9, Frankfurt a. M. 1955.
Bangert, Wolfgang: Der Raum der Fußgänger — die Treppenstraße in Kassel. In: Bauwelt, H. 25, Berlin 1957.
Autobahn Hamm—Kassel. Denkschrift. Kassel. 1958.
Bangert, Wolfgang: Der Wohnungsbau in Kassel. In: Deutsche Bauzeitschrift, H. 12, Gütersloh 1958.
Bangert, Wolfgang: Altstadtsanierung in Kassel vor dem Zweiten Weltkrieg. In: Der Städtetag, H. 6, Stuttgart 1960.
Ideenwettbewerb zur Erschließung und Gestaltung der Wohnstadt Kassel-Dönche. In: Bauwelt, H. 44/45, Berlin 1960.
Bangert, Wolfgang: Städtebauliche Denkmalpflege Kassel. In: Der Wiederaufbau, H. 2, Bremen 1962.
Kassel — Band 2 — Aufbau von 1955 — 1962. Monografien des Bauwesens, Folge 24. Stuttgart 1962. — Darin: Bangert, Wolfgang: Stadt und Stadtregion — die weitere städtebauliche Entwicklung. — Köberich, Johann: Neue Wohngebiete und ihre Struktur.
Kassel. Sonderheft IFAS-Report. Bad Godesberg 1964.
Stadtgebiet Kassel. Bauinformation, H. 3, Braunschweig 1966. Darin: Bangert, Wolfgang: Kassel — vom Aufbau einer zerstörten Stadt. — Bormann, Kurt: 20 Jahre staatliches Bauschaffen. — Von Eichel-Streiber, Albrecht: Kassel — eine Stadt im Grünen. — Köberich, Johann: Neue Wohnsiedlungen in Kassel. — Huber, Hans: Das innerstädtische Verkehrsnetz. — Michaelis, Herbert: Die Kasseler Wirtschaft.
Kassel — Wirtschaft, Verkehr, Versorgung. Berlin West/Basel 1966. Darin: Branner, Karl: Kassel — Mittelpunkt Nordhessens. — Michaelis, Herbert: Die Region Kassel. — Köcher, Josef: Die Region Kassel — aus der Sicht der Landkreise. — Vigener, Walter: Die gewerbliche Wirtschaft.
Kocks, F. H.: Verkehrsuntersuchung Stadt Kassel. Textband und Anlagen. Koblenz 1967.
Kassel 1968. Hrsg. Magistrat der Stadt Kassel. Darin: Petereit, Heinz: Schwerpunkte des Aufbaus. — Michaelis, Herbert: Der Wirtschaftsraum.

PETEREIT, HEINZ: Kassel — der gegenwärtige Stand der Planung. Vortrag. 1969.
Kassel — Unsere Stadt. Herausgeg. vom Magistrat der Stadt Kassel. 1964—1970.
PETEREIT, HEINZ: Ausbau und Neubau des Hauptverkehrsstraßennetzes 1971—1985. Denkschrift. 1970.
BRANNER, KARL: Regionalplanung in Hessen. Vortrag. 1970.
PETEREIT, HEINZ: Kassel-Niederzwehren als Beispiel einer Vorortkernsanierung. Vortrag. 1970.
MICHAELIS, HERBERT: Monographie der Stadt Kassel. In: Die Mittelstadt, 2. Teil, Forschungs- und Sitzungsberichte der Akademie für Raumforschung und Landesplanung. Hannover, in Vorbereitung.

5. Oldenburg

Neues Bauschaffen in der Stadt Oldenburg. Hrsg. Stadtverwaltung. 1955.
Stadtbauverwaltung Oldenburg: Erläuterungen zum Flächennutzungsplan der Stadt Oldenburg. Umdruck. 1957.
Wegweiser durch die Stadt Oldenburg. Ausgabe 1965. Darin: DURSTHOFF, WILHELM: Die bauliche Entwicklung Oldenburgs bis zum Zweiten Weltkrieg. — NEIDHARDT, HORST: Das neue Oldenburg. — FEHLING, HANS-GÜNTER: Oldenburg und seine Wirtschaft.
SCHULZE, HEINZ-JOACHIM: Oldenburgs Wirtschaft, einst und jetzt. Oldenburg 1965.
Der Oldenburger Bürger. Mitteilungsblatt der Arbeitsgemeinschaft der Bürgervereine. Jahrgang 1966—1968. Darin: Wirtschaftliche Fragen unseres Raumes in Gegenwart und Zukunft, Nr. 4, 1966. — OEFTERING, HEINZ-MARIA: Probleme der Bundesbahn im kommunalen Bereich, Nr. 5, 1966. — HASSKAMP, FRIEDRICH: Hochlegung der Bahnlinien am Pferdemarkt, Nr. 5, 1966. — NEIDHARDT, HORST: Wandlungen des Pferdemarktes in Oldenburg, Nr. 9, 1966. — NEIDHARDT, HORST: Der Herbartgang in Oldenburg, Nr. 11, 1966. — DURSTHOFF, WILHELM: Hochwasserschutz der Stadt Oldenburg, Nr. 11 und 12, 1966. — NEIDHARDT, HORST: Demonstrations-Bauvorhaben Oldenburg-Eversten, Nr. 6, 1967. — HASSKAMP, FFRIEDRICH: Gedanken zur neuen „Ost-West-Tangente", Nr. 7, 1967. — RATHERT, HEINZ: Osttangente — Pferdemarkt, Nr. 12, 1967. — NEIDHARDT, HORST: Zum Abschluß der Bauarbeiten an der Osttangente, dem Pferdemarkt und den Verbindungsstraßen, Nr. 12, 1967. — NEIDHARDT, HORST: Der Wohnungsbau in der Stadt Oldenburg in den letzten Jahren, Nr. 4, 1968.
Oldenburg, die Einkaufsstadt mit Fußgängerbereich. Sonderbeilage der NWZ, Nr. 172, 1967.
Wegweiser durch Oldenburg. Zweite Auflage 1969. Darin: CRUSIUS, EBERHARD: Kleine Chronik der Stadt Oldenburg. — RATHERT, HEINZ: Das Gesicht der Stadt Oldenburg. — CRUSIUS, EBERHARD: Rundgang durch die Stadt. — FEHLING, HANS-GÜNTHER: Das Kulturleben der Stadt Oldenburg.
BÄUERLE, LYDIA: Monographie der Stadt Oldenburg. In: Die Mittelstadt, 2. Teil, Forschungs- und Sitzungsberichte der Akademie für Raumforschung und Landesplanung. Hannover, in Vorbereitung.

6. Trier

HENRICI, KARL: Von welchen Gedanken sollen wir uns bei dem Ausbau unserer deutschen Städte leiten lassen? Vortrag. Trier 1894.
HENRISCH, A.: Denkschrift betreffs Bebauungsplan der Stadt Trier und deren Erweiterung. Trier 1901.
SCHMIDT, OTTO: Städtebauliches aus Trier. In: Deutsche Bauzeitung, Nr. 89, Berlin 1927.
SCHMIDT, OTTO: Denkschrift zum Vorentwurf eines Generalbebauungsplans für das Moselbecken zwischen Wasserbillig und Schweich, insbesondere für den Raum Trier zwischen Feyen-Euren und Grünberg-Biewer. 1929.
SCHMIDT, OTTO: Gestaltung des Trierer Raumes in Vergangenheit und Zukunft. Trierer Volksfreund 1935.
SCHMIDT, OTTO: Die bauliche Durchführung des sogenannten „Großen Trierer Plans". In: Der Städtebau, Berlin 1936.
ALBERS, GERD: Überblick über die Entwicklung der Planung in Trier 1945—1957. Manuskript.

Rauchbach: Erfahrungsbericht über die Arbeit der Planungsgemeinschaft Trierer Tal. Mitteilungen der Deutschen Akademie für Städtebau und Landesplanung, 1958.
Frau Brach, MDL: „Planungs- und Baupolitik". Referat. 1960.
Petzholdt, Hans: Städtebauliche Entwicklung der Stadt Trier bis 1939 und nach 1945. Manuskript. 1965.
Monz, Heinz: Das mögliche Einzugsgebiet einer wiedergegründeten Trierer Universität. Schriftenreihe zur Statistik der Stadt Trier, H. 12, Trier 1966.
Trier als Standort einer Universität. Denkschrift, hrsg. von der Stadtverwaltung Trier. 1966.
Monz, Heinz: Die Entwicklung der Stadtregion Trier. Schriftenreihe zur Statistik der Stadt Trier, H. 19, 1968.
Der Trierer Raum. Denkschrift der Stadtverwaltung Trier. 1968.
Petzholdt, Hans: Künftige Entwicklung und Gestaltung der Altstadt von Trier. Vortrag. 1968.
Stadtbauverwaltung Trier: Forschungsprogramm zur Untersuchung der Stadterneuerungs- und Sanierungsbedürfnisse im Stadtgebiet Trier. 1969.
Petzholdt, Hans: Der Stand der städtebaulichen Planung in Trier und der Gang ihrer Verwirklichung. Vortrag. 1969.
Hollmann, Heinz: Monographie der Stadt Trier. In: Die Mittelstadt, 2. Teil. Forschungs- und Sitzungsberichte der Akademie für Raumforschung und Landesplanung. Hannover, in Vorbereitung.

7. Wanne-Eickel

Weiberg, Friedrich: 50 Jahre Amt Wanne. 1925.
Elbers: 25 Jahre Stadt Wanne-Eickel. 1951.
50 Jahre Stadtwerke Wanne-Eickel. 1955.
Ludwig, Wilhelm und Wolf, Fred: Eine Stadt im Revier. Wanne-Eickel 1963.
Wanne-Herner Eisenbahn und Hafen G.m.b.H. 1913—1963. Wanne-Eickel 1963.
Wanne-Eickel 1965. Statistischer Jahresbericht, H. 11, Wanne-Eickel 1965.
Siedlungsverband Ruhrkohlenbezirk: Gebietsentwicklungsplan 1966. Essen 1966.
Burghartz, E. A. und Wagner, A.: Erläuterung zum Flächennutzungsplan der Stadt Wanne-Eickel. 1967.
Landesregierung Nordrhein-Westfalen: Entwicklungsprogramm Ruhr 1968—1973. Düsseldorf 1968.
Steinberg, Heinz Günther: Monographie der Stadt Wanne-Eickel. In: Die Mittelstadt. 2. Teil, Forschungs- und Sitzungsberichte der Akademie für Raumforschung und Landesplanung, Hannover, in Vorbereitung.

8. Wolfsburg

Schubert, Hellmut: Wolfsburg — Generalverkehrsplan 1965.
Recknagel, Rüdiger: Wolfsburg-Westhagen. Wolfsburg 1966.
Stadt Wolfsburg. Statistische Darstellungen und Tabellen. Wolfsburg 1967.
Wolfsburg. Zentrum 67. Denkschrift, hrsg. von der Stadt Wolfsburg. 1967.
Wolfsburg — nach dreißig Jahren. Bauwelt, H. 43/44, Berlin 1968. Darin: Recknagel, Rüdiger: Wolfsburg — nach dreißig Jahren. Umrisse einer gegründeten Stadt. — Muthesius, Wolfgang: Wolfsburg — künftiger Wohnungsbedarf. — Kern, Gerhard: Wolfsburg — Entwicklung des Geschoßwohnungsbaus. — Tausche, Roland: „Architektenmesse" für Wolfsburg-Detmerode. — Schumpp, Mechthild und Throll, Manfred: Wolfsburg-Detmerode — Porträt eines neuen Stadtteils.
Recknagel, Rüdiger: Gedanken zur Gestalt eines Stadtteils in Wolfsburg (Westhagen). Mitteilungen der Deutschen Akademie für Städtebau und Landesplanung. Sonderausgabe. Essen 1969.
Maibeyer, Wolfgang: Monographie der Stadt Wolfsburg. In: Die Mittelstadt. 2. Teil, Forschungs- und Sitzungsberichte der Akademie für Raumforschung und Landesplanung, Hannover, in Vorbereitung.